인도네시아어
회화 사전

KAMUS PERCAKAPAN BAHASA INDONESIA

http://www.moonyelim.com

인도네시아어 회화 사전

초판 2쇄 인쇄 2017년 9월 6일
초판 2쇄 발행 2017년 9월 13일

지은이 임영호
발행인 서덕일
펴낸곳 문예림
주소 경기도 파주시 회동길 366 (10881)
전화 (02)499-1281~2
팩스 (02)499-1283
E-mail info@bookmoon.co.kr

출판등록 1962.7.12 (제406-1962-1호)
ISBN 978-89-7482-743-4 (13790)

잘못된 책은 구입하신 서점에서 교환하여 드립니다.
이 책은 저작권법에 의해 보호를 받는 저작물이므로 무단 전재와 복제를 금합니다.

책머리에

오늘날 해외로 나가는 한국인은 말할 것도 없고, 우리나라로 들어오는 외국인들도 급증하고 있습니다. 특히 동남아시아의 인도네시아, 말레이시아, 싱가포르 및 브루나이 등지로부터 우리나라를 방문하는 비즈니스맨, 정부관리, 관광객, 유학생 및 근로자들이 현격히 늘어나고 있습니다. 최근에는 인도네시아, 말레이시아, 싱가포르 및 브루나이에 대한 관심도 높아지고 있고 한국과 이들 국가와의 관계도 급진적으로 개선되고 있으며, 앞으로의 전망도 매우 밝다는 것이 그 이유일 것입니다.

주지하시는 바와 같이 인도네시아, 말레이시아, 싱가포르 및 브루나이에서 사용되고 있는 언어[국어]는 말레이어를 조어(祖語)로 각각 발전되어 왔으며, 그 언어 사용인구는 인도네시아의 약 2억 5천만 명을 포함하여 말레이시아, 싱가포르, 브루나이 그리고 태국 남부의 말레이시아와 접경지대, 필리핀의 남부 도서지방 등지에 거주하고 있는 말레이계 종족들까지 모두 3억 명에 달하는 세계의 5대 언어입니다.

요즈음 우리나라도 다문화 사회가 되어가면서 도처에서 인도네시아어를 사용하는 사람들을 많이 접하게 됩니다. 뿐만 아니라 글로벌화의 영향으로 영어는 물론 그 이외의 외국어 하나쯤 더하는 일은 당연하게 여겨지는 것으로 인식되어가고 있습니다. 따라서 세계 5대 언어인 인도네시아어를 학습하는 것은 글로벌 시대를 살아가는 이들에게 매우 유익하리라고 사료되며, 그런 이유로 이 『인도네시아어 회화사전』은 그러한 사고를 가진 비즈니스맨, 근로자, 유학생, 관광객들에게 좋은 길잡이가 될 수 있을 것입니다.

인도네시아어를 막 배우기 시작했을 때, 기초 문법 및 어휘 관련 지식을 활용해서 인도네시아인과 간단한 의사소통을 하면서 내 마음대로 되지 않는 회화 실력에 대해 스스로 아쉬움을 느꼈을 것입니다. 상황을 잘 반영하는 표현을 알면 의사소통이 될 것 같지만 막상 인도네시아인 앞에서 인도네시아어를 사용할 때 어느 정도의 수준에 이르지 못하면 난처해지는 것은 당연한 일일 것입니다.

여러분이 전달하고자 하는 내용을 적절히 나타낼 수 있는 유사 표현을 풍부히 알고 있다면 예상하지 못한 상황에서도 분명히 여러분의 생각을 전달할 수 있을 것입니다. 이 책은 기존의 회화책의 일정한 패턴보다 좀 더 구체적이고 다양한 주제를 제시함으로써, 우리 일상 곳곳에 나타낼 수 있는 표현을 담으려 했습니다. 그러나 활자의 형식으로 회화를 전달하는 데 따르는 제약과 이 책에서 다루는 주제가 한정되어 있다는 아쉬움도 있습니다만, 여러 가지 실제상황을 최대한 충실하게 수록하고자 노력했습니다.

그럼에도 불구하고 미흡한 점이 있을 것으로 사료되어 여러분의 질타와 고견을 기다리겠습니다. 여러분이 원하는 상황이나 주제가 있으면 출판사 홈페이지에 글을 남겨 주십시오. 여러분들의 의견을 토대로 지속적으로 개정하고 증보하도록 하겠습니다. 이 책이 완성되기까지 정성껏 감수를 맡아주신 한국외국어대학교 말레이·인도네시아어과의 초빙교수 Maman Mahayana 선생님과 이 책을 기꺼이 펴내 주신 도서출판 문예림의 서덕일 사장님, 그리고 직원 여러분께 고마운 마음을 전합니다.

2013년 6월

저자 안 영 호

Contents

- ■ 인도네시아어의 알파벳과 발음　　　　　　　　　　　　　　**17**
- ■ 인도네시아어의 특징　　　　　　　　　　　　　　　　　　**25**

I　인사 표현

01　일상적인 인사　　　　　　　　　　　　　　　　　　　**44**
간단한 인사 / 아침·낮·저녁에 만났을 때 / 근황을 물을 때 / 안색을 살필 때

02　초면 인사　　　　　　　　　　　　　　　　　　　　**49**
처음 만났을 때 / 이름과 명함을 주고받을 때 / 전에 이야기를 들었을 때

03　소개할 때의 인사　　　　　　　　　　　　　　　　　**53**
자기소개의 기본 표현 / 자신에 대해 소개할 때 / 다른 사람을 소개할 때 / 친구를 소개할 때 / 상대를 알기 위한 질문

04　오랜만에 만났을 때의 인사　　　　　　　　　　　　**61**
오랜만에 만났을 때 / 우연히 만났을 때 / 상대방의 안부를 물을 때 / 타인의 안부를 물을 때

05　헤어질 때의 인사　　　　　　　　　　　　　　　　　**68**
헤어질 때 / 밤에 헤어질 때 / 다시 만날 것을 기대하며 헤어질 때 / 연락을 바라며 헤어질 때 / 안부를 전할 때 / 전송할 때

06　감사의 인사　　　　　　　　　　　　　　　　　　　**73**
고마울 때 / 친절과 수고에 대해 감사할 때 / 도움이나 행위에 대해 감사할 때 / 감사의 선물을 줄 때 / 감사의 선물을 받았을 때 / 감사에 대해 응답할 때

07　사과와 사죄의 인사　　　　　　　　　　　　　　　　**79**

Contents

미안함을 표시할 때 / 실례를 구할 때 / 사과·사죄의 말에 응답할 때

08 축화와 환영의 인사　　　　　　　　　　　　　　　　　　　83

축하할 때 / 축복을 기원할 때 / 환영할 때

09 화장실 이용　　　　　　　　　　　　　　　　　　　　　　87

위치를 물을 때 / 화장실에 가고자 할 때 / 화장실에서 문제가 있을 때

　화술 표현

01 사람을 부를 때　　　　　　　　　　　　　　　　　　　　　90

인사를 하여 부를 때 / 모르는 사람을 부를 때 / 호칭을 부를 때

02 말문을 틀 때　　　　　　　　　　　　　　　　　　　　　　92

말을 걸 때 / 대화 도중에 말을 걸 때 / 대화에 동참시킬 때 / 용건을 물을 때 / 모르는 사람에게 말을 걸 때

03 질문과 설명　　　　　　　　　　　　　　　　　　　　　　97

질문할 때 / 질문을 받을 때 / 질문에 답변할 때 / 설명을 요구할 때 / 설명할 때 / 집중을 요구할 때

04 의문　　　　　　　　　　　　　　　　　　　　　　　　　103

의문사 [Kapan] / 의문사 [Mana] / 의문사 [Siapa] / 의문사 [Apa] / 관계사 [Yang] / 의문사 [Mengapa / Kenapa] / 의문사 [Bagaimana]

05 응답　　　　　　　　　　　　　　　　　　　　　　　　　113

긍정적으로 대답할 때 / 대화를 경청하고 있음을 표시할 때 / 부정적으로 대답할 때 / 불확실하게 대답할 때 / 의심을 갖고 대답할 때

06 맞장구 118

확실하게 맞장구칠 때 / 애매하게 맞장구칠 때 / 긍정의 맞장구 / 부정의 맞장구 / 이해의 맞장구 / 잠시 생각할 때

07 되물음 122

잘 알아듣지 못했을 때 / 상대가 이해하지 못할 때 / 되물을 때 / 같은 말을 반복할 때 / 다시 한 번 말해달라고 할 때

08 이해와 확인 127

이해를 확인할 때 / 이해를 했을 때 / 이해를 못했을 때

09 대화의 막힘과 재촉 131

말이 막힐 때 / 말을 꺼내거나 주저할 때 / 적당한 말이 생각나지 않을 때 / 말하면서 생각할 때 / 말을 재촉할 때

10 대화의 시도와 화제 전환 134

대화를 시도할 때 / 대화 도중에 쓸 수 있는 표현 / 간단히 말할 때 / 대화를 마칠 때 / 전화상의 대화를 마칠 때

 의견 표현

01 의견과 견해 140

자신의 의견과 견해를 말하고자 할 때 / 의견과 견해를 물을 때 / 의견을 이해할 때 / 이견에 대해 긍정할 때 / 의견에 대해 부정할 때 / 의견을 칭찬할 때

02 동의와 찬반 147

동의를 구할 때 / 동의할 때 / 부분적으로 동의할 때 / 동감할 때 / 상대방이 옳고 자신이 틀렸다고 할 때 / 상대방이 틀리고 자신이 옳다고 할 때 / 찬성할 때 / 반대

Contents

할 때 / 참을 수 없을 때 / 불확실하게 대답할 때

03 주의와 타이름　　　　　　　　　　　　　　　　　　　　　　161

주의를 줄 때 / 꾸짖을 때 / 타이를 때 / 변명을 듣고 싶지 않을 때

04 충고와 의무　　　　　　　　　　　　　　　　　　　　　　　167

충고할 때 / 조언할 때 / 의무·당연을 나타낼 때 / 비밀 지킬 것을 강조할 때

05 제안과 권유　　　　　　　　　　　　　　　　　　　　　　　172

제안할 때 / 제안·권유를 거절할 때

06 부탁과 도움　　　　　　　　　　　　　　　　　　　　　　　175

부탁할 때 / 구체적으로 부탁할 때 / 가벼운 명령투로 부탁할 때 / 부탁을 들어줄 때 / 부탁을 거절할 때 / 완곡하게 거절할 때 / 도움을 주고받을 때

07 지시와 명령　　　　　　　　　　　　　　　　　　　　　　　179

지시할 때 / 명령, 권유할 때 / 금지할 때 / 경고할 때

08 재촉과 여유　　　　　　　　　　　　　　　　　　　　　　　183

재촉할 때 / 여유를 가지라고 할 때

09 추측과 확신　　　　　　　　　　　　　　　　　　　　　　　186

확신을 물을 때 / 확신할 때 / 확신하지 못할 때

10 허가와 양해　　　　　　　　　　　　　　　　　　　　　　　188

허가나 허락을 구할 때 / 양해를 구할 때

11 희망과 의지　　　　　　　　　　　　　　　　　　　　　　　191

희망을 말할 때 / 의향을 물을 때 / 기대감을 표할 때

12 가능과 불가능　　　　　　　　　　　　　　　　　　　　　　194

가능을 말할 때 / 불가능을 말할 때

감정 표현

01 기쁨과 즐거움   **198**

기쁠 때 / 즐거울 때 / 재미있을 때 / 행복할 때

02 걱정과 긴장   **200**

걱정을 물을 때 / 걱정스러울 때 / 걱정하지 말라고 할 때 / 긴장과 초조할 때 / 긴장과 초조함을 진정시킬 때

03 슬픔과 우울함   **204**

슬플 때 / 우울할 때

04 귀찮음과 불평   **205**

짜증날 때 / 불평할 때 / 불만을 나타낼 때

05 망각, 후회 그리고 실망   **207**

망각할 때 / 후회할 때 / 실망할 때

06 비난과 다툼   **209**

비난할 때 / 말싸움할 때 / 욕설할 때 / 꾸짖을 때

07 감탄과 칭찬   **212**

감탄을 나타낼 때 / 칭찬할 때 / 우정을 표현할 때

08 격려와 위로   **215**

격려할 때 / 위로할 때 / 믿음을 보일 때

09 좋아함과 싫어함   **218**

Contents

좋아하는 것을 말할 때 / 싫어하는 것을 말할 때

 사교 표현

01 약속　　　　　　　　　　　　　　　　　　　　222

약속을 청할 때 / 스케줄을 확인할 때 / 약속 시간과 날짜를 정할 때 / 약속 장소를 정할 때 / 만나자는 제안을 승낙할 때 / 만나자는 제안을 거절할 때

02 초대　　　　　　　　　　　　　　　　　　　　228

초대할 때 / 초대에 응할 때 / 초대에 응할 수 없을 때

03 방문　　　　　　　　　　　　　　　　　　　　232

방문했을 때 / 손님을 맞이할 때 / 방문객을 대접할 때 / 방문을 마칠 때 / 주인으로서의 작별 인사 / 나갈 때

04 식사　　　　　　　　　　　　　　　　　　　　236

식사를 제안할 때 / 식사할 때 / 술을 권할 때

05 전화　　　　　　　　　　　　　　　　　　　　238

전화를 걸기 전에 / 전화를 걸 때 / 전화가 걸려왔을 때 / 전화를 바꿔줄 때 / 전화를 받을 수 없을 때 / 다시 전화할 때 / 메시지를 부탁할 때 / 잘못 걸려 온 전화를 받았을 때 / 장거리 및 국제전화를 이용할 때 / 교환을 이용할 때 / 통화에 문제가 있을 때 / 전화를 끊을 때

차례

 화제 표현

01 개인 신상   **244**

출신지에 대해서 / 나이에 대해서

02 가족관계   **246**

가족에 대해서 / 형제자매에 대해서 / 친척에 대해서 / 자녀에 대해서

03 데이트   **251**

데이트를 신청할 때 / 애정을 표현할 때 / 사랑을 고백할 때

04 결혼   **253**

청혼에 대해서 / 결혼에 대해서

05 취미와 여가   **254**

취미에 대해서

06 엔터테인먼트   **255**

공연관람에 대해서 / 연극과 영화에 대해서

07 스포츠와 레저   **258**

기타 운동에 대해서 1) 수영, 2) 축구, 3) 테니스, 4) 농구

08 날씨와 계절   **261**

날씨를 물을 때 / 기후에 대해서 / 날씨를 말할 때 / 일기예보에 대해서

Contents

 일상 표현

01 하루의 생활 266
일어날 때 / 외출을 준비를 할 때 / 집으로 돌아올 때 / 저녁식사를 할 때 / 휴식과 취침 / 휴일을 보낼 때 / 돈이 없을 때

02 레스토랑 271
식당을 찾을 때 / 식당을 예약할 때 / 식당 입구에서 / 메뉴를 물을 때 / 음식을 주문할 때 / 음식을 주문 받을 때 / 주문에 문제가 있을 때 / 음식을 먹으면서 / 디저트에 대해서 / 식사를 마칠 때 / 음식 값을 계산할 때

03 카페와 술집 279
음료를 권할 때 / 술을 마시자고 할 때 / 술을 주문할 때 / 술·안주를 추가로 주문할 때 / 건배할 때 / 술을 마시면서 / 합석을 권할 때

04 대중교통 284
택시를 이용할 때 / 시내버스를 이용할 때 / 고속버스를 이용할 때 / 관광버스를 이용할 때 / 지하철을 이용할 때 / 열차를 이용할 때 / 항공기를 이용할 때 / 배를 이용할 때

05 자동차 운전 293
렌터카를 이용할 때

06 은행 294
은행을 찾을 때 / 은행 열고, 닫는 시간 확인할 때 / 환전할 때 / 잔돈을 바꿀 때 / 계좌를 개설할 때 / 입출금과 송금할 때 / 신용카드

07 우체국 300
우체국을 찾을 때 / 우표를 살 때 / 편지를 부칠 때 / 소포를 부칠 때

08 이발과 미용　　　　　　　　　　　　302

이발소에서 / 미용실에서

09 세탁소　　　　　　　　　　　　　304

세탁물을 맡길 때 / 세탁물을 찾을 때

10 부동산과 관공서　　　　　　　　　　306

부동산 중개소에서

VIII 긴급 표현

01 난처한 상황　　　　　　　　　　　　310

난처할 때 / 말이 통하지 않을 때 / 위급한 상황일 때 / 도움을 요청할 때 / 응급치료

02 분실과 도난　　　　　　　　　　　　315

분실했을 때 / 도난 당했을 때 / 도난 신고를 할 때

03 교통사고　　　　　　　　　　　　　317

교통사고를 당했을 때 / 교통사고를 냈을 때 / 교통사고 경위를 묻고, 설명할 때

04 자연재해와 화재　　　　　　　　　　319

자연재해에 대해서

05 병원　　　　　　　　　　　　　　　320

예약 또는 병원에 갈 때 / 병원 접수 창구에서 / 증상을 물을 때 / 증상을 말할 때 / 병력이나 발병 시기를 물을 때 / 통증을 호소할 때 / 검사할 때 / 내과에서 / 정형외과에서 / 피부과에서 / 치과에서 / 안과에서 / 이비인후과에서 / 신경외과에서 /

산부인과에서 / 응급실에서 / 환자의 상태를 물을 때 / 의사 처방

06 약국　　　　　　　　　　　　　　　　　　　　　　　　　　　337

약국을 찾을 때 / 처방전을 보이며 약을 달라고 할 때 / 증상을 말하며 약을 달라고 할 때 / 약의 복용법에 대해서

IX 여행 표현

01 비행기　　　　　　　　　　　　　　　　　　　　　　　　　　340

항공권을 구할 때 / 탑승 수속할 때 / 탑승할 때 / 비행기 시간 변경 및 연착 안내할 때 / 좌석을 찾고 앉을 때 / 기내 방송을 할 때 / 기내 서비스를 받을 때 / 기내식을 먹을 때 / 비행기 내에서 대화할 때 / 기내 면세품을 구입할 때 / 입국카드를 작성할 때 / 통과 · 환승할 때

02 공항　　　　　　　　　　　　　　　　　　　　　　　　　　　359

입국심사를 받을 때 / 짐을 찾을 때 / 세관을 통과할 때 / 공항 안내소에서 / 마중을 나올 때

03 숙박　　　　　　　　　　　　　　　　　　　　　　　　　　　366

숙소를 찾을 때 / 숙박을 예약할 때 / 체크인할 때 / 체크인에 문제가 있을 때 / 방을 확인할 때 / 룸서비스를 이용할 때 / 숙박 시설물을 이용할 때 / 외출할 때 및 카운터에서 / 숙박 이용에 문제가 있을 때 / 체크아웃을 준비할 때 / 체크아웃을 할 때 / 숙박비를 계산할 때

04 길안내　　　　　　　　　　　　　　　　　　　　　　　　　　374

길을 물을 때 / 장소를 물을 때 / 시간과 거리를 물을 때 / 길을 가르쳐 줄 때 / 자신도 길을 모를 때 / 길을 잃었을 때

05 관광　　　　　　　　　　　　　　　　　　　　　　　　　　　378

관광 안내소에서 / 투어를 이용할 때 / 입장권을 살 때 / 관광지에서 / 관람할 때 / 기념 촬영을 할 때 / 카메라 상점에서

06 쇼핑 　　　　　　　　　　　　　　　　　　　　　　　　**384**

쇼핑센터를 찾을 때 / 매장을 찾을 때 / 가게로 가고자 할 때 / 가게에 들어설 때 / 물건을 찾을 때 / 물건을 보여 달라고 할 때 / 색상을 고를 때 / 사이즈를 고를 때 / 디자인을 고를 때 / 품질을 물을 때 / 물건의 값을 흥정할 때 / 물건 값을 계산할 때 / 포장을 부탁할 때 / 배달과 배송을 부탁할 때 / 교환·반품·환불을 원할 때 / 면세품을 구입할 때 / 매장의 열고, 닫을 때를 물을 때

07 귀국 　　　　　　　　　　　　　　　　　　　　　　　　**396**

귀국 편을 예약할 때 / 예약을 재확인할 때 / 항공편을 변경하거나 취소할 때 / 공항에서 / 탑승 수속을 할 때 / 비행기 안에서

X 비지니스 관련 표현

01 구인과 취직 　　　　　　　　　　　　　　　　　　　　　**400**

구직 서류를 작성할 때 / 일자리를 찾을 때 / 면접에 응할 때 / 면접을 할 때 / 면접을 받을 때 / 취직을 했을 때

02 사무실 　　　　　　　　　　　　　　　　　　　　　　　**408**

업무를 부탁할 때 / 업무를 시작할 때 / 업무 진행과 확인 / 팩스와 복사 / 컴퓨터 / 인터넷과 이메일

03 회사 방문 　　　　　　　　　　　　　　　　　　　　　　**414**

방문객을 접수할 때 / 거래처를 방문했을 때 / 방문객과 인사를 나눌 때 / 회사를 안내할 때

04 회의 418

회의 준비 / 회의 진행 / 회의 종료

05 상담 421

바이어를 맞이할 때 / 회사를 설명할 때 / 제품을 설명할 때 / 구입을 희망할 때 / 협상할 때 / 결정을 유보할 때 / 조건에 합의할 때 / 조건을 거부할 때

06 납품과 클레임 428

납품할 때 / 클레임을 제기할 때 / 클레임에 대응할 때

학교생활

01 수업시간에 432

질문 / 대답 / 숙제를 못한 경우 / 준비물을 가져 오지 않은 경우

02 학교생활 435

소개 / 교육과정 / 학교생활 말하기 / 성적관련 말하기 / 시험관련 말하기 / 전공 말하기 / 입학관련 말하기 / 도서관

부록

447

■ 인도네시아어 발음

1 인도네시아어 알파벳

대문자	소문자	명칭	한글음
A	a	[a]	아
B	b	[be]	베
C	c	[ce]	쩨
D	d	[de]	데
E	e	[e]	에
F	f	[ɛf]	에프
G	g	[ge]	게
H	h	[ha]	하
I	i	[i]	이
J	j	[je]	제
K	k	[ka]	까
L	l	[ɛl]	엘
M	m	[ɛm]	엠
N	n	[ɛn]	엔
O	o	[o]	오
P	p	[pe]	뻬
Q	q	[ki]	끼
R	r	[ɛr]	에르
S	s	[ɛs]	에스
T	t	[te]	떼
U	u	[u]	우
V	v	[fe]	페
W	w	[ve]	웨
X	x	[iks]	익스
Y	y	[ɣe]	예
Z	z	[jet]	젯

인도네시아어 발음 **17**

- 위 알파벳 가운데 Q, V, X 그리고 Z 등의 문자는 일상적으로 사용되지 않으며, 외래어를 표기할 때나 각종 기호를 나타낼 때 사용된다.

2 발음

인도네시아어의 발음은 대부분 글자 그대로 읽으면 된다. 환언하여 모음 e의 경우를 제외하고 이형태 또는 어강세 등이 나타나지 않는 것이 특징이다.

(1) 모음

a		e				i		o		u	
[a]	[아]	[e]/[ɛ]	[에]	[ə]	[으]	[r]	[이]	[o]	[오]	[u]	[우]
adik 아딕	동생	enak 에낙	맛있는	enam 으남	여섯	ikan 이깐	물고기	orang 오랑	사람	udang 우당	새우
pagi 빠기	아침	sore 소레	오후	empat 음빳	기회	kami 까미	우리	soto 소또	국	suku 수꾸	종족
jika 지까	만약	leher 레헤르	목	semut 스뭇	개미	ini 이니	이것	rokok 로꼭	담배	duduk 두둑	앉다

- 인도네시아어의 모음은 a(아), e(에), e(으) i(이), o(오), u(우) 등 6모음체계로 이루어져 있다.

  a (아) : apa 무엇   nama 이름   selamat 안전한
           아빠   나마   슬라맛

  e (에) : elok 멋진   sore 오후   nenek 할머니
           엘록   소레   네넥

  e (으) : enam 여섯(6)   selamat 안전한   semut 개미
           으남   슬라맛   스뭇

  i (이) : ibu 어머니   kita 우리   adik 동생
           이부   끼따   아딕

  o (오) : orang 사람   soto 국   gosok 문지르다
           오랑   소또   고속

u (우) : utama 으뜸의 susu 우유 duduk 앉다
우따마 수수 두둑

(2) 이중모음

ai				au				oi	
[ai]	[아이]	[ɛi]	[에이]	[au]	[아우]	[ɔu]	[오우]	[oi]	[오이]
bagai 바기	종류	bagai 바게이		saudara 사우다라	형제	saudara 소우다라		sepoi 스뽀이	병사
sungai 숭아이	강	sungai 숭에이		pulau 뿔라우	섬	pulau 뿔로우			

- 인도네시아어의 중모음은 ai, au, oi 등 세 가지가 있으며, 각각의 발음은 다음과 같다.

ai (아이)　　pakai 사용하다　　sungai 강
　　　　　　빠까이　　　　　　숭아이

그러나 많은 인도네시아인들의 언어습관에 따라 [에이]로 발음하며, 어떤 경우에는 [에]로 발음하는 경우도 있다.

　　　　　　pakai [pakɛi/pakɛ]　　sungai [suŋɛi/suŋɛ]
　　　　　　빠께이　　　　　　　숭에이

au (아우)　saudara 형제　　pulau 섬
　　　　　사우다라　　　　뿔라우

이 경우도 대다수의 인도네시아인들이 [오우]로 발음하거나, 경우에 따라서는 [오] 또는 [우]로 발음하기도 한다.

　　　　　　saudara [sɔudara/sɔdara]　pulau [pulɔu/pulɔ]
　　　　　　소우다라　　　　　　　　뿔로우

oi (오이)　sepoi (인도) 병사　　bersepoi-sepoi (바람이) 솔솔 불다
　　　　　스뽀이　　　　　　　버르스뽀이-스뽀이

(3) 단자음

w	y
[u]	[i]
wujud 우줏 존재	yakin 야낀 확신

- 인도네시아어의 반모음은 /w/와 /y/가 있다.

  w 우리말 '우리'의 '우'처럼 발음한다.

  wayang 연극   bawa 가져오다
  와양   바와

  y 우리말 '이야기'의 '이'처럼 발음한다.

  yakin 확신   supaya ~하도록
  야낀   수빠야

(4) 자음

b	c	d	f	g	j	j	k	l	m
[b]	[tʃ]	[d]	[f]	[g]	[h]	[j]	[k̂]	[l]	[m]
baju 바주 옷	cari 짜리 찾다	datang 다땅 오다	firma 휘르마 회사	garam 가람 소금	hujan 후잔 비	jalan 잘란 길	kantor 깐또르 사무실	lari 라리 뛰다	malam 말람 밤(夜)

n	p	q	r	s	t	v	w	y	z
[n]	[p̂]	[q]	[r]	[s]	[t]	[v]	[w]	[y]	[dz]
nama 나마 이름	pagi 빠기 아침	Quran 꾸란 경전	raja 라자 왕	salam 살람 인사	tangan 땅안 손	variasi 화리아시 변화	wayang 와양 연극	yakin 야낀 확신	zaman 자만 시대

- 인도네시아어의 자음에는 위 표에 나타나 있는 것처럼 20가지가 있으며, X와 같이 일상 생활언어에서는 잘 사용하지 않지만 특수 기호를 나타낼 때나 외래어를 표기할 때 사용되는 것이 있다. 그 실제를 살피면 다음과 같다.

b 우리말 '바람'의 'ㅂ'처럼 발음하며, 음절의 끝에서는 '밥'의 'ㅂ'처럼 발음한다.

| baju 옷 | serba 전부 | kitab 책 |
| 바주 | 스르바 | 끼땁 |

c 우리말 '짜다'의 'ㅉ'처럼 발음하지만 정확한 음가를 나타내기가 쉽지 않다.

| cari 찾다 | cuci 씻다 | cuaca 날씨 |
| 짜리 | 쭈찌 | 쭈아짜 |

d 우리말 '다람쥐'의 'ㄷ'처럼 발음하며, 음절의 끝에는 '맏손자'의 'ㄷ'처럼 발음한다.

| datang 오다 | madu 꿀 | ahad 하나 |
| 다땅 | 마두 | 아핫 |

f 우리말 '산업화'의 'ㅂ'과 'ㅎ'이 합친 'ㅍ'처럼 발음한다. 음절의 끝에서는 '서랍'의 'ㅂ'처럼 발음한다.

| fajar 여명 | grafik 도표 | filsuf 철학자 |
| 화자르 | 그라휙 | 휠사프 |

- 때때로 f는 p와 대치하여 나타내거나 발음하기도 한다.

| pikir 생각하다 | paham 이해하다 |
| 삐끼르 | 빠함 |

g 우리말 '가다'의 'ㄱ'처럼 발음한다.

| garam 소금 | tinggal 살다 |
| 가람 | 띵갈 |

h 우리말 '하루'의 'ㅎ'처럼 발음한다. 음소의의 위치에 따라 아래와 같이 4가지 형식으로 발음한다.

① 단어의 처음에 나타날 때는 거의 발음하지 않는다.

| hujan 낮, 날(日) | hutan 숲, 정글 |
| 후잔[우잔] | 후딴[우딴] |

인도네시아어 발음 21

② 두 개의 동일한 모음 사이에 나타날 때는 명확하게 발음한다

    leher 목   **bahan** 재료
    레헤르   바한

③ 두 개의 서로 다른 모음 사이에서는 거의 발음하지 않는다.

    tahun 해   **pahit** 쓴
    따훈[따운]   빠힛[빠잇]

④ 단어의 끝에 나타날 때는 명확히 발음하는데 우리말 '아하'의 'ㅎ' 처럼 발음하되 약간의 여운을 둔다.

    tujuh 일곱   **telah** 이미 ~한
    뚜주-ㅎ   뜰라-ㅎ

j   우리말 '잠자리'의 'ㅈ' 처럼 발음한다.

    jarum 바늘   **jendela** 창문   **senja** 황혼
    자룸   즌델라   슨자

k   우리말 까마귀의 'ㄲ' 처럼 발음하며, 음절의 끝에서는 '목'의 받침소리처럼 발음한다.

    kantor 사무실   **suka** 좋아하다   **duduk** 앉다
    깐또르   수까   두둑

l   우리말 '라면'의 'ㄹ' 처럼 발음한다.

    lama 오랜   **kalau** 만약   **tolol** 어리석은
    라마   깔로우   똘롤

m   우리말 '마루'의 'ㅁ' 처럼 발음한다.

    makan 먹다   **lama** 오랜   **dalam** 안, 속
    마깐   라마   달람

n   우리말 '나라'의 'ㄴ' 처럼 발음하며, 음절의 끝에서는 '만세'의 받침소리처럼 발음한다.

    nama 이름   **minta** 요구하다   **jalan** 길
    나마   민따   잘란

p   우리말 '빨래'의 'ㅃ' 처럼 된소리로 발음하며, 음절의 끝이나 다른 자음 앞에서는 '톱'의 받침소리처럼 발음한다.

| pintu 문 | kapal 배 | cukup 충분한 |
| 삔뚜 | 까빨 | 쭈꿉 |

q   우리말 '꽈리'의 'ㄲ'처럼 발음한다. 자주 사용되지 않는 자음이다.

| Quran 경전 | qiraat 낭독 |
| 꾸란 | 끼라앗 |

r   우리말 '자루'의 'ㄹ'처럼 발음하며, 혀끝을 굴린다.

| rupa 모습 | hari 낮, 날(日) | kantor 사무실 |
| 루빠 | 하리 | 깐또르 |

s   우리말의 '사랑'의 'ㅅ'처럼 발음한다.

| sinar 빛 | bisa 가능한 | panas 더운 |
| 시나르 | 비사 | 빠나스 |

t   우리말 '땅'의 'ㄸ'처럼 된소리로 발음하며, 음절의 끝이나 다른 자음 앞에서는 '끝'의 받침 소리처럼 발음한다.

| tinggal 살다 | turun 내리다 | lutut 무릎 |
| 띵갈 | 뚜룬 | 루뜻 |

v   우리말 '바위'의 'ㅂ'처럼 발음한다. 화란어 차용어에서 나타난다.

| variasi 변화 | vulkan 화산 |
| 바리아시 | 불깐 |

x   우리말 '제사'의 'ㅈ'이나 'ㅅ'처럼 발음한다. 외래어에서 사용된다.

xerox 제록스
제록스

z   우리말 '주막'의 'ㅈ'처럼 발음한다. 때때로 'j'음으로 대치되는 경우도 있다.

| zaman 시대 | zohor 오후기도 |
| 자만 | 조호르 |

(5) 중자음

kh	ng	ny	sy
[x]	[ŋ]	[ñ]	[š]
khas	nganga	nyamuk	syarat
카스	응앙아	냐묵	샤랏
특별한	크게 벌리다	모기	조건

kh 우리말의 'ㅎ'과 'ㅋ'의 중간 음으로 우리말에서는 주로 'ㅎ'으로 표기하는 경향이 있으나 인도네시아에서도 이 음소를 발음하기가 어려워 'k'로 대치하는 경향이 있다. 음절의 끝에서는 '혹시'의 'ㄱ'처럼 발음한다.

akhir 마지막　　　**khawatir** 두려운　　　**tarikh** 날짜
아끼르　　　　　　　 까와띠르　　　　　　　 따릭

ng 우리말 '응어리'의 '응'처럼 발음하지만 우리말의 음운체계와 일치하지 않는다.

nganga 입을 딱 벌리다　**tangan** 손　　　**datang** 오다
응앙아　　　　　　　　　 땅안　　　　　　　 다땅

ny 우리말 '냠냠'의 '냐'처럼 발음한다.

nyamuk 모기　　　　**banyak** 많은　　　**tanya** 질문하다
냐묵　　　　　　　　　 바냑　　　　　　　　 따냐

sy 우리말 '샤만'의 '샤'처럼 발음한다.

syarat 조건　　　　**isyarat** 신호　　　**tamasya** 관광여행
샤랏　　　　　　　　　 이샤랏　　　　　　　 따마샤

■ 인도네시아어의 특징

인도네시아어는 오스트로네시아 또는 말레에 폴리네시아어족에 속하는 언어이다. 이 어족의 특징은 단어가 대개 2음절로 구성된다. 따라서 어 강세가 특별히 나타나지 않는다. 2음절 이상이거나 이하의 단어들은 대다수가 차용어이다.

인도네시아어는 20세기 전까지는 자위(Jawi)문자라고 하는 고유의 문자를 지니고 있었으나 20세기 이후 서구세력의 영향으로 송두리째 개혁되어 현재까지 로마문자를 사용하고 있다. 따라서 영어를 쓰고 읽을 수 있는 사람은 어려움 없이 배울 수 있는 언어이다.

인도네시아어의 이해를 돕기 위해 몇몇 특징을 소개하면 아래와 같다.

1 명사

(1) 성

인도네시아어는 명사의 성이 없는 언어이다. 예컨대 adik(동생)은 남성 또는 여성의 구분이 없으므로 남성(laki-laki), 여성(perempuan)을 나타내는 다른 명사로 수식하여 구분한다.

> 예) adik laki-laki (남동생)
> 아딕 라끼-라끼
>
> adik perempuan (여동생)
> 아딕 쁘름뿌안
>
> anak laki-laki (아들)
> 아낙 라끼-라끼
>
> anak perempuan (딸)
> 아낙 쁘름뿌안

동물의 경우도 마찬가지이다. 즉 ayam(닭)은 암컷, 수컷의 구분이 되지 않는다. 따라서 암수를 나타내기 위하여 수컷에는 jantan(♂), 암컷에는 betina(♀)와 같은 명사를 사용한다.

> 예) ayam jatan (암탉)
> 아얌 잔딴
>
> ayam betina (수탉)
> 아얌 브띠나

흔하지는 않지만 어미가 -a이면 남성, -i이면 여성을 나타내는 경우도 있다.

> 예) putra 왕자, 아들
> 뿌뜨라
>
> putri 공주, 딸
> 뿌뜨리

한편 명사 자체가 남성, 여성의 구분이 되는 경우가 있다.

> 예) ibu (어머니)
> 이부
>
> ayah (아버지)
> 아야-ㅎ
>
> kakek (할아버지)
> 까껙
>
> nenek (할머니)
> 네넥

(2) 수(數)

인도네시아어는 명사의 수가 없는 언어이다. 즉, 단수 복수에 따른 어형변화가 일어나지 않는다. 예컨대 adik(동생)은 단수인 경우나 복수인 경우에도 adik이다. 그러나 인도네시아어에도 복수를 나타내는 형식은 있다. 그 예를 보이면 다음과 같다.

1) 명사를 중복시킨다.

> 예) adik-adik (동생들)
> 아딕-아딕
>
> rumah-rumah (집들)
> 루마-ㅎ - 루마-ㅎ

2) para, kaum과 같은 관형사를 사용한다.

> 예) para mahasiswa (학생들)
> 빠라 마하시솨

kaum buruh (노동자들)
까움 부루-ㅎ

3) 수량명사를 사용한다.

예) dua orang karyawan (두 명의 근로자)
두아 오랑 까르야완

tiga ekor kambing (세 마리의 염소)
띠가 에꼬르 깜빙

4) 수량을 나타내는 형용사를 사용한다.

예) banyak buku (많은 책)
바냑 부꾸

beberapa orang (몇몇 사람)
브브라빠 오랑

수량명사나 형용사를 사용하여 복수를 나타낼 때는 수식되는 명사를 중복시키지 않는다.

예) banyak buku-buku (×)   banyak buku (○)

2 대명사의 격변화

(1) 인칭대명사

인칭	격수	주격	소유격	목적격
		은, 는, 이, 가	~의	을, 를, ~에게
1인칭	단수	saya	saya	saya
	복수	kami, kita	kami, kita	kami, kita
2인칭	단수	Bapak, Ibu, Anda...	Bapak, Ibu, Anda...	Bapak, Ibu, Anda...
	복수	Bapak-bapak, Ibu-ibu, Anda sekalian, kamu	Bapak-bapak, Ibu-ibu, Anda sekalian, kamu	Bapak-bapak, Ibu-ibu, Anda sekalian, kamu
3인칭	단수	dia, ia	dia, ia	dia, ia
	복수	mereka	mereka	mereka

1) 주격

주어의 위치에 서는 대명사를 말한다.

예 Saya Kim. (나는 김입니다.)
사야 김

Kami orang Korea. (우리는 한국 사람입니다.)
까미 오랑 꼬레아

Anda orang Indonesia. (당신은 인도네시아 사람입니다.)
안다 오랑 인도네시아

Anda sekalian dari mana? (당신들은 어디에서 오셨습니까?)
안다 스깔리안 다리 마나

Dia guru. (그는 선생이다.)
디아 구루

Mereka pelajar. (그들은 학생이다.)
므레까 뻴라자르

2) 소유격

누구의 소유인지, 어떤 관계인지를 나타낸다. 어떤 명사 뒤에 위치하여 소유를 나타낸다.

예 Nama saya Kim. (나의 이름은 김입니다.)
나마 사야 김

Mesjid kami di Jalan Salemba. (우리의 사원은 살렘바 가에 있습니다.)
므스짓 까미 디 잘란 살렘바

Rumah Anda di mana? (당신의 집은 어디입니까?)
루마-ㅎ 안다 디 마나

Sekolah kamu besar. (너희들의 학교는 크다.)
스꼴라-ㅎ 까무 브사르

Mobil dia bagus. (그의 자동차는 좋습니다.)
모빌 디아 바구스

Ini mobil mereka. (이것은 그들의 자동차이다.)
이니 모빌 므레까

3) 목적격

문장 안에서 체언이 서술어의 목적어임을 나타낸다.

예 Dia memukul saya. (그는 나를 때렸다.)
디아 머무꿀 사야

Pak guru memanggil kami. (선생님이 우리를 부르신다.)
빡 구루 머망길 까미

Doktor Kim ingin menemui Anda.
독또르 김 잉인 머느무이 안다
(김 박사가 너를 만나고자 한다.)

Pak direktur akan memberi hadiah kepada Anda sekalian.
빡 디렉뚜르 아깐 멈브리 하디아ㅎ 끄빠다 안다 스깔리안
(사장님이 당신들에게 선물을 줄 것이다.)

Saya mencitai dia. (나는 그녀를 사랑한다.)
사야 먼찐따이 디아

Pak Kim menghadiahkan mereka sebuah bus.
빡 김 멍하디아ㅎ깐 므레까 스부아ㅎ 부스
(김 선생은 그들에게 버스 한 대를 선물했다.)

(2) 지시대명사

사물이나 장소를 가리키는 대명사를 일컫는다. 인도네시아어의 지시대명사는 ini와 itu 두 가지이다. ini는 화자로부터 가까이 있는 사물을 나타낼 때, itu는 화자로부터 먼 곳에 있는 사물을 지칭할 때 사용된다.

예) Ini rumah. (이것은 집이다.)
이니 루마ㅎ

Rumah ini besar. (이 집은 크다.)
루마ㅎ 이니 브사르

Saya tidak mau ini. (나는 그것을 원하지 않는다.)
사야 띠닥 마우 이니

Itu mobil. (저[그]것은 자동차이다.)
이니 모빌

Mobil itu bagus. (저[그] 자동차는 멋지다.)
모빌 이뚜 바구스

Mereka itu tidak makan itu. (그들은 그것을 먹지 않는다.)
므레까 이뚜 띠닥 마깐 이뚜

③ 의문대명사

의문의 뜻을 나타내는 의문대명사에는 사람, 사물, 선택 따위를 묻는 대명사로써 apa(무엇), siapa(누구), mana(어느 것)와 같은 것이 사용된다. berapa(얼마),

mengapa(왜), kenapa(왜), siapa(누구), bilamana(언제), kapan(언제) 따위와 같이 다형태소로 구성되는 의문대명사도 여러 가지 있다. 그 예를 보이면 다음과 같다.

예 Siapa Anda. (당신은 누구입니까?)
시아빠 안다

Apa ini? (이것이 무엇입니까?)
아빠 이니

Mobil ini buatan mana? (이 자동차는 어디 제품입니까?)
모빌 이니 부앗딴 마나

Berapa harga tas ini? (이 가방 얼마입니까?)
브라빠 하르가 따스 이니

Mengapa Anda menangis? (당신은 왜 웁니까?)
멍아빠 안다 머낭이스

Kenapa dia ditak ke kantor? (그는 왜 사무실에 가지 않습니까?)
끄나빠 디아 띠닥 꺼 깐또르

Guru bahasa Indonesia itu siapa? (저 인도네시아어 선생은 누구입니까?)
구루 바하사 인도네시아 이뚜 시아빠

Bilamana musim penghujan di Indonesia?
빌라마나 무심 뻥후잔 디 인도네시아

(인도네시아의 우기는 언제입니까?)

Kapan Anda mau pulang? (당신은 언제 귀가합니까?)
까빤 안다 마우 뿔랑

(1) 단순의문문

인도네시아어는 위에서 언급한 의문대명사를 사용하여 의문문을 나타내는 방법이 있는가 하면, 평서문의 문두에 의문대명사 apa 또는 apakah를 사용하여 의문문을 나타내는 단순의문문이 있다.

예 Itu meja. (그것은 책상이다.)
이뚜 메자

Apa itu meja. (그것은 책상입니까?)
아빠 이뚜 메자

Dia sudah pulang dari Indonesia. (그는 인도네시아에서 돌아왔습니다.)
디아 수다-ㅎ 뿔랑 다리 인도네시아

Apakah dia sudah pulang dari Indonesia?
아빠까-ㅎ 디아 수다-ㅎ 뿔랑 다리 인도네시아
(그는 인도네시아에서 돌아왔습니까?)

그 외에도 문장의 강세를 이용하여 묻는 단순의문문도 있다. 즉, 평서문의 어말에 강세를 주어 질문의 뜻을 나타낸다.

🔴 Anda sudah makan? (당신은 식사를 했습니까?)
안다 수다-ㅎ 마깐
Mau pulang? (귀가하고자 합니까?)
마우 뿔랑
Yang ini mobil Anda? (이것이 당신의 자동차입니까?)
양 이니 모빌 안다

4 동사

인도네시아어의 동사는 시제에 따른 어형변화가 일어나지 않는다. 즉, 현재형, 미래형, 과거형의 형식이 모두 같다. 따라서 시제를 나타내기 위해서는 동사 앞에 sedang, lagi(~하는 중), akan(~할), sudah, telah(이미 ~한)과 같은 부사를 사용한다.

🔴 Saya makan nasi goreng. (나는 볶음밥을 먹는다.)
사야 마깐 나시 고렝
Saya sedang makan nasi goreng. (나는 볶음밥을 먹는 중이다.)
사야 스당 마깐 나시 고렝
Saya lagi makan nasi goreng. (나는 (아직도) 볶음밥을 먹고 있다.)
사야 라기 마깐 나시 고렝

Saya akan makan nasi goreng. (나는 볶음밥을 먹을 것이다.)
사야 아깐 마깐 나시 고렝

Saya sudah makan nasi goreng. (나는 볶음밥을 먹었다.)
사야 수다-ㅎ 마깐 니시 고렝
Saya telah makan nasi goreng. (나는 볶음밥을 먹었다.)
사야 뜰라-ㅎ 마깐 나시 고렝

5 형용사

(1) 형용사의 위치

일반적으로 형용사는 명사 뒤에 위치하여 앞의 명사를 수식한다. 형용사뿐만 아니라 명사도 두 개 또는 그 이상이 나란히 위치할 때는 뒤에서부터 앞의 명사를 차례로 수식한다. 이때 뒤의 명사는 형용사적 의미를 나타낸다. 지시 대명사 ini, itu도 함께 사용되는 경우도 있는데 그 위치는 맨 끝이다.

예) bunga indah (아름다운 꽃) gunung tinggi (높은 산)
붕아 인다-ㅎ 구눙 띵기

buku gambar (그림 책) gedung sekolah (학교 건물)
부꾸 감바르 그둥 스꼴라-ㅎ

buku bahasa Indonesia (인도네시아어 책)
부꾸 바하사 인도네시아

buku bahasa Indonesia itu (그 인도네시아어 책)
부꾸 바하사 인도네시아 이뚜

adik laki-laki orang Indonesia itu (그 인도네시아인의 남동생)
아딕 라끼-라끼 오랑 인도네시아 이뚜

수량을 나타내는 형용사는 명사 앞에 위치하여 뒤에 따르는 명사를 수식한다.

예) banyak buku (많은 책) beberapa orang (몇몇 사람)
바냑 부꾸 브브라빠 오랑

semua karyawan (모든 근로자) seluruh dunia (전 세계)
스무아 까르야완 슬루루-ㅎ 두니아

(2) 형용사의 급(級)

인도네시아어의 형용사에도 급이 있다. 그런데 동급, 비교급, 최상급에 따른 어형 변화가 일어나지 않는다. 따라서 동급, 비교급, 최상급을 나타내기 위해서는 sama ~ dengan(~와 같은), 형용사와 접두사 se-의 결합형(~만큼), lebih(더 ~한), paling(가장 ~한) 따위와 같은 부사 또는 형용사를 형용사 앞에 각각 위치시킨다.

최상급을 나타내는 방법으로 paling 이외에도 '최상의 의미'를 나타내는 접두사 ter-와의 결합형, 또는 형용사의 중복에 양분접사 se-an을 결합시키기도 한다.

1) 동급

동급은 sama ~ dengan(~와 같은), 형용사와 접두사 se-의 결합형(~만큼)으로 나타낸다.

> Edi sama tinggi dengan Sri. (에디는 스리와 키가 같다.)
> 에디 사마 띵기 등안 스리
>
> Pulau Bali sebesar Pulau Jeju. (발리 섬은 제주도와 크기가 같다.)
> 뿔로우 발리 스브사르 뿔로우 제주

2) 비교급

비교급은 lebih ~ daripada(~ 보다 더 ~한) 형식으로 나타낸다. 때때로 daripada(~ 보다)의 pada를 생략하고 dari만 사용하거나 daripada 전체를 생략하기도 한다.

> Edi lebih tinggi daripada Sri. (에디는 스리보다 더 크다.)
> 에디 르비-ㅎ 띵기 다리빠다 스리
>
> Seoul lebih luas dari Jakarta. (서울은 자까르따보다 더 넓다.)
> 서울 르비-ㅎ 루아스 다리 자까르따
>
> Gunung Agung lebih tinggi Gunung Merapi.
> 구눙   아궁   르비-ㅎ 띵기 구눙   므라삐
> (아궁 산은 므라삐 산보다 더 높다.)

3) 최상급

최상급은 형용사 앞에 paling(가장 ~한)을 사용하여 나타내지만, '최상의 의미'를 나타내는 접두사 ter-와의 결합형, 또는 형용사의 중복에 양분접사 se-an을 결합시켜서 나타내기도 한다.

> Edi paling tinggi di antara teman-temannya.
> 에디 빨링   띵기 디 안따라 뜨만-뜨만냐
> (에디는 그의 친구들 중에 가장 크다.)
>
> Gunung Everest tertinggi di dunia.
> 구눙   에베레스트 떠르띵기 디 두니아
> (에베레스트 산은 세상에서 가장 높다.)
>
> Bunga ini seindah-indahnya di taman ini.
> 붕아 이니 스인다-ㅎ - 인다-ㅎ냐 디 따만 이니
> (이 꽃은 이 공원에서 가장 아름답다.)

6 계사

인도네시아어에는 계사가 없다. 영어에서처럼 주어와 술어 사이에 be동사에 상당하는 연계사가 없이 문장이 연결된다.

Ini meja. (이것은 책상이다.)
이니 메자
Meja ini bagus. (이 책상은 좋다.)
메자 이니 바구스
Paman saya guru. (나의 삼촌은 선생이다.)
빠만 사야 구루

위의 예에서처럼 주어 Ini(이것)와 술어 meja(책상) 사이를 연결해주는 계사가 없는 것이 인도네시아어의 특징 중에 하나이다. 따라서 한국어로 직역을 하면 Ini meja. (이것 책상), Meja ini bagus. (이 책상 좋은), Paman saya guru. (나의 삼촌 선생)이 되어 마치 미완성 문장 같이 느껴지지만 완전한 문장들이다.

7 반복어

명사의 복수를 나타내기 위하여 그 명사를 중복시킨다고 했는데, 비단 명사만 중복되는 것이 아니라 동사, 형용사 따위도 중복되어 그 기능을 나타낸다.

예 Anak-anak itu nakal. (그 아이들은 버릇이 없다.) - 명사
아낙-아낙 이뚜 나깔
Mereka duduk-duduk di pinggir sungai. (그들은 강변에 앉아 있다.) - 동사
므레까 두둑-두둑 디 삥기르 숭에이
Makanan rezat-rezat telah disediakan. (맛있는 음식들이 차려졌다.) - 형용사
마까난 르잣-르잣 뜰라-ㅎ 디스디아깐

위 예문에서 명사의 중복은 '복수'를, 동사의 중복은 '동작의 반복'을, 그리고 형용사의 중복은 '수식되는 앞의 명사를 복수'로 각각 나타내는 기능을 한다. 그 이외에도 중복어의 기능과 의미는 다양하다. (문법서 참고)

8 합성어

두 개나 그 이상의 형태소로 이루어진 단어를 말하는 것으로, 인도네시아어에는 다음과 같은 종류의 합성어가 있다.

(1) 명사 + 명사 ⇒ 명사

예 kereta(차량)   + api(불) ⇒ 기차
끄레따   아뻬
buah(열매)   + hati(마음, 심장) ⇒ 애인
부아ㅎ   하띠
tanah(땅)   + air(물) ⇒ 조국
따나ㅎ   아이르

(2) 명사 + 동사 ⇒ 명사

예 meja(책상)   + makan(먹다) ⇒ 식탁
메자   마깐
kamar(방)   + mandi(목욕하다) ⇒ 욕실
까마르   만디
pesawat(기계) + terbang(날다) ⇒ 비행기
쁘사왓   뜨르방

(3) 동사 + 명사 ⇒ 동사

예 lepas(풀리다) + angin(바람) ⇒ 방귀뀌다
르빠스   앙인
buang(버리다) + air(물) ⇒ 소[대]변 보다
부앙   아이르
datang(오다)   + bulan(달) ⇒ 월경하다
다땅   불란

(4) 명사 + 형용사 ⇒ 명사

예 orang(사람)   + tua(늙은) ⇒ 부모, 양친
오랑   뚜아
rumah(집)   + sakit(아픈) ⇒ 병원
루마ㅎ   사낏

| kursi(의자) | + malas(게으른) ⇒ 안락의자, 소파 |
| 꾸르시 | 말라스 |

(5) 동사 + 동사 ⇒ 동사

> 예 ambil(취하다)　　+ alih(이전하다) ⇒ 이양하다, 인계하다
> 　　 암빌　　　　　　알리-ㅎ
> 　　 pulang(돌아오[가]다) + pergi(가다) ⇒ 왕복하다
> 　　 뿔랑　　　　　　쁘[뻬]르기
> 　　 jual(팔다)　　　+ beli(사다) ⇒ 매매하다
> 　　 주알　　　　　　블리

(6) 형용사 + 명사 ⇒ 형용사

> 예 keras(단단한)　　+ kepala(머리) ⇒ 고집 센
> 　　 끄라스　　　　　끄빨라
> 　　 murah(싼)　　　+ hati(마음, 심장) ⇒ 너그러운, 친절한
> 　　 무라-ㅎ　　　　하띠
> 　　 kecil(작은)　　　+ hati(마음, 심장) ⇒ 마음이 여린, 소심한
> 　　 끄찔　　　　　　하띠

(7) 형용사 + 형용사 ⇒ 형용사

> 예 lemah(부드러운)　+ lembut(약한) ⇒ 착한, 온순한
> 　　 르마-ㅎ　　　　름붓
> 　　 gagah(힘센)　　+ berani(용감한) ⇒ 용감무쌍한
> 　　 가가-ㅎ　　　　브라니
> 　　 kaya(부유한)　　+ raya(큰, 위대한) ⇒ 거부의, 갑부의
> 　　 까야　　　　　　라야

9 접사

　접사에는 접두사, 접요사, 접미사가 있으며 어두와 어미에 각각 접두 접미 되는 양분접사가 있다. 인도네시아어에서 접사가 차지하는 비중은 매우 크며, 그 형식에 따라 파생어가 생산되며 그에 따른 의미도 파생된다. 접사에 관한 예와 그의 설명은 너무 광범위하여 본서에서는 취급하지 않고 다만 일례를 들어 이해를 돕고자

한다.

인도네시아어의 접사 가운데 가장 많이 사용되는 접사가 ber-와 me-이다. 접두사 ber-는 주로 자동사를 나타내며, me-는 타동사를 나타낸다. 그러나 모두 그렇지만은 않다.

예 Orang itu berjalan di taman bunga. (그 사람은 화원에서 걷는다.)
오랑 이뚜 버르잘란 디 따만 붕아

Adik saya bekerja di perusahaan perniagaan.
아딕 사야 버꺼르자 디 뻐르우사하안 뻐르니아가안
(내 동생은 무역회사에서 근무한다.)

Kucing itu memakan seekor tikus. (그 고양이는 쥐를 먹는다.)
꾸찡 이뚜 머마깐 스에꼬르 띠꾸스

Ibu menanti anaknya dari sekolah.
이부 머난띠 아낙냐 다리 스꼴라-ㅎ
(어머니가 학교에서 돌아오는 아이를 기다린다.)

참고로 단어 ajar가 여러 가지 형식의 접사와 결합되어 나타나는 파생어와 그 의미의 변화에 대하여 살피고자 한다. ber- 형식과 me-형식이 각각 bel-형식과 meng-형식으로 변하여 나타나는 예는 다음 항에서 설명한다.

ajar (교육) → belajar (배우다, 공부하다)
아자르 　　　　벌라자르

　　　　　　→ mengajar (가르치다, 교육하다)
　　　　　　　멍아자르

　　　　　　→ pelajar (학생, 피교육자)
　　　　　　　뻴라자르

　　　　　　→ pengajar (선생, 교육자)
　　　　　　　뻥아자르

　　　　　　→ membelajarkan (학습 자료[활동]가 되다)
　　　　　　　멈벌라자르깐

　　　　　　→ pembelajar (피교육자, 학생)
　　　　　　　뻠벌라자르

　　　　　　→ pembelajaran (학습, 학업, 공부)
　　　　　　　뻠벌라자란

　　　　　　→ mengajari (~를[~에게] 가르치다, 교육하다)
　　　　　　　멍아자리

- → mengajarkan (~를 위하여[~에 대하여] 가르치다)
  멍아자르깐
- → terpelajar (교육이 받아지다, 교육을 받다)
  떠르뻴라자르
- → keterpelajaran (피교육)
  끄떠르뻴라자란
- → pelajaran (학과)
  뻴라자란
- → berpelajaran (학교 교육을 받다)
  버르뻴라자란
- → mempelajari (진지하게 공부하다, (심도 있게) 연구하다)
  멈뻴라자리
- → ajaran (교육, 가르침)
  아자란

10 접두사 ber-의 형식

ber-는 어근 앞에서 어근과 결합된다. 어근의 첫 음소가 r로 시작되거나 첫 음절이 -er-로 인 경우에는 ber-의 r이 생략된다. 이러한 현상을 동음생략이라 한다. 그 예는 아래와 같다.

1) ber + 어근

예 ber + sepeda ⇒ bersepeda (자전거를 타다)
  버르 스뻬다
  ber + jalan ⇒ berjalan (걷다)
  버르 잘란

2) 동음생략

ber + rumah ⇒ berumah (집을 갖다)
버르 루마-ㅎ   버루마-ㅎ

ber + rupa ⇒ berupa (모습을 갖다, ~와 같다)
버르 루빠   버루빠

ber + kerja ⇒ bekerja (일하다)
버르 끄르자   버끄르자

ber + ternak ⇒ beternak (가축을 기르다)

버르 떠르낙   버떠르낙

단어 ajar의 경우((9))에는 접두사 ber-가 이화현상을 일으켜서 bel-로 변형된다. 이런 경우는 극히 드물다.

예 ber + ajar   ⇒ belajar (배우다, 공부하다)
　　 버르 아자르   벌라자르

11 접두사 me-의 비음화

접두사 me-는 어근의 첫 음소에 따라 비음 ng, m, n, ny 따위를 동반하는 비음화 과정을 겪는바 다음과 같다. 이처럼 비음화 과정을 겪는 경우 기호로는 meN-으로 나타낸다.

(1) mem-

어근의 첫 음소가 b, p로 시작되는 경우에는 비음 m을 동반하여 mem-으로 된다. 그러나 된소리 p는 비음 m과 대치된다.

예 bantu   ⇒ membantu (돕다)
　　 반뚜   멈반뚜

　　 bayar   ⇒ membayar (지불하다)
　　 바야르   멈바야르

　　 putar   ⇒ memutar (돌리다)
　　 뿌따르   머무따르

　　 pinjam   ⇒ meminjam (빌리다)
　　 삔잠   머민잠

(2) men-

어근의 첫 음소가 c, d, j, 그리고 t로 시작되는 경우에는 n을 동반하여 men-으로 된다. 그러나 된소리 t는 비음 n과 대치된다.

예 cari   ⇒ mencari (찾다)
　　 짜리   먼짜리

dorong 도롱	⇒ mendorong (밀다) 먼도롱
jual 주알	⇒ menjual (팔다) 먼주알
tutup 뚜뚭	⇒ menutup (닫다) 머누뚭

(3) meng-

어근의 첫 음소가 모음이거나 자음 g, h, k, 그리고 kh로 시작되는 경우는 비음 ng를 동반하여 meng-로 된다. 그러나 된소리 k는 비음 ng와 대치된다.

예

ajar 아자르	⇒ mengajar (가르치다) 멍아자르
ejek 에젝	⇒ mengejek (조롱하다) 멍에젝
isap 이삽	⇒ mengisap (들이마시다) 멍이삽
operasi 오쁘라시	⇒ mengoperasi (수술하다) 멍오쁘라시
ubah 우바-ㅎ	⇒ mengubah (변화시키다, 바꾸다) 멍우바-ㅎ
garuk 가룩	⇒ menggaruk (긁다) 멍가룩
hibur 히부르	⇒ menghibur (위로하다) 멍히부르
kacau 까짜우	⇒ mengacau (섞다, 혼합하다) 멍아짜우
khianat 끼아낫	⇒ mengkhianat (반역하다) 멍끼아낫

(4) meny-

어근의 첫 음소가 s로 시작되는 경우는 비음 ny를 동반하며, 이때 s는 ny와 대치된다.

예

sapu 사뿌	⇒ menyapu (쓸다) 머나뿌

simpan   ⇒ menyimpan (보관하다)
심빤   머님빤

(5) 제로[영] 비음화

어근의 첫 음소가 l, m, n, ng, ny, r, y 따위는 비음을 갖지 않으므로 제로 비음화 또는 영 비음화라 하며 기호로는 m∅-로 나타낸다.

예 lanjut   ⇒ melanjut (계속 증가하다)
      란줏   멀란줏

      nanti   ⇒ menanti (기다리다)
      난띠   머난띠

      makan   ⇒ memakan (먹다)
      마깐   머마깐

      nganga   ⇒ menganga (입을 벌리다)
      응앙아   멍앙아

      nyanyi   ⇒ menyanyi (노래하다)
      냐니   머냐니

      rindu   ⇒ merindu (그리워하다)
      린두   머린두

      yakin   ⇒ meyakini (확신하다)
      야낀   머야끼이

(6) 어두음 첨가

단음절 어근의 경우는 모음 e를 어두에 첨가시켜서 접두사 meN-를 결합시킨다. 따라서 어근의 첫 음소기 모음 e로 간주되어 비음 ng를 동반시킨다.

예 pel   ⇒ mengepel (닦다)
      뻴   멍으뻴

      sah   ⇒ mengesahkan (확인하다)
      사-ㅎ   멍으사-ㅎ깐

      pos   ⇒ mengeposkan (우편물을 부치다)
      뽀스   멍으뽀스깐

(7) 예외(차용어)

외래어의 경우는 비음화 과정을 겪지 않는다. 따라서 어근의 첫 음소가 p, t, k, s 와 같은 된소리일 때도 비음 m, n, ng, ny를 동반시키되 비음과 대치되지 않는다.

- 예) peduli ⇒ mempedulikan (에 유의하다)
  쁘둘리   멈쁘둘리깐
  traktir ⇒ mentraktir (한 턱 내다)
  뜨락띠르   먼뜨락띠르

비록 외래어일지라도 비음화 과정을 겪으면서 된소리가 비음과 대치되는 예도 흔하다, 이러한 경우는 그 외래어가 유입되어 오랜 기간을 통해서 귀화되는 성격이 있어서 자국어로 취급되기 때문이다.

- 예) kabar ⇒ mengabarkan (알리다, 소식을 전하다)
  까바르   멍아바르깐
  kopi ⇒ mengopi (커피를 마시다)
  꼬삐   멍오삐
  tadbir ⇒ menadbirkan (관리하다)
  땃비르   머낫비르깐

지금까지 인도네시아어를 학습하는 데 꼭 알아두어야 할 문법적 요소를 몇 가지에 대하여 간략히 정리해 보았다. 그러나 어느 언어를 막론하고 문법의 모든 부문을 이해하려면 상당한 시간과 노력이 필요하다. 문법을 부문별로 상세하게 이해하려면 문법서를 별도로 참고하할 것이다.

PART I
인사 표현

- **01** 일상적인 인사
- **02** 초면 인사
- **03** 소개할 때의 인사
- **04** 오랜만에 만났을 때의 인사
- **05** 헤어질 때의 인사
- **06** 감사의 인사
- **07** 사과와 사죄의 인사
- **08** 축하와 환영의 인사
- **09** 화장실 이용

01 일상적인 인사

간단한 인사

- 안녕
  ▶ Halo!
  할로

- 모두들 안녕!
  ▶ Halo, semuanya!
  할로   스무아냐

- 저예요!
  ▶ Saya!
  사야

- 여기에 네가!
  ▶ Anda di sini?
  안다   디 시니

- 안녕! 잘 지내지?
  ▶ Halo, Anda baik?
  할로   안다   바익

- 어떻게 지내?(1)
  ▶ Bagaimana keadaan sekarang?
  바게이마나   꺼아다안   스까랑

- 어떻게 지내?(2)
  ▶ Bagaimana kabarnya?
  바게이마나   까바르냐

- 너 좋아 보인다.
  ▶ Anda kelihatan baik.
  안다   껄리핫딴   바익

아침 · 낮 · 저녁에 만났을 때

- 안녕하세요(아침)
  ▶ Selamat pagi.
  슬라맛 빠기

- 안녕하세요(점심; 오전 11시 ~ 오후 3시)
  ▶ Selamat siang.
  슬라맛 시앙

- 안녕하세요(저녁: 오후 3시 ~ 오후 6시)
  ▶ Selamat sore.
  슬라맛 소레

- 안녕하세요(저녁, 밤: 오후 6시 ~ 오후 12시).
  ▶ Selamat malam.
  슬라맛 말람

- 안녕히 주무세요.
  ▶ Selamat malam.
  슬라맛 말람

근황을 물을 때

- 잘 지내시지요?
  ▶ Baik?
  바익

- (당신) 아주 잘 지내시지요?
  ▶ Apa Anda baik-baik saja?
  아빠 안다 바익-바익 사자

- 모든 일이 어때?
  ▶ Bagaimana semuanya?
  바게이미나 스무아냐

- 잘 지냅니다. 감사해요. 그런데, 당신은요?
  ▶ Baik-baik, terima kasih. Anda bagaimana?
  바익-바익 뜨리마 까시-ㅎ 안다 바게이마나

Ⅰ. 인사 표현

- 건강은 어때요?(1)
  ▶ Bagaimana, Anda sehat?
  　바게이마나　　안다　세핫

- 건강은 어때요?(2)
  ▶ Bagaimana Anda sehat saja?
  　바게이마나　안다　세핫　사자

- 매우 건강합니다. 감사해요. 그런데 당신은요?
  ▶ Sehat. Terima kasih. Dan Anda bagaimana?
  　세핫　뜨리마　까시-ㅎ　단　안다　바게이마나

- 건강은 어때요?
  ▶ Bagaimana kesehatannya?
  　바게이마나　꺼세핫딴냐

- 건강합니다. 감사해요. 그런데 당신은요?
  ▶ Sehat. Terima kasih. Anda sehat?
  　세핫　뜨리마　까시-ㅎ　안다　세핫

- 최근에 바쁘셨지요?
  ▶ Apa Anda sibuk akhir-akhir ini?
  　아빠　안다　시북　아끼르-아끼르　이니

- 요즘에 무엇에 그리 빠져있었어요?
  ▶ Ada apa akhir-akhir ini?
  　아다　아빠　아끼르-아끼르　이니

- 무엇이 바쁘세요?
  ▶ Ada kesibukan apa?
  　아다　꺼시북안　아빠

- 자까르따에서의 생활은 좋습니까?
  ▶ Bagaimana kehidupan di Jakarta?
  　바게이마나　꺼히둡빤　디　자까르따

- 네! 아주 좋아요.
  ▶ Ya, baik saja.
  　야　바익　사자

- 반둥에서의 여름휴가는 좋습니까?
  ▶ Bagaimana liburan di Bandung?
  　바게이마나　리부란　디　반둥

- 네! 좋습니다.
  - ▶ Ya, baik.
    야 바익

안색을 살필 때

- 좋은 날씨입니다.
  - ▶ Cuaca baik hari ini!
    쭈아짜 바익 하리 이니

- 건강하시지요?
  - ▶ Apa Anda sehat?
    아빠 안다 세핫

- 아주 좋습니다. 감사합니다.
  - ▶ Baik saja, terima kasih.
    바익 사자 뜨리마 까시-ㅎ

- 오늘 기분이 언짢아 보이는데...
  - ▶ Hari ini kelihatannya Anda murung...
    하리 이니 껄리핫딴냐 안다 무룽

- 기운이 없어 보이네요.
  - ▶ Kelihatannya lelah hari ini.
    껄리핫딴냐 를라-ㅎ 하리 이니

- 우울해 보인다.
  - ▶ Kelihatannya lesu.
    껄리핫딴냐 르수

- 아주 좋아 보인다.
  - ▶ Kelihatannya baik sekali.
    껄리핫딴냐 바익 스깔리

- 아니오, 아닙니다. 오늘 컨디션이 좋지 않아서 그래요.
  - ▶ Oh, Tidak. Hari ini badan saya kurang enak.
    오-ㅎ 띠닥 하리 이니 바단 사야 꾸랑 에낙

- 무슨 일 있었니?
  - ▶ Ada apa?
    아다 아빠

I. 인사 표현

- 무슨 일 있어?(1)
  - ▶ Ada masalah?
    아다 마살라-ㅎ
- 무슨 일 있어?(2)
  - ▶ Apa ada masalah?
    아빠 아다 마살라-ㅎ

02 초면 인사

처음 만났을 때

- 처음 뵙겠습니다.
  - ▶ Selamat bertemu.
    슬라맛   버르뜨무

- 만나서 반가워요!(상대방 여자)
  - ▶ Saya senang bertemu dengan Ibu.
    사야   스낭   버르뜨무   등안   이부

- 만나서 반가워요!(상대방 남자)
  - ▶ Saya senang bertemu dengan Bapak.
    사야   스낭   버르뜨무   등안   바빡

- 만나서 반갑습니다.
  - ▶ Senang bertemu dengan Anda.
    스낭   버르뜨무   등안   안다

- 당신을 알게 되어 무척 기쁩니다.(1)
  - ▶ Saya sangat gembira bertemu dengan Anda.
    사야   상앗   금비라   버르뜨무   등안   안다

- 당신을 알게 되어 무척 기쁩니다.(2)
  - ▶ Saya sangat senang bertemu dengan Anda.
    사야   상앗   스낭   버르뜨무   등안   안다

- 당신을 알게 되어 영광입니다.
  - ▶ Saya merasa bangga karena bertemu dengan Bapak.
    사야   머라사   방가   까르나   버르뜨무   등안   바빡

- 마침내, 당신을 알게 되어 너무 흡족합니다.
  - ▶ Saya beruntung bisa berkenalan dengan Anda.
    사야   버르운뚱   비사   버르끄날란   등안   안다

I. 인사 표현 **49**

- 인사드리게 되어 매우 영광입니다.
  ▶ Saya merasa bangga karena dapat berkenalan dengan Bapak.
  사야 머라사 방가 까르나 다빳 버르끄날란 등안 바빡

- 당신에 대해 많이 들었었습니다.
  ▶ Saya sering mendengar tentang Bapak.
  사야 스링 먼등아르 뜬땅 바빡

- 사람들이 제게 당신의 얘기를 많이 했었습니다.
  ▶ Banyak orang mengatakan nama Bapak kepada saya.
  바냑 오랑 멍아따깐 나마 바빡 끄빠다 사야

- 어디서 오셨습니까?
  ▶ Anda dari mana?
  안다 다리 마나

- 어디서 왔니?[어디 출신이니]?
  ▶ Anda dari mana?
  안다 다리 마나

- 대한민국에서 왔습니다[출신입니다].
  ▶ Saya dari Korea.
  사야 다리 꼬레아

- 여기에 어떤 일로 왔니?
  ▶ Untuk apa ke sini?
  운뚝 아빠 꺼 시니

- 여기에 어떤 일로 오셨습니까?
  ▶ Ada tugas apa ke sini?
  안다 뚜가스 아빠 꺼 시니

- 여행하러 여기에 왔습니다.
  ▶ Saya ke sini untuk jalan-jalan.
  사야 꺼 시니 운뚝 잘란-잘란

- 얼마 동안 여행을 하실 것입니까?
  ▶ Berapa lama Anda berwisata?
  버라빠 라마 안다 버르위사따

- 일주일 동안 자까르따를 구경할 것입니다.
  ▶ Saya mau melihat-lihat Jakarta selama satu minggu.
  사야 마우 멀리핫-리핫 자까르따 슬라마 사뚜 밍구

- 어디를 방문했었습니까?
  ▶ Anda sudah berkunjung ke mana?
  안다 수다-ㅎ 버르꾼중 꺼 마나

- 이미 반둥과 수라바야를 방문했었습니다.
  ▶ Saya sudah mengunjungi Bandung dan Surabaya.
  사야 수다-ㅎ 멍운중이 반둥 단 수라바야

이름과 명함을 주고받을 때

- 성함이 어떻게 되시지요?
  ▶ Siapa nama Bapak?
  시아빠 나마 바빡

- 나의 이름은 ~입니다.
  ▶ Nama saya ~.
  나마 사야

- 당신의 이름은?
  ▶ Siapa nama Anda?
  시아빠 나마 안다

- 성함 좀 알려주세요.
  ▶ Beritahu saya nama Bapak.
  브리따후 사야 나마 바빡

- 댁의 이름이 무엇입니까?
  ▶ Nama Anda siapa?
  나마 안다 시아빠

- 제가 댁의 이름을 물어볼 수 있을까요?
  ▶ Bolehkah saya bertanya nama Bapak?
  볼레-ㅎ까-ㅎ 사야 버르따냐 나마 바빡

- 제게 명함을 주실 수 있습니까?
  ▶ Bolehkah saya ambil kartu nama Bapak?
  볼레-ㅎ까-ㅎ 사야 암빌 까르뚜 나마 바빡

- 여기에 제 명함이 있습니다.
  ▶ Ini kartu nama saya.
  이니 까르뚜 나마 사야

전에 이야기를 들었을 때

- 너에 대한 이야기는 많이 들었었어.
  ▶ Saya sudah dengar nama Anda beberapa kali.
  사야 수다-ㅎ 등아르 나마 안다 브버라빠 깔리

- 드디어, 너를 만나게 되었어!
  ▶ Akhirnya saya dapat bertemu dengan Anda!
  아끼르냐 사야 다빳 버르뜨무 등안 안다

- 오래 전부터 너를 만나고 싶었었어.
  ▶ Sudah lama saya ingin bertemu dengan Anda.
  수다-ㅎ 라마 사야 잉인 버르뜨무 등안 안다

- 개인적으로 너를 정말로 만나고 싶었어!
  ▶ Saya ingin bertemu dengan Anda secara pribadi!
  사야 잉인 버르뜨무 등안 안다 스짜라 쁘리바디

- 나는 정말로 너를 만나고 싶었어!
  ▶ Saya benar-benar ingin bertemu dengan Anda!
  사야 브나르-브나르 잉인 버르뜨무 등안 안다

- 사람들이 내게 너에 대해 많은 이야기를 해줬어!
  ▶ Banyak orang menceritakan Anda kepada saya!
  바냑 오랑 먼쯔리따깐 안다 끄빠다 사야

 # 소개할 때의 인사

자기소개의 기본 표현

• 저는 수바르디라고 합니다.
▶ Saya bernama Subardi.
　사야　버르나마　수바르디

• 제 이름은 누리입니다.
▶ Nama saya Nuri.
　나마　사야　누리

• 제가 소개해도 되겠습니까? 저는 압둘라입니다.
▶ Kenalkan, Saya Abdullah.
　끄날깐　　　사야　압둘라-ㅎ

• 저는 영어과 신입생입니다.
▶ Saya siswa baru dari jurusan bahasa Inggris.
　사야　시솨　바루　다리　주루산　　바하사　잉그리스

• 정중하게 인사드립니다.
▶ Dengan hormat saya memberi salam.
　등안　호르맛　사야　멈브리　　살람

• 이 기회를 빌어 매우 정중하게 인사드리고자 합니다.
▶ Dalam kesempatan ini, saya ingin memberi salam
　달람　　꺼슴빳딴　　　이니　사야　잉인　멈브리　　살람
saya secara hormat.
사야　스짜라　호르맛

자신에 대해 소개할 때

• 저는 한국 사람입니다.
▶ Saya orang Korea.
　사야　오랑　꼬레아

- 제 소개를 하겠습니다.
  ▶ Kenalkan.
  끄날깐

- 저는 인도네시아어를 잘 하지 못합니다.
  ▶ Saya tidak dapat berbicara bahasa Indonesia dengan lancar.
  사야 띠닥 다빳 버르비짜라 바하사 인도네시아 등안
  란짜르

- 저는 영어를 조금 합니다.
  ▶ Saya dapat berbicara bahasa Inggris sedikit.
  사야 다빳 버르비짜라 바하사 잉그리스 스디낏

- 제가 소개해도 될까요? 저는 사위뜨리입니다.
  ▶ Bolehkah saya memperkenalkan diri. Saya Sawitri.
  볼레-ㅎ까-ㅎ 사야 멈뻐르끄날깐 디리 사야 사위뜨리

- 제가 간단한 소개를 하도록 하겠습니다.
  ▶ Saya akan memperkenalkan secara singkat.
  사야 아깐 멈뻐르끄날깐 스짜라 싱깟

- 허락하신다면, 제 소개를 하겠습니다.
  ▶ Bila diperbolehkan saya akan memperkenalkan diri saya.
  빌라 디뻐르볼레-ㅎ깐 사야 아깐 멈뻐르끄날깐 디리 사야

- 실례합니다. 제 소개를 하겠습니다. 저는 수하디입니다.
  ▶ Maaf. Kenalkan saya. Saya Suhadi.
  마압 끄날깐 사야 사야 수하디

- 전에 우리 본적이 없는 것 같은데요. 저는 수랏노라고 합니다.
  ▶ Sepertinya kita belum pernah bertemu sebelumnya.
  스뻐르띠냐 끼따 블룸 뻐르나-ㅎ 버르뜨무 스블룸냐
  Saya Suratno.
  사야 수랏노

- 안녕하세요. 당신은 김 선생이 맞으시지요. 저는 이 반 담당인 수하디 선생입니다.
  ▶ Apa kabar? Anda Bapak Kim kan? Saya Suhadi, wali guru kelas ini.
  아빠 까바르 안다 바빡 김 깐 사야 수하디 왈리
  구루 끌라스 이니

다른 사람을 소개할 때

- 제 아내를 소개하겠습니다.
  ▶ Kenalkan, ini istri saya.
  끄날깐   이니 이스뜨리 사야

- 이쪽은 압둘라이고, 그리고 이쪽은 까르띠니입니다.
  ▶ Ini Abdullah, dan yang sebelah sini Kartini.
  이니 압둘라-ㅎ   단   양   스블라-ㅎ 시니 까르띠니

- 수하디 씨, 이 분이 수랏노 교수님입니다.
  ▶ Pak Suhadi, bapak ini Profesor Suratno.
  빡   수하디   바빡   이니 쁘로훼소르 수랏노

- 저는 당신께서 하디 씨를 인사하시기를 바랍니다.
  ▶ Saya berharap Anda bersalaman dengan Bapak Hadi.
  사야 버르하랍 안다   버르살람안   등안   바빡   하디

- 제가 제 친구 얀또를 소개해드려도 될까요?
  ▶ Bolehkah saya kenalkan teman saya, Yanto?
  볼레-ㅎ까-ㅎ 사야   끄날깐   뜨만   사야   얀또

- 제가 당신께 저희 회사 경영자이신 모하맏 사장님을 소개하니 영광입니다.
  ▶ Syukurlah saya dapat mengenalkan Bapak Mohamad,
  슈꾸를라-ㅎ 사야 다빳   멍으날깐   바빡   모하맏
  direktur perusahaan saya kepada Bapak.
  디렉뚜르 뻐르우사하안   사아 끄빠다 바빡

- 전에 안면들이 있으신가요?
  ▶ Sudah kenal dari dulu?
  수다-ㅎ 끄날 다리 둘루

친구를 소개할 때

- 제 친구입니다.
  ▶ Ini teman saya.
  이니 뜨만 사야

PART I 소개할 때의 인사

- 너는 김 선생님을 알고 있니?
  ▶ Apakah Anda kenal Bapak Kim?
  아빠까-ㅎ 안다 끄날 바빡 김

- 네게 얀또를 소개할게.
  ▶ Saya kenalkan Yanto kepada Anda.
  사야 끄날깐 얀또 끄빠다 안다

- 그 친구가 하디야.
  ▶ Dia Hadi.
  디아 하디

- 여기는 누리이고, 여기는 사위뜨리야.
  ▶ Ini Nuri, dan yang ini Sawitri.
  이니 누리 단 양 이니 사위뜨리

- 하디, 누리를 아니?
  ▶ Hadi, Apa Anda kenal Nuri?
  하디 아빠 안다 끄날 누리

- 하디, 내 친구 누리를 소개하고 싶어.
  ▶ Hadi, Saya ingin kenalkan teman saya Nuri.
  하디 사야 잉인 끄날깐 뜨만 사야 누리

- 여러분께 제 친구 아니따를 소개하게 되어 영광입니다.
  ▶ Saya senang memperkenalkan teman saya, Anita
  사야 스낭 멈뻐르끄날깐 뜨만 사야 아니따
  kepada Saudara sekalian.
  끄빠다 소우다라 스깔리안

- 안녕, 밤방. 이쪽은 내 동료 에디야. 우리는 대학동문이지.
  ▶ Halo, Bambang. Ini rekan saya Edi. Kami seuniversitas.
  할로 밤방 이니 르깐 사야 에디 까미 스우니버르시따스

상대를 알기 위한 질문

- 성함이 어떻게 되세요?
  ▶ Siapa nama Bapak?
  시아빠 나마 바빡

56 인도네시아어 회화 사전

- 성함을 부탁합니다.
  ▶ Tolong nama Bapak.
  똘롱 나마 바빡

- 당신의 이름은요?
  ▶ Nama Bapak?
  나마 바빡

- 당신의 성(姓)은요?
  ▶ Nama keluarga Bapak?
  나마 끌루아르가 바빡

- 당신의 성함은요?(이름 + 성)
  ▶ Nama keluarga (dan nama sendiri) Ibu?
  나마 끌루아르가 단 나마 슨디리 이부

- 제가 성함을 여쭈어 봐도 되겠습니까?
  ▶ Bolehkah saya tahu nama Bapak?
  볼레-ㅎ까-ㅎ 사야 따후 나마 바빡

- 당신은 수만뜨리 씨임이 분명해요. 저는 얀또입니다.
  ▶ Kalau saya tidak salah nama Bapak, Pak Sumantri.
  깔로우 사야 띠닥 살라-ㅎ 나마 바빡 빡 수만뜨리
  Saya Yanto.
  사야 얀또

- 전에 우리 서로 본 적이 없는 것 같습니다. 저는 모하맏입니다.
  ▶ Saya kira kita tidak pernah bertemu dulu. Saya
  사야 끼라 끼따 띠닥 뻐르나-ㅎ 버르뜨무 둘루 사야
  Mohamad.
  모하맏

- 누구시지요?
  ▶ Bapak siapa?
  바빡 시아빠

- 당신이 마노 씨입니까?
  ▶ Apakah Bapak Pak Manoh?
  아빠까-ㅎ 바빡 빡 마노-ㅎ

- 제 이름은 아니따입니다.
  ▶ Nama saya Anita.
  나마 사야 아니따

- 저는 수하디입니다.
  ▶ Saya Suhadi.
  사야   수하디

- 제 성(姓)은 김입니다.
  ▶ Nama keluarga saya Kim.
  나마   끌루아르가   사야   김

- 제 이름은 민수입니다.
  ▶ Nama saya Minsu.
  나마   사야   민수

- 저를 얀또라고 부르실 수 있습니다.
  ▶ Bapak boleh panggil saya Yanto.
  바빡   볼레-ㅎ 빵길   사야   얀또

- 어디에서 오셨어요?
  ▶ Bapak dari mana?
  바빡   다리 마나

- 당신의 고향은 어디입니까?
  ▶ Bapak asli dari mana?
  바빡   아슬리 다리 마나

- 무슨 일 하세요?
  ▶ Apa pekerjaan Bapak?
  아빠   뻐끄르자안   바빡

- 하는 일이 어떻게 되시지요?
  ▶ Pekerjaan Bapak bagaimana?
  뻐끄르자안   바빡   바게이마나

- 어디서 일하세요?
  ▶ Di mana Bapak bekerja?
  디 마나   바빡   버끄르자

- 어디서 공부하세요?
  ▶ Saudara belajar di mana?
  소우다라   벌라자르 디 마나

- 대학에서 무엇을 공부하세요?
  ▶ Saudara belajar apa di universitas?
  소우다라   벌라자르 아빠 디 우니버르시따스

- 어디 사세요?
  - ▶ Saudara tinggal di mana?
    소우다라   띵갈   디 마나

- 언제부터 여기에 계셨어요?
  - ▶ Sejak kapan Saudara di sini?
    스작   까빤   소우다라   디 시니

- 한국에 얼마나 머무르실 것입니까?
  - ▶ Berapa lama Bapak akan tinggal di Korea?
    버라빠   라마   바빡   아깐   띵갈   디 꼬레아

- 한국에 오신 적이 있습니까?
  - ▶ Pernah datang ke Korea?
    뻐르나   다땅   꺼 꼬레아

- 이번이 처음입니다.
  - ▶ Ini yang pertama kali.
    이니 양   뻐르따마   깔리

- 한국에 온지 3일 되었습니다.
  - ▶ Sudah tiga hari saya di Korea.
    수다-ㅎ   띠가   하리   사야   디 꼬레아

- 어디에서 머물고 계십니까?
  - ▶ Menginap di mana?
    멍이납   디 마나

- 저는 코리아나 호텔에서 머물고 있습니다.
  - ▶ Saya menginap di hotel Koreana.
    사야   멍이납   디 호뗄   꼬레아나

- 여기는 마음에 드세요?
  - ▶ Apakah Anda senang di sini?
    아빠까-ㅎ   안다   스낭   디 시니

- 서울에서 사는 것에 적응하셨어요?
  - ▶ Apakah Anda sudah betah tinggal di Seoul.
    아빠까-ㅎ   안다   수다-ㅎ   브따-ㅎ   띵갈   디 서울

- 이곳의 기후에 적응하셨어요?
  - ▶ Apa sudah dapat menyesuaikan cuaca di sini?
    아빠   수다-ㅎ   다빳   머녀수아이깐   쭈아짜   디 시니

PART 1 소개할 때의 인사

- 여가 시간에는 무엇을 하세요?
  ▶ Anda mengerjakan apa pada waktu luang?
  안다　멍으르자깐　　아빠　빠다　왁뚜　루앙

- 어떤 스포츠를 가장 좋아하세요?
  ▶ Olahraga apa yang Anda suka?
  올라-ㅎ라가　아빠　양　안다　수까

- 일 때문에 여기에 계시나요?
  ▶ Apakah Anda di sini untuk pekerjaan?
  아빠까-ㅎ　안다　디 시니　운뚝　뻐끄르자안

- (당신의) 일은 어떠세요?
  ▶ Bagaimana pekerjaan (Anda)?
  바게이마나　　뻐끄르자안　(안다)

 오랜만에 만났을 때의 인사

오랜만에 만났을 때

- 이게 얼마만이야!
  > Lama kita tidak bertemu!
  라마 끼따 띠닥 버르뜨무

- 와! 얼마나 살이 빠진 것이야!
  > Wah, Anda kurusan ya!
  와-ㅎ 안다 꾸루산 야

- 너 하나도 안변했다!
  > Anda sama sekali tidak berubah.
  안다 사마 스깔리 띠닥 버르우바-ㅎ

- 너 못 본지가 여러 해 되었네!
  > Sudah beberapa tahun saya tidak bertemu dengan
  수다-ㅎ 브버라빠 따훈 사야 띠닥 버르뜨무 등안
  Anda!
  안다

- 우리가 못 본지가 얼마나 되었는지?
  > Sudah berapa lama kita tidak bertemu?
  수다-ㅎ 버라빠 라마 끼따 띠닥 버르뜨무

- 안녕! 너 못 본지가 꽤 되었다!
  > Apa kabar! Lama tidak kelihatan.
  아빠 까바르 라마 띠닥 꺼리핫딴

- 다시 너를 보게 되어 기쁘다.
  > Saya gembira karena dapat bertemu lagi.
  사야 금비라 까르나 다빳 버르뜨무 라기

- 건강한 모습을 뵙게 되어 무척 기쁩니다.
  > Senang sekali melihat Anda sehat-sehat saja.
  스낭 스깔리 멀리핫 안다 세핫-세핫 사자

- 말해봐라, 어떻게 지내고 있는 것이야?
  ▶ Katakanlah, bagaimana akhir-akhir ini?
  까따깐라-ㅎ   바게이마나   아끼르-아끼르   이니

- 지금은 뭐하고 지내?
  ▶ Kerja apakah sekarang?
  끄르자   아빠까-ㅎ   스까랑

- 아직도 같은 회사에서 계속 근무하고 있어?
  ▶ Masih bekerja di perusahaan yang sama?
  마시-ㅎ   버끄르자   디   뻐르우사하안   양   사마

- 아직도 전화번호가 똑 같은가?
  ▶ Nomor teleponnya sama sampai sekarang?
  노모르   뗄레뽄냐   사마   삼빼이   스까랑

- 애들은 모두 잘 있지?
  ▶ Apakah anak semuanya baik?
  아빠까-ㅎ   아낙   스무아냐   바익

우연히 만났을 때

- 실례합니다[= 저~].
  ▶ Permisi.
  뻐르미시

- 당신을 여기서 보게 되다니(놀랐어요)!
  ▶ Saya tidak sangka bertemu Anda di sini!
  사야   띠닥   상까   버르뜨무   안다   디 시니

- 너무 놀랍다! 얼마만이야!
  ▶ Heran sekali! Sudah berapa lama ini?
  헤란   스깔리   수다-ㅎ   버라빠   라마   이니

- 너를 여기서 보게 되다니, 너무 좋다!
  ▶ Alangkah baiknya saya dapat bertemu Anda di sini!
  알랑까-ㅎ   바익냐   사야   다빳   버르뜨무   안다   디 시니

- 너를 보게 되어 너무 좋다.
  ▶ Alangkah baiknya saya dapat bertemu Anda!
  알랑까-ㅎ   바익냐   사야   다빳   버르뜨무   안다

- 네가 여기에 있다니! 나는 믿을 수가 없어!
  ▶ Saya tidak percaya Anda di sini!
  사야 띠닥 뻐르짜야 안다 디 시니

- 당신을 여기서 보리라고는 상상도 못했어요.
  ▶ Saya tidak sangka bertemu Anda di sini.
  사야 띠닥 상까 버르뜨무 안다 디 시니

- 당신을 여기서 볼 수 있을 것이라고는 절대 상상도 안 했었습니다.
  ▶ Saya tidak pernah menyangka bahwa saya dapat bertemu Anda di sini.
  사야 띠닥 뻐르나-ㅎ 머냥까 바-ㅎ와 사야 다빳 버르뜨무 안다 디 시니

- 당신을 여기서 보게 되어 너무 놀라워요!
  ▶ Saya merasa heran karena saya bertemu Anda di sini!
  사야 머라사 헤란 까르나 사야 버르뜨무 안다 디 시니

- 이 도시에서 무엇을 하고 있는 것이에요?
  ▶ Kerja apakah di kota ini?
  끄르자 아빠까-ㅎ 디 꼬따 이니

- 근래에 어디에 (푹)빠져있었던 것이야?
  ▶ Kerja apa akhir-akhir ini?
  끄르자 아빠 아끼르-아끼르 이니

- 무엇에 바쁜 것이야?
  ▶ Untuk apa begitu sibuk?
  운뚝 아빠 브기뚜 시북

- 학교에 있어야 하는 것 아니었나?
  ▶ Anda seharusnya di sekolah, kan?
  안다 스하루스냐 디 스꼴라-ㅎ 깐

- 이 시간에 회사에서 일하고 있는 것 아니었나요?
  ▶ Pada saat ini Anda seharusnya di kantor, kan?
  빠다 사앗 이니 안다 스하루스냐 디 깐또르 깐

상대방의 안부를 물을 때

- 안녕하지?
  ▶ Baik?
  바익

- 안녕하시지요?
  ▶ Apa baik?
  아빠 바익

- 잘 지내지요?
  ▶ Baik-baik saja, kan?
  바익-바익 사자 깐

- 건강하시지요?
  ▶ Apa sehat, Pak?
  아빠 세핫 빡

- 좀 좋아지셨어요?
  ▶ Apakah sudah mulai sembuh?
  아빠까-ㅎ 수다-ㅎ 물라이 슴부-ㅎ

- 아주 좋아요!
  ▶ Baik sekali!
  바익 스깔리

- 좋아요!
  ▶ Baik saja!
  바익 사자

- 그저 그래요!(1)
  ▶ Seperti biasa.
  스쁘르띠 비아사

- 그저 그래요!(2)
  ▶ Begitu saja!
  브기뚜 사자

- 특별한 일이 없어요.
  ▶ Tidak ada yang istimewa.
  띠닥 아다 양 이스띠메와

- 좋지 않아요!
  - Tidak baik!
    띠닥   바익

- 아주 좋지 않아요!
  - Tidak baik sama sekali!
    띠닥   바익   사마   스깔리

- 좋아지고 있습니다.
  - Makin baik.
    마낀   바익

- 더 좋을 수는 없습니다.
  - Tidak ada jalan yang lebih baik.
    띠닥   아다   잘란   양   르비-ㅎ 바익

- 평상시와 다를 바 없어요.
  - Tidak lain dari kebiasaan.
    띠닥   라인   다리   꺼비아사안

- 해야 할 일이 많아요.
  - Banyak yang harus kerjakan.
    바냑   양   하루스   끄르자깐

- 해야 할 많은 것들이 있어요.
  - Ada hal-hal yang harus selesaikan.
    아다   할-할   양   하루스   슬르세이깐

- 너무 바빴어요.
  - Sibuk sekali.
    시북   스깔리

- 숨 쉴 시간도 없어요.
  - Tidak ada waktu untuk beristirahat.
    띠닥   아다   왁뚜   운똑   버르이스띠라핫

- 너무 걱정이 많아요.
  - Banyak kesukaran.
    바냑   꺼수까란

오랜만에 만나뵀을 때의 인사

Ⅰ. 인사 표현 **65**

타인의 안부를 물을 때

- 부인께서는 안녕하시지요?
  ▶ Apa istri baik-baik?
  아빠   이스뜨리 바익-바익

- 매우 좋으세요.
  ▶ Baik sekali.
  바익   스깔리

- 남편께서는 안녕하시지요?
  ▶ Apa kabar suaminya?
  아빠   까바르 스무아냐

부인	istri	이스뜨리
가족	keluarga	끌루아르가
형제	saudara dekat	소우다라 드깟
자매	adik beradik	아딕 버르아딕
부모	orang tua	오랑 뚜아
할아버지	kakek	까껙
할머니	nenek	네넥

- 건강이 좋지 못합니다.
  ▶ Kurang sehat.
  꾸랑   세핫

- 가족은 안녕하지요?
  ▶ Bagaimana kabar keluarga?
  　바게이마나　　까바르　끌루아르가

- 모두 건강합니다.
  ▶ Semuanya baik-baik.
  　스무아냐　　　바익-바익

PART I 오랜만에 만났을 때의 인사

05 헤어질 때의 인사

헤어질 때

- 안녕히 가세요
  ▶ Selamat jalan!
  슬라맛   잘란

- 잘 가!
  ▶ Selamat jalan!
  슬라맛   잘란

- 또 보자!
  ▶ Sampai bertemu lagi!
  삼빼이   버르뜨무   라기

- 우리 곧 보자!
  ▶ Kita bertemu sebentar lagi!
  끼따   버르뜨무   스분따르   라기

- 내일 보자!
  ▶ Sampai jumpa besok!
  삼빼이   줌빠   베속

- 수요일에 보자!
  ▶ Mari kita bertemu lagi pada hari Rabu.
  마리   끼따   버르뜨무   라기   빠다   하리   라부

- 조심해서 가!
  ▶ Selamat jalan!
  슬라맛   잘란

- 나 대신 누리에게 인사 전해 줘!
  ▶ Sampaikan salam saya kepada Nuri!
  삼빼이깐   살람   사야   끄빠다   누리

- 이제 작별 인사할 때가 되었습니다.
  ▶ Itulah saat kita berpisah.
  이뚤라-ㅎ 사앗 끼따 버르삐사-ㅎ

- 떠나자니 너무 섭섭합니다.
  ▶ Saya merasa sedih berpisah.
  사야 머라사 스디-ㅎ 버르삐사-ㅎ

- 우리가 작별하는 것이 싫다.
  ▶ Saya tidak mau kita berpisah.
  사야 띠닥 마우 끼따 버르삐사-ㅎ

- 제 부모님께서 당신께 대신 인사하라고 하셨습니다.
  ▶ Orang tua saya meminta saya menyampaikan salam
  오랑 뚜아 사야 머민따 사야 머냠빼이깐 살람
  mereka kepada Bapak.
  머레까 끄빠다 바빡

밤에 헤어질 때

- 너무 늦었다. 우리 가자!
  ▶ Malam sudah larut. Mari kita pulang!
  말람 수다-ㅎ 라룻 마리 끼따 뿔랑

- 조심해서 가!
  ▶ Selamat jalan!
  슬라맛 잘란

- 미안합니다. 벌써 시간이 되었군요. 우리 가야합니다.
  ▶ Maaf. Sudah lama di sini. Kita harus pulang.
  마압 수다-ㅎ 라마 디 시니 끼따 하루스 뿔랑

다시 만날 것을 기대하며 헤어질 때

- 우리 또 봐요!
  ▶ Baiklah kita bertemu lagi!
  바익라-ㅎ 끼따 버르뜨무 라기

PART 1 헤어질 때의 인사

- 나중에 봐!
  ▶ Kita bertemu nanti!
  끼따 버르뜨무 난띠

- 그때 가서 봐!
  ▶ Baiklah, kita bertemu lain kali.
  바익라-ㅎ 끼따 버르뜨무 라인 깔리

- 곧 보자!
  ▶ Baiklah, kita bertemu dalam waktu dekat.
  바익라-ㅎ 끼따 버르뜨무 달람 왁뚜 드깟

- 아주 빨리 보자!
  ▶ Ayo kita cepat bertemu.
  아요 끼따 쯔빳 버르뜨무

- 내일 봐!
  ▶ Sampai besok!
  삼빼이 베속

- 좋은 하루 보내!
  ▶ Semoga hari Anda indah.
  스모가 하리 안다 인다-ㅎ

- 우리 곧 봐요!
  ▶ Ayolah kita bertemu secepat mungkin!
  아욜라-ㅎ 끼따 버르뜨무 스쯔빳 뭉낀

- 우리 나중에 봐요!
  ▶ Baiklah kita bertemu nanti!
  바익라-ㅎ 끼따 버르뜨무 난띠

연락을 바라며 헤어질 때

- 전화해!
  ▶ Tolong bel saya!
  똘롱 벨 사야

- 내게 편지하는 것 기억해라!
  ▶ Ingat menulis surat kepada saya!
  잉앗 머눌리스 수랏 끄빠다 사야

- 우리 서로 계속 연락하자고요!
  - ▶ Mari kita terus menjalin hubungan.
    마리 끼따 뜨루스 먼잘린 후붕안

- 집에 도착할 때 전화 드리겠습니다.
  - ▶ Kalau saya sampai di rumah saya akan menelepon.
    깔로우 사야 삼빼이 디 루마-ㅎ 사야 아깐 머넬레쁜

- 제게 편지하는 것 잊지 마세요.
  - ▶ Jangan lupa menulis surat kepada saya!
    장안 루빠 머눌리스 수랏 끄빠다 사야

- 시간 있을 때 제게 오세요.
  - ▶ Datang ke kantor saya kalau ada waktu luang.
    다땅 꺼 깐또르 사야 깔로우 아다 왁뚜 루앙

안부를 전할 때

- 네 형에게 안부 전해 줘.
  - ▶ Sampaikan salam saya kepada kakak Anda.
    삼빼이깐 살람 사야 끄빠다 까각 안다

- 제 이름으로 각별한 안부를 전해주세요.
  - ▶ Sampaikan salam yang istimewa atas nama saya.
    삼빼이깐 살람 양 이스띠메와 아따스 나마 사야

- 진심으로 안부를 전합니다.
  - ▶ Saya menyampaikan salam dengan sungguh-sungguh.
    사야 머냠빼이깐 살람 등안 숭구-ㅎ-숭구-ㅎ

애정(이 담긴) 안부	salam mesra
	살람 므스라
존경의 인사[안부]	salam hormat
	살람 호르맛
정중한 인사[안부]	salam hangat
	살람 항앗

I. 인사 표현 **71**

- 자네의 부모님을 뵙게 될 때, 내 대신 안부전해 주게.
  ▶ Sampaikan salam saya kepada orang tua Anda.
  삼뻬이깐 살람 사야 끄빠다 오랑 뚜아 안다

- 나대신 까르띠니에게 인사 전해줘!
  ▶ Sampaikan salam saya kepada Kartini!
  삼뻬이깐 살람 사야 끄빠다 까르띠니

- 제 부모님께서 당신께 대신 인사하라고 하셨습니다.
  ▶ Orang tua saya menyuruh saya menyampaikan salam
  오랑 뚜아 사야 머뉴루-ㅎ 사야 머남뻬이깐 살람
  kepada Bapak.
  끄빠다 바빡

전송할 때

- 좋은 여행되세요!
  ▶ Selamat jalan!
  슬라맛 잘란

- 안녕히 가세요!
  ▶ Selamat jalan!
  슬라맛 잘란

- 여행 마음껏 즐겨요!
  ▶ Selamat menikmati perjalanan!
  슬라맛 머닉마띠 뻐르잘란안

- 행운이 함께 하기를!
  ▶ Semoga keberuntungan menyertai Anda.
  스모가 꺼버르운똥안 머녀르따이 안다

- 하나님이 동행하실 것이야!
  ▶ Semoga Tuhan bersama Anda!
  스모가 뚜한 버르사마 안다

- 공항에 나와 주셔서 대단히 감사합니다.
  ▶ Terima kasih atas sambutan di bandara.
  뜨리마 까시-ㅎ 아따스 삼붓딴 디 반다라

- 저 이만 가겠습니다.
  ▶ Permisi dulu.
  뻐르미시 둘루

06 감사의 인사

고마울 때

- 대단히 고맙습니다.
  ▶ Terima kasih banyak.
  뜨리마 까시-ㅎ 바냑

- 정말로 좋습니다. 감사합니다.
  ▶ Benar-benar baik, terima kasih.
  브나르-브나르 바익 뜨리마 까시-ㅎ

- 감사합니다. 아주 좋습니다.
  ▶ Terima kasih, bagus sekali.
  뜨리마 까시-ㅎ 바구스 스깔리

- 매우 감사합니다. 더 좋을 수는 없습니다.
  ▶ Terima kasih banyak, tidak ada yang lebih baik lagi.
  뜨리마 까시-ㅎ 바냑 띠닥 아다 양 르비-ㅎ 바익 라기

- 좋아지고 있습니다. 감사합니다.
  ▶ Makin bertambah baik, terima kasih.
  마낀 버르땀바-ㅎ 바익 뜨리마 까시-ㅎ

친절과 수고에 대해 감사할 때

- 당신께 경의를 표합니다.
  ▶ Saya ingin menaruh hormat kepada Bapak.
  사야 잉인 머나루-ㅎ 호르맛 끄빠다 바빡

- 친절함에 감사드립니다.
  ▶ Terima kasih atas kebaikan hati Anda.
  뜨리마 까시-ㅎ 아따스 꺼바익안 하띠 안다

- 도움에 감사드립니다.
  ▶ Terima kasih atas bantuannya.
  뜨리마   까시-ㅎ 아따스 반뚜안냐

- 환영해주셔서 감사합니다.
  ▶ Terima kasih atas sambutannya.
  뜨리마   까시-ㅎ 아따스 삼붓딴냐

- 여러모로 감사합니다.
  ▶ Terima kasih atas segala pertolongannya.
  뜨리마   까시-ㅎ 아따스 스갈라   뻐르똘롱안냐

- 정말 즐거웠습니다.
  ▶ Saya merasa sangat gembira.
  사야   머라사   상앗   금비라

- 며칠 동안 정말 즐거웠습니다.
  ▶ Saya senang benar beberapa hari ini.
  사야   스낭   브나르   브버라빠   하리 이니

- 베풀어주신 호의를 잊지 않겠습니다.
  ▶ Saya tidak akan lupakan bantuan Bapak.
  사야   띠닥   아깐   루빠깐   반뚜안   바빡

도움이나 행위에 대해 감사할 때

- 고마워!
  ▶ Terima kasih!
  뜨리마   까시-ㅎ

- 도와줘서 고마워!
  ▶ Terima kasih atas bantuan Anda.
  뜨리마   까시-ㅎ 아따스 반뚜안   안다

- 너무 친절하다.
  ▶ Terlalu ramah!
  떠를라루   라마-ㅎ

- 네가 그것을 하다니, 고맙다.
  ▶ Anda buat itu, terima kasih.
  안다   부앗   이뚜 뜨리마   까시-ㅎ

- 당신에 협력에 감사드려요.
  ▶ Terima kasih atas pertolongan Bapak.
  뜨리마 까시-ㅎ 아따스 뻐르똘롱안 바빡

- 호의에 감사 드려요.
  ▶ Terima kasih atas kebaikan hati Bapak.
  뜨리마 까시-ㅎ 아따스 꺼바익깐 하띠 바빡

[atas + 명사: ~에 감사하다]

- 당신의 말씀에   atas ucapan Bapak
                      아따스 우짭빤 바빡

- 당신의 친절에   atas keramahan Bapak
                      아따스 꺼라마한 바빡

- 당신의 요청에   atas permintaan Bapak
                      아따스 뻐르민따안 바빡

- 사랑이 넘치는 편지에 atas surat yang begitu ramah
                      아따스 수랏 양 브기뚜 라마-ㅎ

- 당신의 호의에   atas perhatian Bapak
                      아따스 뻐르하띠안 바빡

- 격려에   atas dorongan Bapak
                      아따스 도롱안 바빡

- 시간 할애에   atas kesempatan yang diberikan
                      아따스 꺼슴빳딴 양 디브리깐

- 당신의 초청에   atas undangan Bapak
                      아따스 운당안 바빡

- 당신의 축하에   atas ucapan selamat Bapak
                      아따스 우짭빤 슬라맛 바빡

- 귀하의 호의에 대단히 감사드립니다.
  ▶ Terima kasih banyak atas perhatian Bapak.
  뜨리마 까시-ㅎ 바냑 아따스 뻐르하띠안 바빡

- 친절하신 협력에 대단히 감사드립니다.
  ▶ Terima kasih banyak atas pertolongan yang sungguh-sungguh.
    뜨리마 까시-ㅎ 바냑 아따스 뻐르똘롱안 양 숭구-ㅎ- 숭구-ㅎ

- 저희 요청에 대하여 신속한 회답을 주셔서 대단히 감사드립니다.
  ▶ Terima kasih atas jawaban yang segera mengenai permintaan kami.
    뜨리마 까시-ㅎ 아따스 자왑반 양 스그라 멍으나이 뻐르민따안 까미

- 저희 제의에 대해 긍정적 회답을 주셔서 대단히 감사드립니다.
  ▶ Terima kasih atas jawaban yang positif mengenai saran kami.
    뜨리마 까시-ㅎ 아따스 자왑반 양 뽀시시 멍으나이 사란 까미

감사의 선물을 줄 때

- 네게 줄 작은 것 하나 샀다.
  ▶ Saya beli barang yang kecil untuk Anda.
    사야 블리 바랑 양 끄찔 운뚝 안다

- 네게 줄 작은 선물 하나 가져왔다.
  ▶ Saya bawa hadiah yang kecil untuk Anda.
    사야 바와 하디아-ㅎ 양 끄찔 운뚝 안다

- 너를 위한 깜짝 선물이다.
  ▶ Ini hadiah kejutan untuk Anda.
    이니 하디아-ㅎ 끄줏딴 운뚝 안다

- 네가 좋아했으면 좋겠다.
  ▶ Saya harap Anda suka hadiah ini.
    사야 하랍 안다 수까 하디아-ㅎ 이니

- 단지 기념품일 뿐이야.
  ▶ Yang ini cuma suvenir saja.
    양 이니 쭈마 수브니르 사자

- 네게 유용하길 바란다.
  - Harap hadiah ini bermanfaat untuk Anda.
    하랍 하디아-ㅎ 이니 버르만화앗 운뚝 안다

- 나를 잊지 말라고 주는 것이야.
  - Hadiah ini saya serahkan kepada Anda, sekadar tanda mata saja.
    하디아-ㅎ 이니 사야 스라-ㅎ깐 끄빠다 안다 스까다르 딴다 마따 사자

감사의 선물을 받았을 때

- 저는 깜짝 선물이 너무 좋아요.
  - Saya suka hadiah kejutan.
    사야 수까 하디아-ㅎ 끄줏딴

- 열어 볼 수 있을까요?
  - Bolehkah saya membuka hadiah ini?
    볼레-ㅎ까-ㅎ 사야 멈부까 하디아-ㅎ 이니

- 너무 예쁘다. 고맙습니다.
  - Cantik sekali. Terima kasih.
    짠띡 스깔리 뜨리마 까시-ㅎ

- 봐봐! 내가 원했었던 바로 그것이야.
  - Lihat! Inilah hadiah yang saya inginkan.
    리핫 이닐라-ㅎ 하디아-ㅎ 양 사야 잉인깐

- 당신의 선물에 감사합니다.
  - Terima kasih atas hadiah Anda.
    뜨리마 까시-ㅎ 아따스 하디아-ㅎ 안다

- 제 딸에게 보내주신 선물에 대단히 감사합니다.
  - Terima kasih atas hadiah yang Bapak kirimkan kepada anak perempuan saya.
    뜨리마 까시-ㅎ 아따스 하디아-ㅎ 양 바빡 끼림깐 끄빠다 아낙 뻐름뿌안 사야

- 훌륭한 선물을 주신 데 대해 진심으로 감사드립니다.
  - Terima kasih atas hadiah yang begitu bagus.
    뜨리마 까시-ㅎ 아따스 하디아-ㅎ 양 브기뚜 바구스

- 보내주신 훌륭한 선물에 대단히 감사드립니다.
    ▶ Terima kasih atas hadiah yang begitu cantik.
    뜨리마 까시-ㅎ 아따스 하디아-ㅎ 양 브기뚜 짠띡

감사에 대해 응답할 때

- 별말씀을[천만에](1).
    ▶ Terima kasih kembali.
    뜨리마 까시-ㅎ 끔발리

- 별말씀을[천만에](2).
    ▶ Kembali.
    끔발리

- 제가 즐거웠습니다.
    ▶ Saya yang berterima kasih.
    사야 양 버르뜨리마 까시-ㅎ

사과와 사죄의 인사

미안함을 표시할 때

- 죄송합니다.
  ▶ Maaf.
  마압

- 양해바랍니다.
  ▶ Sungguh maafkanlah saya.
  숭구-ㅎ   마압깐라-ㅎ   사야

- 미안합니다.
  ▶ Maaf.
  마압

- 제 잘못입니다.
  ▶ Itu kesalahan saya.
  이뚜 끄살라한   사야

- 무슨 말을 해야 할지 모르겠다.
  ▶ Saya tidak tahu apa yang saya katakan.
  사야 띠닥 따후 아빠 양 사야 까따깐

- 고의가 아니었습니다.
  ▶ Itu hal yang tidak disengaja.
  이뚜 할 양   띠닥   디승아자

- 악한 의도가 아니었어.
  ▶ Itu tidak bermaksud buruk.
  이뚜 띠닥   버르막숫   부룩

- 악의로 그것을 하지 않았어.
  ▶ Saya berbuat begitu tidak dengan maksud buruk.
  사야 버르부앗 브기뚜 띠닥 등안   막숫   부룩

I. 인사 표현 **79**

- 악한 마음으로 그것을 하지 않았어.
  ▶ Saya berbuat begitu tidak dengan niat buruk.
  사야   버르부앗   브기뚜   띠닥   등안   니앗   부룩

- 모든 것이 제 잘못입니다.
  ▶ Semuanya kesalahan saya.
  스무아냐   꺼살라한   사야

- 네게 내 실수의 용서를 구한다.
  ▶ Saya mohon maaf atas kesalahan saya kepada Anda.
  사야   모혼   마압   아따스   꺼살라한   사야   끄빠다   안다

- 내 용서를 받아 줘, 부탁이다.
  ▶ Mohon saya dimaafkan.
  모혼   사야   디마압깐

- 네 마음을 상하게 하고 싶지 않았어.
  ▶ Saya tidak bermaksud menyakiti hati Anda.
  사야   띠닥   버르막숫   머냐낏띠   하띠   안다

- 네게 맹세하게 다시는 그것을 하지 않는다고.
  ▶ Saya berjanji kepada Anda bahwa saya tidak akan berbuat begitu.
  사야   버르잔지   끄빠다   안다   바ㅎ와   사야   띠닥   아깐
  버르부앗   브기뚜

- 사실은 내가 잘못을 했단다. 용서해 줘!
  ▶ Sebenarnya saya yang salah. Maafkanlah!
  스브나르냐   사야   양   살라ㅎ   마압깐라ㅎ

실례를 구할 때

- 실례합니다.
  ▶ Permisi.
  뻐르미시

- 실례합니다(1).
  ▶ Maaf.
  마압

- 실례합니다(2).
  - ▶ Maaf.
    마압

- 실례하지만, 창문을 열어도 될까요?
  - ▶ Maaf, bolehkah saya membuka jendela?
    마압   볼레-ㅎ까-ㅎ 사야   멈부까   즌델라

- 실례하지만, 담배를 피워도 될까요?
  - ▶ Maaf, bolehkah saya merokok?
    마압   볼레-ㅎ까-ㅎ 사야   머로꼭

- 실례하지만, 여기에 앉아도 될까요?
  - ▶ Maaf, bolehkah saya duduk di sini?
    마압   볼레-ㅎ까-ㅎ 사야   두둑   디 시니

- 잠깐 기다려 주세요.
  - ▶ Tunggu sebentar.
    뚱구   스븐따르

사과 · 사죄의 말에 응답할 때

- 괜찮아요.
  - ▶ Tidak apa-apa.
    띠닥   아빠-아빠

- 마음 두지 마세요.
  - ▶ Jangan disimpan dalam hati.
    장안   디심빤   달람   하띠

- 걱정하지 마세요.
  - ▶ Jangan khawatir.
    장안   까와띠르

- 중요한 것도 아니다.
  - ▶ Itu bukan hal yang penting.
    이뚜 부깐   할   양   쁜띵

- 별일이 아니다(1).
  - ▶ Tidak apa-apa.
    띠닥   아빠-아빠

Ⅰ. 인사 표현 **81**

- 별일 아니다(2).
  - ▶ Bukan masalah yang penting.
    부깐 　　마살라-ㅎ 　　양 　쁜띵

- 문제없다.
  - ▶ Tidak ada masalah.
    띠닥 　　아다 　마살라-ㅎ

- 이제 그것 잊어버려.
  - ▶ Lupakan saja.
    루빠깐 　　　사자

- 이제 그것 잊어버렸어.
  - ▶ Saya sudah lupa masalah itu.
    사야 　수다-ㅎ 루빠 　마살라-ㅎ 　이뚜

축하와 환영의 인사

축하할 때

- 축하해!
  ▶ Selamat!
  슬라맛

- 대단히 축하합니다.
  ▶ Saya mengucapkan selamat.
  사야 멍우짭깐 슬라맛

- 축하합니다.
  ▶ Selamat!
  슬라맛

- 생일 축하합니다.
  ▶ Selamat hari ulang tahun.
  슬라맛 하리 울랑 따훈

메리 크리스마스	Selamat Hari Natal 슬라맛 하리 나딸
행복한 새해	Selamat Tahun Baru 슬라맛 따훈 바루
즐거운 라마단	Selamat Hari Raya idulfitri 슬라맛 하리 라야 이둘휘뜨리

- 네게 축하를 보낸다.
  ▶ Selamat kepada Anda.
  슬라맛 끄빠다 안다

Ⅰ. 인사 표현 **83**

- 온 마음으로 네게 축하를 보낸다.
  ▶ Dengan sepenuh hati saya mengucapkan selamat
  등안 스뿌누-ㅎ 하띠 사야 멍우짭깐 슬라맛
  kepada Anda.
  끄빠다 안다

축복을 기원할 때

- ...하기를 바란다.
  ▶ Semoga...
  스모가

- ~하기를 희망한다.
  ▶ Saya harap...
  사야 하랍

- 운이 있기를!
  ▶ Semoga Anda beruntung.
  스모가 안다 버르운뚱

- 행운이 있기를!
  ▶ Semoga berbahagia!
  스모가 버르바하기아

- 네가 행운이 있기를 바란다!
  ▶ Semoga Anda berbahagia!
  스모가 안다 버르바하기아

- 운이 많이 따르기를 바란다!
  ▶ Semoga Anda bernasib baik!
  스모가 안다 버르나십 바익

- 새해 복 많이 받으십시오.
  ▶ Selamat tahun baru!
  슬라맛 따훈 바루

- 네가 행복한 기념일을 보내길 바란다.
  ▶ Mudah-mudahan Anda menyambut hari raya dengan
  무다-ㅎ-무다한 안다 머냠붓 하리 라야 등안
  bahagia.
  바하기아

- 네가 행복한 새해를 가지길 바래!
    ▶ Mudah-mudahan Anda menyambut Tahun Baru
       무다-ㅎ - 무다한   안다   머남붓   따훈   바루
    dengan bahagia!
    등안   바하기아

- 행운이 너와 함께 하기를!
    ▶ Semoga keberuntungan bersama Anda!
       스모가   꺼버르운뚱안   버르사마   안다

환영할 때

- 환영합니다!
    ▶ Selamat datang!
       슬라맛   다땅

[전치사 + 장소: ~로 오신 것을 환영합니다]

- 대한민국에   ke Korea
         꺼 꼬레아

- 제 집에   di rumah saya
         꺼 루마-ㅎ 사야

- 제 사무실에   ke kantor saya
         꺼 깐또르 사야

- 리셉션에   di resepsi
         디 르셉시

- 저희 학교에   ke sekolah kami
         꺼 스꼴라-ㅎ 까미

- 저희 회사에   ke perusahaan kami
         꺼 뻐르우사하안 까미

- 오신 것을 환영합니다!
    ▶ Selamat datang!
       슬라맛   다땅

- 어서 오십시오!
  ▶ Selamat datang!
    슬라맛   다땅

- 여러분께 뜨거운 환영인사를 드립니다!
  ▶ Saya mengucapkan selamat datang kepada tamu sekalian!
    사야 멍우짭깐   슬라맛   다땅   끄빠다   따무
    스깔리안

09 화장실 이용

위치를 물을 때

- 화장실이 어디에 있나요?
  ▶ Di mana kamar kecil?
  디 마나 까마르 끄찔

- 이 음식점 안에 화장실이 있나요?
  ▶ Di dalam restoran ini ada kamar kecil?
  디 달람 레스또란 이니 아다 까마르 끄찔

- 화장실 문이 어떤 것이지요?
  ▶ Yang mana pintu kamar kecil?
  양 마나 삔뚜 까마르 끄찔

- 이 근처에 공중 화장실이 없습니까?
  ▶ Adakah kamar kecil umum di sekitar sini?
  아다까-ㅎ 까마르 끄찔 우뭄 디 스끼따르 시니

- 몇 층에 화장실이 있습니까?
  ▶ Kamar kecilnya ada di tingkat berapa?
  까마르 끄찔냐 아다 디 띵깟 버라빠

화장실에 가고자 할 때

- 잠시만 기다려 주세요.
  ▶ Tunggu sebentar.
  뚱구 스븐따르

- 잠시만. 손을 좀 씻으러 갈게요.
  ▶ Sebentar. Saya mau cuci tangan.
  스븐따르 사야 마우 쭈찌 땅안

- 조그만 기다려, 화장실 좀 갈게.
  ▶ Tunggu sebentar, saya mau ke kamar kecil.
  뚱구 스븐따르 사야 마우 꺼 까마르 끄찔

- 화장실을 가고 싶습니다.
  ▶ Saya mau ke kamar kecil.
  사야 마우 꺼 까마르 끄찔

- 화장실 좀 사용해도 되겠습니까?
  ▶ Dapatkah saya pakai kamar kecil?
  다빳까ㅡㅎ 사야 빠께이 까마르 끄찔

화장실에서 문제가 있을 때

- 화장실이 너무 지저분합니다.
  ▶ Sangat kotor kamar kecil ini.
  상앗 꼬또르 까마르 끄찔 이니

- 화장실에 휴지가 없습니다.
  ▶ Tidak ada tisu di kamar kecil.
  띠닥 아다 띠수 디 까마르 끄찔

- 변기가 고장입니다.
  ▶ Kloset rusak.
  끌로셋 루삭

- 화장실 물이 내려가지 않습니다.
  ▶ Air klosetnya mengalir.
  아이르 끌로셋냐 멍알리르

PART II
화술 표현

01 사람을 부를 때
02 말문을 틀 때
03 질문과 설명
04 의문
05 응답
06 맞장구
07 되물음
08 이해와 확인
09 대화의 막힘과 재촉
10 대화의 시도와 화제 전환

 사람을 부를 때

인사를 하여 부를 때

- 안녕하세요!
  ▶ Halo!
  할로

- 여기 분이세요?
  ▶ Apakah Anda orang di sini?
  아빠까ㅡㅎ 안다 오랑 디 시니

- 여기 출신이니?
  ▶ Apakah Anda orang yang berasal dari sini?
  아빠까ㅡㅎ 안다 오랑 양 버르아살 다리 시니

모르는 사람을 부를 때

- 저...
  ▶ Permisi...
  뻐르미시

- 안녕하세요?
  ▶ Halo, apa kabar?
  할로 아빠 까바르

- 저, 실례합니다.
  ▶ Maaf, Pak.
  마압 빡

- 이봐, 들려!
  ▶ Mampir, ya!
  맘삐르 야

- 실례합니다, 실은 제가 여기 출신이 아닙니다.
  ▶ Maaf, sebenarnya saya bukan orang sini.
  　마압　　스브나르냐　　　사야　 부깐　　오랑　　시니

- 그런데 제게 ...를 말씀해 주실 수 있겠습니까?
  ▶ Dapatkah berbicara mengenai ... kepada saya?
  　다빳까ㅡㅎ　　버르비짜라　　멍으나이　　　　끄빠다　　사야

호칭을 부를 때

- 안녕하세요. 수만뜨리 씨.
  ▶ Selamat pagi, Pak Sumantri.
  　슬라맛　　빠기　빡　수만뜨리

- 안녕하세요, 까르띠니 여사.
  ▶ Selamat siang, Ibu Kartini.
  　슬라맛　　시앙　　이부 까르띠니

- 안녕하세요. 누리 양.
  ▶ Selamat sore, Nona Nuri.
  　슬라맛　　소레　　노나　누리

- 반갑습니다. 유도요노 박사님.
  ▶ Selamat bertemu, Doktor Yudoyono.
  　슬라맛　　버르뜨무　　독또르　　유도요노

- 잘 가요. 야신.
  ▶ Selamat jalan, Yasin.
  　슬라맛　　잘란　　야신

- 잘 가요. 라띠파.
  ▶ Selamat jalan, Latifah.
  　슬라맛　　잘란　　라띠화ㅡㅎ

02 말문을 틀 때

말을 걸 때

- 날씨가 추워요!
  ▶ Dingin cuacanya!
  딩인 쭈아짜냐

[날씨]

- 더워요   panas
                빠나스

- 선선해요   nyaman
                냐만

- 바람이 불어요   ada angin
                아다 앙인

- 건조해요   udaranya kering
                우다라냐   끄링

- 습해요   lembab udaranya
                름밥   우다라냐

- 비가 올 것 같지요?
  ▶ Agaknya hujan, ya?
  아각냐 후잔 야

- 담배를 좀 피워도 괜찮겠습니까?
  ▶ Bolehkah saya merokok?
  볼레-ㅎ까-ㅎ 사야 머로꼭

- (담배) 불 좀 있으세요?
  ▶ Ada korek api untuk rokok?
  아다 꼬렉 아삐 운뚝 로꼭

- 몇 시지요?
  - ▶ Pukul berapa?
    뿌꿀 버라빠

- 무슨 일인지 아세요?
  - ▶ Ada hal apa?
    아다 할 아빠

- 무슨 일이 일어났는지 아세요?
  - ▶ Ada apa?
    아다 아빠

- 당신은 그것을 믿을 수 없을 것입니다.
  - ▶ Mungkin Anda tidak percaya itu.
    뭉낀 안다 띠닥 뻐르짜야 이뚜

- 믿기에 정말 어려워요!
  - ▶ Sulit dipercaya!
    술릿 디뻘짜야

- 무슨 일이 있었는지 들었어?
  - ▶ Apakah sudah dengar apa yang terjadi?
    아빠까-ㅎ 수다-ㅎ 등아르 아빠 양 떠르자디

- 도디가 내게 말한 것을 너는 믿지 못할 것이야.
  - ▶ Mungkin Anda tidak dapat percaya yang Dodi katakan
    뭉낀 안다 띠닥 다빳 뻐르짜야 양 도디 까따깐
    kepada saya.
    끄빠다 사야

- 내가 무엇을 봤는지 이야기 했다.
  - ▶ Saya berkata apa yang saya lihat.
    사야 버르까따 아빠 양 사야 리핫

- 너는 내가 들은 것을 상상할 수 없을 것이야.
  - ▶ Barangkali Anda tidak bisa menduga apa yang saya
    바랑깔리 안다 띠닥 비사 먼두가 아빠 양 사야
    dengar.
    등아르

- 정보를 더 가지고 있니?
  - ▶ Apa ada informasi lagi?
    아빠 아다 인포르마시 라기

- 대단한 소식을 들었니?
  ▶ Apa Anda dengar berita yang hebat itu?
  아빠 안다 등아르 브리따 양 헤밧 이뚜

- 누가 네게 그것을 말했니?
  ▶ Siapa memberi tahu itu kepada Anda?
  시아빠 멈브리 따후 이뚜 끄빠다 안다

대화 도중에 말을 걸 때

- 잠시만, 죄송합니다.
  ▶ Maaf, sebentar.
  마압 스븐따르

- 말씀 중에 실례해도 될까요?
  ▶ Maaf, bolehkah saya mengganggu sebentar?
  마압 볼레-ㅎ까-ㅎ 사야 머눙구 스븐따르

- 죄송합니다만, 제가 대화에 끼어도 될까요?
  ▶ Maaf, bolehkah saya ikut dalam percakapan ini?
  마압 볼레-ㅎ까-ㅎ 사야 이꿋 달람 뻐르짜까빤 이니

- 김 선생님, 저와 잠시 이야기를 좀 하실 수 있을 까요?
  ▶ Pak Kim, bisa bicara dengan saya sebentar?
  빡 김 비사 비짜라 등안 사야 스븐따르

대화에 동참시킬 때

- 시간 있니?
  ▶ Apakah ada waktu?
  아빠까-ㅎ 아다 왁뚜

- 우리 잠깐 이야기할 수 있나요?
  ▶ Dapatkah kita bicara sebentar?
  다빳까-ㅎ 끼따 비짜라 스븐따르

- 이 문제에 관해 당신과 이야기할 수 있을까요?
  ▶ Dapatkah saya bicara mengenai masalah ini dengan Anda?
  다빳까-ㅎ 사야 비짜라 멍으나이 마살라-ㅎ 이니 등안 안다

- 대화하기 좋은 어떤 것을 생각해 봅시다.
  - ▶ Mari kita pikirkan hal yang baik untuk dibicarakan bersama.
    마리 끼따 삐끼르깐 할 양 바익 운뚝 디비짜라깐 버르사마

- 흥미로운 주제인가요? 맞지요?
  - ▶ Apa judul itu menarik, ya?
    아빠 주둘 이뚜 머나릭 야

- 우리 얘기합시다.
  - ▶ Mari kita bicarakan.
    마리 끼따 비짜라깐

- 우리 대화에 함께 하겠어요?
  - ▶ Apakah Anda mau berbicara bersama?
    아빠까ㅎ 안다 마우 버르비짜라 버르사마

- 당신과 얘기 좀 할 수 있을까요?
  - ▶ Dapatkah saya berbicara dengan Bapak?
    다빳까ㅎ 사야 버르비짜라 등안 바빡

- 너는 우리와 이 문제에 관해 대화하는 데 관심이 있니?
  - ▶ Apa Anda tertarik pada pembicaraan kita mengenai masalah ini?
    아빠 안다 떠르따릭 빠다 뻠비짜라안 끼따 멍으나이 마살라ㅎ 이니

용건을 물을 때

- 제가 도와드릴 것이 있습니까?
  - ▶ Apa ada yang bisa saya bantu?
    아빠 아다 양 비사 사야 반뚜

- 저한테 무엇인가 이야기하고 하고 싶으세요?
  - ▶ Apa mau bicara dengan saya?
    아빠 마우 비짜라 등안 사야

- 무슨 말을 하고 싶으신 것이지요?
  - ▶ Apa yang mau dibicarakan?
    아빠 양 마우 디비짜라깐

- 난처하신 것 같은데, 제가 도와드릴까요?
  ▶ Barangkali ada kesulitan, bolehkah saya tolong?
  바랑깔리 아다 꺼술릿딴 볼레-ㅎ까-ㅎ 사야 똘롱

모르는 사람에게 말을 걸 때

- 실례합니다!
  ▶ Maaf!
  마압

- 부탁인데요!
  ▶ Tolong!
  똘롱

- 어이!
  ▶ Hai!
  헤이

- 어이, 너!
  ▶ Hai, Anda!
  헤이 안다

- 이봐!
  ▶ Hai!
  헤이

- 여기는 처음이신가요?
  ▶ Apakah ini yang pertama kali ke sini?
  아빠까-ㅎ 이니 양 뻐르따마 깔리 꺼 시니

- 한국어로 말할 수 있나요?
  ▶ Dapakah bicara dalam bahasa Korea?
  다빳까-ㅎ 비짜라 달람 바하사 꼬레아

- 신문 읽으시겠어요?
  ▶ Apa mau baca koran?
  아빠 마우 바짜 꼬란

- 날씨가 좋지요. 그렇지 않은가요?
  ▶ Cuacanya bagus, ya?
  쭈아짜냐 바구스 야

03 질문과 설명

질문할 때

- 이것은 무엇입니까?
  - ▶ Apa ini?
    아빠 이니

- 이것은 무엇을 의미합니까?
  - ▶ Yang ini artinya apa?
    양 이니 아르띠냐 아빠

- 이것을 인도네시아어로 뭐라고 합니까?
  - ▶ Yang ini namanya apa dalam bahasa Indonesia?
    양 이니 나마냐 아빠 달람 바하사 인도네시아

- 이 머리글자들은 무엇을 의미합니까?
  - ▶ Huruf-huruf besar ini artinya apa?
    후룹-후룹 브사르 이니 아르띠냐 아빠

- 질문이 있습니다.
  - ▶ Ada pertanyaan.
    아다 뻐르따냐안

- 질문 하나 해도 될까요?
  - ▶ Dapatkah saya bertanya satu hal?
    다빳까-ㅎ 사야 버르따냐 사뚜 할

- 구체적인 질문을 몇 개 더 하고자 합니다.
  - ▶ Saya mau bertanya beberapa hal secara terperinci.
    사야 마우 버르따냐 브버라빠 할 스짜라 떠르쁘린찌

- 질문을 잘 들으세요!
  - ▶ Dengar baik-baik pertanyaan itu!
    등아르 바익-바익 뻐르따냐안 이뚜

- 제 질문에 대답하세요!
  ▶ Jawablah pertanyaan saya!
  자왑라-ㅎ 뻐르따냐안 사야

- 누가 질문하고 싶습니까?
  ▶ Siapa yang mau bertanya?
  시아빠 양 마우 버르따냐

질문을 받을 때

- 질문 없습니까?
  ▶ Apa tidak ada pertanyaan?
  아빠 띠닥 아다 뻐르따냐안

- 다른 질문 없습니까?
  ▶ Apa tidak ada pertanyaan yang lain?
  아빠 띠닥 아다 뻐르따냐안 양 라인

- 다음 질문 하세요.
  ▶ Apa ada pertanyaan lagi?
  아빠 아다 뻐르따냐안 라기

- 질문 있으면, 손을 드세요.
  ▶ Kalau ada pertanyaan, angkat tangan!
  깔로우 아다 뻐르따냐안 앙깟 땅안

- 여기까지 다른 질문 없습니까?
  ▶ Sampai di sini apakah ada pertanyaan?
  삼뻬이 디 시니 아빠까-ㅎ 아다 뻐르따냐안

질문에 답변할 때

- 좋은 질문입니다.
  ▶ Ya, pertanyaan yang baik.
  야 뻐르따냐안 양 바익

- 더 이상 묻지 마세요.
  ▶ Jangan tanya lagi.
  장안 따냐 라기

- 더 답변하고 싶지 않습니다.
    - ▶ Saya tidak mau menjawab lagi.
      사야   띠닥   마우   먼자왑   라기

- 무엇이라고 대답해야 좋을지 모르겠습니다.
    - ▶ Saya tidak tahu harus menjawab bagaimana.
      사야   띠닥   따후   하루스   몬자왑   바게이마나

- 말하지 않겠습니다.
    - ▶ Tidak mau bicara.
      띠닥   마우   비짜라

- 곧 알게 될 것입니다.
    - ▶ Anda akan tahu dalam waktu dekat.
      안다   아깐   따후   달람   왁뚜   드깟

- 가능하면 빨리 답변하도록 하겠습니다.
    - ▶ Saya akan menjawab secepat mungkin.
      사야   아깐   먼자왑   스쯔빳   뭉낀

- 이유를 말씀해 드릴 수 없습니다.
    - ▶ Tidak bisa memberi tahu alasannya.
      띠닥   비사   멈브리   따후   알라산냐

설명을 요구할 때

- ~에 대해 좀 더 설명해 주시겠습니까?
    - ▶ Bolehkah terangkan lebih lanjut mengenai ...?
      볼레-ㅎ까-ㅎ   뜨랑깐   르비-ㅎ   란줏   멍으나이

- 이유를 설명해 주실 수 있습니까?
    - ▶ Bolehkah terangkan sebabnya?
      볼레-ㅎ까-ㅎ   뜨랑깐   스밥냐

- 간단히 설명해 보세요.
    - ▶ Terangkan secara ringkas.
      뜨랑깐   스짜라   링까스

- 더 자세히 말씀해 주세요.
    - ▶ Terangkan secara lebih terperinci.
      뜨랑깐   스짜라   르비-ㅎ   떠르쁘린찌

- 요점에 벗어났습니다.(1)
  ▶ Keluar dari inti sari.
  끌루아르 다리 인띠 사리

- 요점에 벗어났습니다.(2)
  ▶ Keluar dari pokok masalah.
  끌루아르 다리 뽀꼭 마살라-ㅎ

- 요점을 말하세요!
  ▶ Ceritakan pokok masalahnya / inti sarinya.
  쯔리따깐 뽀꼭 마살라-ㅎ냐 인띠 사리냐

- 어찌된 것이지요? 말해주세요.
  ▶ Ada apa? Coba terangkan!
  아다 아빠 쪼바 뜨랑깐

- 이것을 다시 한 번 설명해 주시겠어요?
  ▶ Bolehkah terangkan sekali lagi yang ini?
  볼레-ㅎ까-ㅎ 뜨랑깐 스깔리 라기 양 이니

- 더 쉬운 말로 다시 말씀해 주시겠어요?
  ▶ Bolehkah terangkan sekali lagi dengan perkataan yang
  볼레-ㅎ까-ㅎ 뜨랑깐 스깔리 라기 등안 뻐르까따안 양
  lebih mudah?
  르비-ㅎ 무다-ㅎ

설명할 때

- 말로는 다 설명할 수 없습니다.
  ▶ Tidak bisa diterangkan dengan kata-kata.
  띠닥 비사 디뜨랑깐 등안 까따-까따

- 말로는 표현하기 힘들어요.
  ▶ Susah menerangkan dengan perkataan.
  수사-ㅎ 머느랑깐 등안 뻐르까따안

- 어떻게 설명해야 할지 모르겠습니다.
  ▶ Tidak tahu bagaimana cara untuk menerangkannya.
  띠닥 따후 바게이마나 짜라 운똑 머느랑깐냐

- 그밖에 달리 설명할 방법이 없어요.
  - ▶ Tidak ada cara lain untuk menerangkannya.
    띠닥 아다 짜라 라인 운뚝 머느랑깐냐

- 그래서 그런 것입니다.
  - ▶ Itulah sebabnya.
    이뚤라-ㅎ 스밥냐

- 말하자면 길어요.
  - ▶ Ceritanya panjang.
    쯔리따냐 빤장

- 그것은 상식이지요.
  - ▶ Itu pengetahuan umum.
    이뚜 뻥으따후안 우뭄

집중을 요구할 때

- 사실은...
  - ▶ Sebenarnya...
    스브나르냐

- 문제는 말이야...
  - ▶ Pokoknya...
    뽀꼭냐

- 솔직히 말하자면...
  - ▶ Terus terang...
    뜨루스 뜨랑

- 여기요, 들리세요!
  - ▶ Sini, dapat dengar!
    시니 다빳 등아르

- 봐라!
  - ▶ Lihatlah!
    리핫라-ㅎ

- 이것 봐라!
  - ▶ Coba lihat ini!
    쪼바 리핫 이니

- 그것을 잘 봐!
  - ▶ Lihat itu dengan baik-baik!
    리핫　이뚜 등안　　바익-바익

- 조용히!
  - ▶ Diam-diam!
    디암-디암

- 좀 봐요!
  - ▶ Coba lihat!
    쪼바　리핫

- 지금 제게 귀 기울이세요!
  - ▶ Sekarang, dengarkan saya baik-baik.
    스까랑　　등아르깐　사야　바익-바익

- 너는 (내 말을) 듣고 있는 것이니?
  - ▶ Apa Anda dengar perkataan saya?
    아빠　안다　등아르　뻐르까따안　사야

- 주의를 기울였니?
  - ▶ Apa Anda memperhatikan masalah itu?
    아빠　안다　멈뻐르하띠깐　　마살라-ㅎ　이뚜

- 이것에 집중하세요.
  - ▶ Tolong pusatkan perhatian.
    똘롱　뿌삿깐　뻐르하띠안

- 잠시 내 말을 들어 줄 수 있니?
  - ▶ Bolehkah dengar perkataan saya sebentar?
    볼레-ㅎ까-ㅎ　등아르　뻐르까따안　사야　스븐따르

의문

의문사 [Kapan]

- 언제?
  - ▶ Kapan?
    까빤

- 너는 새 차를 언제 살 것이니?
  - ▶ Kapan Anda mau beli mobil baru?
    까빤   안다   마우 블리 모빌   바루

- 나는 그에게 언제 갈지 물어보았다.
  - ▶ Saya bertanya kepada dia kapan pergi.
    사야   버르따냐   끄빠다 디아 까빤   뻐르기

- ~때
  - ▶ Waktu ~(직설법 현재)
    왁뚜

- ~라면
  - ▶ Kalau ~(접속법 현재)
    깔로우

- 해가 날 때, 나는 해변에 간다.
  - ▶ Waktu bersinar matahari, saya ke pantai.
    왁뚜   버르시나르 마따하리   사야 꺼 빤떼이

- 졸리면, 자라.
  - ▶ Kalau mengantuk, tidurlah.
    깔로우   멍안뚝   띠두를라—ㅎ

의문사 [Mana]

- 어디?
  ▶ Mana?
  마나

- 너 어디에 있니?
  ▶ Anda di mana?
  안다 디 마나

- 너 어디로 가니?
  ▶ Anda ke mana?
  안다 꺼 마나

- 너는 어디에서 왔니[출신이니]?
  ▶ Anda dari mana?
  안다 다리 마나

- 버스는 어디에서 출발합니까?
  ▶ Busnya berangkat dari mana?
  부스냐 버랑깟 다리 마나

- 나는 내가 원하는 곳으로 갈 것이다.
  ▶ Saya akan pergi ke tempat yang saya mau.
  사야 아깐 뻐르기 꺼 뜸빳 양 사야 마우

- 그 집은 우리 아버지가 태어나신 집이다.
  ▶ Rumah itu rumah tempat ayah saya lahir.
  루마-ㅎ 이뚜 루마-ㅎ 뜸빳 아야-ㅎ 사야 라히르

의문사 [Siapa]

- 누구?
  ▶ Siapa?
  시아빠

- 누구를[에게]?
  ▶ Kepada siapa?
  끄빠다 시아빠

- 누가 네게 그것을 말했니?
  - ▶ Siapa mengatakan masalah itu kepada Anda?
    시아빠 멍아따깐 마살라-ㅎ 이뚜 끄빠다 안다

- 어떤 사람들이 파티에 오니?
  - ▶ Siapa saja yang akan datang di pesta?
    시아빠 사자 양 아깐 다땅 디 뻬스따

- 너는 누구를 보았니?
  - ▶ Anda lihat siapa?
    안다 리핫 시아빠

- 그녀가 누구에 대해서 이야기했었니?
  - ▶ Dia bicara tentang siapa?
    디아 비짜라 뜬땅 시아빠

- 어제 여기에 있던 사람.
  - ▶ Yang ada di sini kemarin.
    양 아다 디 시니 끄마린

- 내가 보았던 사람.
  - ▶ Yang saya lihat.
    양 사야 리핫

- 그가 만났던 여자들.
  - ▶ Wanita-wanita yang dia jumpai.
    와니따-와니따 양 디아 줌빠이

- 내가 생각했던 여배우.
  - ▶ Aktris yang saya sangka.
    악뜨리스 양 사야 상까

- 원하는 남[여]자는 들어갈 수 있다.
  - ▶ Laki-laki / perempuan yang mau, bisa masuk.
    라끼-라끼 쁘름뿌안 양 마우 비사 마숙

- 일찍 도착한 사람들은 상을 받게 될 것이다.
  - ▶ Yang tiba lebih awal akan menerima hadiah.
    양 띠바 르비-ㅎ 아왈 아깐 머느리마 하디아-ㅎ

의문사 [Apa]

- 무엇?
  - ▶ Apa?
    아빠

- 무슨 일이야?
  - ▶ Ada apa?
    아다 아빠

- 너는 무엇을 원하니?
  - ▶ Apa yang Anda mau?
    아빠 양 안다 마우

- 너는 무엇을 생각하니?
  - ▶ Apa yang Anda pikir?
    아빠 양 안다 삐끼르

- 너는 무엇을 꿈꾸었니?
  - ▶ Anda mimpi apa?
    안다 밈삐 아빠

- 너는 무엇을 겁내니?
  - ▶ Apa yang Anda takutkan?
    아빠 양 안다 따꿋깐

- 다른 것 무엇[추가주문 할 때]?
  - ▶ Apa ada yang lain?
    아빠 아다 양 라인

- 이것은 무엇입니까?
  - ▶ Apa ini?
    아빠 이니

- 그들은 직업이 무엇이시지요?
  - ▶ Mereka pekerjaannya apa?
    머레까 뻐끄르자안냐 아빠

- 재료가 무엇이시지요?
  - ▶ Bahannya apa?
    바한냐 아빠

- 네 이름은 무엇이니?
  ▶ Nama Anda siapa?
  　나마　　안다　　시아빠
  ※ 이름을 묻는 경우는 apa를 사용하지 않음.

- 너는 무슨 일이 일어났는지 아니?
  ▶ Apa Anda tahu apa yang terjadi?
  　아빠　안다　따후　아빠　양　떠르자디

- 너의 주소는 어떻게 되지?
  ▶ Di mana alamat Anda?
  　디　마나　알라맛　안다

- 너의 이름은 무엇이니?
  ▶ Siapa nama Anda?
  　시아빠　나마　안다

- 네가 가장 좋아하는 영화는 무엇이니?
  ▶ Film apa yang Anda paling suka?
  　휠름　아빠　양　안다　빨링　수까

- 몇 시?
  ▶ Jam berapa?
  　잠　버라빠

- 지금 몇 시입니까?
  ▶ Pukul berapa sekarang?
  　뿌꿀　버라빠　스까랑

- 몇 시에 가세요?
  ▶ Jam berapa Anda pulang?
  　잠　버라빠　안다　뿔랑

- 어떤 날씨?
  ▶ Cuacanya bagaimana?
  　쭈아짜냐　바게이마나

- 오늘은 날씨가 어떻습니까?
  ▶ Bagaimana cuaca hari ini?
  　바게이마나　쭈아짜　하리　이니

Ⅱ. 화술 표현

- ~ 것
  - ▶ yang ~
    양

- 그것은 내가 원하는 것이 아니다.
  - ▶ Itu bukan yang saya mau.
    이뚜 부깐 양 사야 마우

- 내가 가장 원하는 것은 장기놀이이다.
  - ▶ Yang paling saya inginkan adalah bermain catur.
    양 빨링 사야 잉인깐 아달라-ㅎ 버르마인 짜뚜르

관계사 [Yang]

- 어떤 것?
  - ▶ Yang mana ~?
    양 마나

- 무슨 신문을 원하십니까?
  - ▶ Mau koran yang mana?
    마우 꼬란 양 마나

- 무슨 신발을 샀니?
  - ▶ Sepatu yang mana Anda beli?
    스빠뚜 양 마나 안다 블리

- 너는 무엇을 원하니?
  - ▶ Anda mau apa?
    안다 마우 아빠

- 너는 무엇을 팔았니?
  - ▶ Apa Anda jual?
    아빠 안다 주알

- [사물] 것
  - ▶ ~ yang
    양

- 그녀가 운전하는 차는 한국제이다.
  - ▶ Mobil yang dia kendarai adalah mobil buatan Korea.
    모빌 양 디아 끈다라이 아달라-ㅎ 모빌 부앗딴 꼬레아

- 새를 죽인 고양이는 내 고양이이다.
  ▶ Kucing yang menyebabkan burung gereja mati adalah
  꾸찡 양 머녀밥깐 부룽 그레자 마띠 아달라-ㅎ
  kucing saya.
  꾸찡 사야

- 그것은 내가 생각했었던 가게들이다.
  ▶ Itu toko-toko yang saya sangka.
  이뚜 또꼬-또꼬 양 사야 상까

- 그녀는 그녀의 숙모 댁에 방문을 했었고, 그것은 그녀에게 매우 즐거웠었다.
  ▶ Dia mengunjungi rumah bibinya dan itu menyenangkan
  디아 멍운중이 루마-ㅎ 비비냐 단 이뚜 머녀낭깐
  hatinya.
  히띠냐

의문사 [Mengapa / Kenapa]

- 왜?
  ▶ Mengapa / Kenapa?
  멍아빠 끄나빠

- 너는 왜 그것을 했니?
  ▶ Mengapa Anda berbuat itu?
  멍아빠 안다 버르부앗 이뚜

- 그가 왜 갔는지 모르겠다.
  ▶ Entah mengapa dia pergi.
  은따-ㅎ 멍아빠 디아 뻐르기

- ~라는 이유
  ▶ Sebab itu ~
  스밥 이뚜

- 그것이 내가 네게 돈을 지불할 수 없는 이유이다.
  ▶ Itulah sebabnya saya tidak bisa membayar Anda.
  이뚤라-ㅎ 스밥냐 사야 띠닥 비사 멈바야르 안다

의문사 [Bagaimana]

- 잘 지내십니까?
  ▶ Apa kabar?
  아빠 까바르

- 어떻게 지내?
  ▶ Bagaimana kabarnya? / Bagaimana akhir-akhir ini?
  바게이마나 까빠르냐 바게이마나 아끼르-아끼르 이니

- 'help'를 인도네시아어로 뭐라 합니까?
  ▶ Bagaimana menyebut 'help' dalam bahasa Indonesia?
  바게이마나 머녀붓 헬프 달람 바하사 인도네시아

- 그것을 어떻게 쓰지요?
  ▶ Seperti apa menulis itu?
  스쁘르띠 아빠 머눌리스 이뚜

- 그 집은 얼마나 큰가?
  ▶ Berapa besarnya rumah itu?
  버라빠 브사르냐 루마-ㅎ 이뚜

- 치수가 어떻게 되지요?
  ▶ Bagaimana besarnya?
  바게이미나 브사르냐

- 부산은 여기서 얼마나 멀지요?
  ▶ Berapa jauhnya ke Busan dari sini?
  버라빠 자우-ㅎ냐 꺼 부산 다리 시니

- 얼마나 빨리 차가 달릴 수 있지요?
  ▶ Seberapa cepat mobil itu bisa dikemudikan?
  스버라빠 쯔빳 모빌 이뚜 비사 디끄무디깐

- 그 상자는 얼마나 무겁지요?
  ▶ Berapa beratnya peti itu?
  버라빠 브랏냐 쁘띠 이뚜

- 그 옷장은 얼마나 높이가 되나요?
  ▶ Berapa tingginya lemari pakaian itu?
  버라빠 띵기냐 르마리 빠께이안 이뚜

- 그 복도는 얼마나 길지요?
  - Berapa panjangnya koridor itu?
    버라빠 빤장냐 꼬리도 이뚜

- 그 영화는 얼마나 길지요?
  - Berapa panjangnya film itu?
    버라빠 빤장냐 휠름 이뚜

- 그들은 반둥에서 얼마나 살았지요?
  - Berapa lama mereka tinggal di Bandung?
    버라빠 라마 머레까 띵갈 디 반둥

- 여기에서 산지 얼마나 되었니?
  - Berapa lama Anda tinggal di sini?
    버라빠 라마 안다 띵갈 디 시니

- 얼마지요?
  - Berapa harganya?
    버라빠 하르가냐

- 그 아이는 몇 킬로입니까?
  - Anak itu beratnya berapa kilogram?
    아낙 이뚜 버르따냐 버라빠 킬로그람

- 얼마나 많은 밀가루를 샀니?
  - Beli terigu berapa banyaknya?
    블리 뜨리구 버라빠 바냑냐

- 몇 마리의 소가 달리니?
  - Berapa ekor sapi berlari?
    버라빠 에꼬르 사삐 버르라리

- 자주 그녀에게 가보니?
  - Apakah sering bertemu dengan dia?
    아빠까ㅎ 스링 버르뜨무 등안 디아

- 너는 몇 살이니?
  - Anda berapa umurnya?
    안다 버라빠 우무르냐

- 그를 잘 아니?
  - Apa Anda kenal dia?
    아빠 안다 끄날 디아

PART II 의문

II. 화술 표현 **111**

- 강폭이 얼마나 되니?
  ▶ Berapa lebarnya sungai itu?
  　버라빠　　레바르냐　　숭에이　이뚜

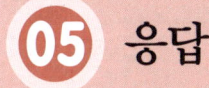

05 응답

긍정적으로 대답할 때

- 네!
  ▶ Ya!
  야

- 자명하네요!
  ▶ Tentu saja!
  뜬뚜   사자

- 이해됩니다!
  ▶ Saya mengerti!
  사야   멍으르띠

- 그것을 알고 있습니다!
  ▶ Saya tahu itu!
  사야   따후 이뚜

- 나는 맞는다고 본다.
  ▶ Saya rasa betul.
  사야   라사 브뚤

- 문제없어요!
  ▶ Tidak ada masalah!
  띠닥   아다 마살라-ㅎ

- 네가 말한 것을 이해했다.
  ▶ Saya mengerti apa yang Anda katakan.
  사야   멍으르띠 아빠 양   안다   까따깐

- 모두 이해했습니다.
  ▶ Saya sudah mengerti semuanya.
  사야   수다-ㅎ 멍으르띠   스무아냐

- 잘 이해되네요.
  ▶ Mudah dipahami.
  무다-ㅎ 디빠함이

대화를 경청하고 있음을 표시할 때

- 듣고 있어.
  ▶ Saya sedang mendengar.
  사야 스당 먼등아르

- 솔직히[양심적으로] 듣고 있습니다.
  ▶ Saya sedang mendengar dengan bersungguh-sungguh.
  사야 스당 먼등아르 등안 버르숭구-ㅎ - 숭구-ㅎ

- 잘 들었다.
  ▶ Saya sudah dengar.
  사야 수다-ㅎ 등아르

- 여전히 듣고 있습니다.
  ▶ Saya masih mendengar.
  사야 마시-ㅎ 먼등아르

- 네가 말하는 것에 신경 쓰고 있다.
  ▶ Saya memperhatikan apa yang Anda katakan.
  사야 멈뻐르하띠깐 아빠 양 안다 까따깐

- 네가 말하는 것에 대단히 주의를 기울이고 있다.
  ▶ Saya memperhatikan sungguh-sungguh apa yang Anda katakan.
  사야 멈뻐르하띠깐 숭구-ㅎ - 숭구-ㅎ 아빠 양 안다 까따깐

- 네, 모든 것을 이해했습니다.
  ▶ Ya, saya mengerti semuanya.
  야 사야 멍으르띠 스무아냐

- 의도하는 것에 대해 완전히 이해합니다.
  ▶ Saya mengerti semuanya apa yang dimaksudkannya.
  사야 멍으르띠 스무아냐 아빠 양 디막숫깐냐

부정적으로 대답할 때

- 아니오!
  - ▶ Tidak!
    띠닥

- 뭐야!
  - ▶ Apa itu!
    아빠 이뚜

- 별로 좋지 않아요!
  - ▶ Tidak begitu baik!
    띠닥   브끼뚜   바익

- 터무니없어요!
  - ▶ Tidak mungkin!
    띠닥   뭉낀

- 말도 마라!
  - ▶ Jangan katakan!
    장안   까따간

- 원하지 않아요.
  - ▶ Tidak mau.
    띠닥   마우

- 제게는 좋지 않아요.
  - ▶ Tidak baik untuk saya.
    띠닥   바익   운뚝   사야

- 가능성이 없어요!
  - ▶ Tidak ada kemungkinan!
    띠닥   아다 꺼뭉낀안

- 그렇게 생각할 수조차 없지요.
  - ▶ Tidak bisa sangka begitu pula!
    띠닥   비사   상까   브기뚜   뿔라

- 절대 아닙니다!
  - ▶ Tidak betul sama sekali!
    띠닥   브뚤   사마   스깔리

- 분명히 아닙니다!
  - ▶ Benar-benar tidak!
    브나르-브나르 띠닥

- 저는 반대입니다.
  - ▶ Saya tidak setuju.
    사야 띠닥 스뚜주

- 당신과 동의하지 않습니다.
  - ▶ Saya tidak setuju dengan Anda.
    사야 띠닥 스뚜주 등안 안다

- 저는 절대 반대입니다.
  - ▶ Saya menentang sepenuhnya.
    사야 머는땅 스쁘누-ㅎ냐

- 당신의 의견을 지지할 수 없습니다.
  - ▶ Saya tidak bisa mendukung pendapat Anda.
    사야 띠닥 비사 먼두꿍 쁜다빳 안다

불확실하게 대답할 때

- 그럴 수 있어요.
  - ▶ Mungkin begitu.
    뭉낀 브기뚜

- 그럴지도 모르겠어요.
  - ▶ Entah, barangkali begitu.
    은따-ㅎ 바랑깔리 브기뚜

- 아마도
  - ▶ Mungkin.
    뭉낀

- 그렇다면 좋겠는데.
  - ▶ Kalau begitu alangkah baiknya.
    깔로우 브기뚜 알랑까-ㅎ 바익냐

- 그것은 경우에 따라 다릅니다.
  - ▶ Itu kasus yang berbeda.
    이뚜 까수스 양 버르베다

- 누가 알겠습니까?
  - ▶ Siapa tahu?
    시아빠 따후

의심을 갖고 대답할 때

- 믿을 수 없다.
  - ▶ Tidak bisa dipercaya.
    띠닥 비사 디뻬르짜야

- 정말로?
  - ▶ Benarkah?
    브나르까-ㅎ

- 믿기 어려운데.
  - ▶ Sulit dipercaya.
    술릿 디뻬르짜야

- 나는 그것이 이상하게 보인다.
  - ▶ Itu kelihatan aneh saja.
    이뚜 껄리핫딴 아네-ㅎ 사자

- 나는 그것을 이상하다고 보지 않는다.
  - ▶ Saya kira itu tidak aneh.
    사야 끼라 이뚜 띠닥 아네-ㅎ

- 내 생각에는 이상하다.
  - ▶ Menurut pendapat saya itu aneh saja.
    머누룻 뻰다빳 사야 이뚜 아네-ㅎ 사자

- 농담이지?
  - ▶ Apakah Anda bercanda?
    아빠까-ㅎ 안다 버르짠다

- 농담하고 있지!
  - ▶ Anda sedang bergurau, kan?
    안다 스당 버르구로우 깐

- 너 진지하게 말하는 것 아니지, 맞아?
  - ▶ Anda tidak berbicara dengan sungguh-sungguh / serius, kan?
    안다 띠닥 버르비짜라 등안 숭구-ㅎ - 숭구-ㅎ 스리우스 깐

06 맞장구

맞장구

확실하게 맞장구칠 때

- 그것이야!
  ▶ Itu dia!
  이뚜 디아

- 왜 되지 않겠어!
  ▶ Kenapa tidak bisa!
  끄나빠 띠닥 비사

- 정확해!
  ▶ Persis!
  뻐르시스

- 정확히 그렇지!
  ▶ Persis begitu.
  뻐르시스 브기뚜

- 네게 동의한다.
  ▶ Setuju dengan Anda.
  스뚜주 등안 안다

- 조금의 의심할 바가 없다.
  ▶ Tidak ragu sedikit pun.
  띠닥 라구 스디낏 뿐

애매하게 맞장구칠 때

- 아마도
  ▶ Mungkin.
  뭉낀

- 그럴지도 모르겠어.
  - ▶ Mungkin begitu.
    뭉낀   브기뚜

- 그렇기를 바랍니다.
  - ▶ Mudah-mudahan begitu.
    무다-ㅎ - 무다-한   브기뚜

- 네가 의미하는 것은 이해했어, 하지만...
  - ▶ Saya mengerti apa yang Anda maksudkan, tetapi...
    사야 멍으르띠 아빠 양 안다 막숫깐   뜨따삐

- 어떤 부분까지는 동의한다.
  - ▶ Saya setuju sebagian.
    사야 스뚜주 스바기안

- 나는 정말 원했었지만, 하지만...
  - ▶ Saya benar-benar ingin, tetapi...
    사야 브나르-브나르 잉인 뜨따삐

긍정의 맞장구

- 그래요?
  - ▶ Begitu?
    브기뚜

- 당신이 옳아요!
  - ▶ Anda betul!
    안다 브뚤

- 동의합니다.
  - ▶ Setuju.
    스뚜주

- 나도 같은 의견을 가지고 있어.
  - ▶ Saya juga berpendapat sama.
    사야 주가 버르뻰다빳   사마

부정의 맞장구

- 분명히 아니다.
  ▶ Benar-benar tidak.
  브나르-브나르 띠닥

- 절대 아니지!
  ▶ Sama sekali tidak!
  사마 스깔리 띠닥

- 그렇게 생각하지 않아요.
  ▶ Saya tidak menduga begitu.
  사야 띠닥 먼두가 브기뚜

- 그래요? 저도 좋아하지 않습니다.
  ▶ Begitu? Saya juga tidak suka.
  브기뚜 사야 주가 띠닥 수까

- 잘 모르겠네요.
  ▶ Tidak tahu benar.
  띠닥 따후 브나르

- 그것은 무리입니다.
  ▶ Itu kelewatan.
  이뚜 껄레왓딴

이해의 맞장구

- 맞아요.
  ▶ Betul.
  브뚤

- 완전해요.
  ▶ Sempurna.
  슴뿌르나

- 네가 옳아.
  ▶ Anda benar / betul.
  안다 브나르 브뚤

- 그것입니다.
  - ▶ Itulah dia.
    이뚤라-ㅎ 디아

- 흥미로운 것 같아요.
  - ▶ Sepertinya mengasyikkan.
    스쁘르띠냐 멍아식깐

- 거의 그렇군요.
  - ▶ Hampir-hampir betul.
    함삐르-함삐르 브뚤

- 나도 같은 생각을 한다.
  - ▶ Saya juga berpendapat yang sama.
    사야 주가 버르뻔다빳 양 사마

- 나도 같은 것을 생각한다.
  - ▶ Saya juga berpikir yang sama.
    사야 주가 버르삐끼르 양 사마

- 내가 말하고자 하는 것도 같다.
  - ▶ Apa yang saya mau katakan juga sama.
    아빠 양 사야 마우 까따깐 주가 사마

잠시 생각할 때

- 글쎄.
  - ▶ Barangkali.
    바랑깔리

- 어디 보자!
  - ▶ Mari lihat!
    마리 리핫

- 그것 무엇이라 할까?
  - ▶ Bisa dikatakan apa, ya?
    비사 디까따낀 아빠 야

- 무엇이라 말해야 할지?
  - ▶ Enaknya dikatakan apa, ya?
    에낙냐 디까따깐 아빠 야

Ⅱ. 화술 표현 **121**

 되물음

잘 알아듣지 못했을 때

- 다시 한 번만!
  ▶ Sekali lagi!
  스깔리 라기

- 그것을 다시 한 번만 부탁해.
  ▶ Minta sekali lagi.
  민따 스깔리 라기

- 그것을 다시 부탁합니다.
  ▶ Tolong katakan itu sekali lagi.
  똘롱 까따깐 이뚜 스깔리 라기

- 좀 더 천천히 말해 주십시오.
  ▶ Mohon katakan perlahan-lahan.
  모혼 까따깐 뻐를라한-라한

- 여기에 [글씨] 써주세요.
  ▶ Tolong tulis di sini.
  똘롱 뚤리스 디 시니

- 이것은 무슨 뜻입니까?
  ▶ Apa artinya ini?
  아빠 아르띠냐 이니

- 이것은 무엇입니까?
  ▶ Apa ini?
  아빠 이니

- 무슨 말인지 잘 모르겠습니다.
  ▶ Saya tidak tahu apa artinya.
  사야 띠닥 따후 아빠 아르띠냐

- 여기에 써 주십시오.
  - ▶ Mohon tulis di sini.
    모혼　　뚤리스 디 시니

- 이것은 무슨 뜻입니까?
  - ▶ Apa artinya ini?
    아빠　아르띠냐　이니

- 조금 더 천천히 말씀해주실 수 있습니까?
  - ▶ Bolehkah bicarakan lebih pelan-pelan?
    볼레-ㅎ까-ㅎ 비짜라깐　　르비-ㅎ 쁠란-쁠란

- 그리고, 다음은?
  - ▶ Dan, seterusnya?
    단　　스뜨루스냐

- 네가 말하려는 것이 뭐야?
  - ▶ Apa itu yang ingin Anda bicarakan?
    아빠　이뚜 양　잉인　안다　　비짜라깐

- 너는 내게 무엇을 말하려는 것이야?
  - ▶ Anda mau bicara apa kepada saya?
    안다　마우　비짜라　아빠　끄빠다　사야

- 요점이 무엇이야?
  - ▶ Pokoknya apa?
    뽀꼭냐　　아빠

- 문제의 핵심이 무엇인데?
  - ▶ Apa inti sari masalah itu?
    아빠　인띠 사리　마살라-ㅎ 이뚜

- 우리 주요 문제점들에 들어 가보자.
  - ▶ Mari kita lihat masalah yang penting.
    마리　끼따　리핫　마살라-ㅎ 양　　쁜띵

- 우리가 나쁜(잘못된) 점을 집어 볼께.
  - ▶ Kami akan menunjukkan bagian yang salah.
    까미　아깐　머눈죽깐　　　바기안　양　살라-ㅎ

- 핵심에 대해 우리 말해볼까?
  ▶ Bagaimana kalau kita berbicara tentang hal yang pokok.
  바게이마나 깔로우 끼따 버르비짜라 뜬땅 할 양 뽀꼭

- 너는 무엇을 생각하고 있는 것이야?
  ▶ Apa yang Anda pikirkan?
  아빠 양 안다 삐끼르깐

- 우리 결론을 이야기해보자.
  ▶ Mari kita bicarakan kesimpulannya.
  마리 끼따 비짜라깐 꺼심뿔란냐

상대가 이해하지 못할 때

- 천천히 내 말을 다시 들어봐!
  ▶ Dengarkan cerita saya perlahan-lahan!
  등아르깐 쯔리따 사야 뻬를라한-라한

- 이해할 수 있도록 그것을 내가 몇 번을 네게 말해야 하니?
  ▶ Berapa kali lagi harus saya katakan agar Anda mengerti mengenai hal itu?
  버라빠 깔리 라기 하루스 사야 까따깐 아가르 안다 멍으르띠 멍으나이 할 이뚜

- 내 의견을 다시 말할게.
  ▶ Saya akan menerangkan kembali pendapat saya.
  사야 아깐 머느랑깐 끔발리 쁜다빳 사야

되물을 때

- 뭐요?
  ▶ Apa dia?
  아빠 디아

- 실례합니다만, 다시 한 번 부탁입니다.
  ▶ Maaf, minta sekali lagi.
  마압 민따 스깔리 라기

- 그것을 다시 반복해 주실 수 있나요?
  ▶ Dapatkah ulangi lagi yang itu?
  다빳까-ㅎ 울랑이 라기 양 이뚜

- 그것을 다시 말해주실 수 있나요?
  ▶ Dapatkah bicara sekali lagi mengenai itu?
  다빳까-ㅎ 비짜라 스깔리 라기 멍으나이 이뚜

- 무엇이라고 말했지요?
  ▶ Apa katanya?
  아빠 까따냐

- 죄송합니다, 제가 잘 못 들었습니다.
  ▶ Maaf, saya salah paham.
  마압 사야 살라-ㅎ 빠함

같은 말을 반복할 때

- 너는 또 그것을 말한다.
  ▶ Anda katakan yang itu lagi.
  안다 까따깐 양 이뚜 라기

- 이미 그것을 말했다.
  ▶ Saya sudah katakan.
  사야 수다-ㅎ 까따깐

- 이 문제와 얽혀있지 않다.
  ▶ Tidak bersangkutan dengan masalah ini.
  띠닥 버르상꾸딴 등안 마살라-ㅎ 이니

- 너는 이것과 관련이 있어야 하지 않아?
  ▶ Anda seharusnya ada kaitan dengan ini, kan?
  안다 스하루스냐 아다 까잇딴 등안 이니 깐

- 이미 우리는 이해하고 있다고.
  ▶ Kami sudah mengerti.
  까미 수다-ㅎ 멍으르띠

- 이미 우리는 너에 대해 들었다.
  ▶ Kami sudah dengar tentang Anda.
  까미 수다-ㅎ 등아르 뜬땅 안다

- 다른 주제로 옮겨갈 수 없겠어?
  - ▶ Dapatkah kita pindah ke judul yang lain?
    다빳까ㅡㅎ   끼따 삔다ㅡㅎ 꺼 주둘   양   라인

다시 한 번 말해달라고 할 때

- 다시 한 번 말씀해 주세요.
  - ▶ Tolong ulangi sekali lagi.
    똘롱   울랑이   스깔리 라기

- 그것을 반복해주실 수 있습니까? 부탁합니다.
  - ▶ Dapatkah ulangi sekali lagi? Tolong.
    다빳까ㅡㅎ   울랑이   스깔리 라기   똘롱

- 다시 한 번 그것을 말해주실 수 있습니까?
  - ▶ Dapatkah ulangi yang itu sekali lagi?
    다빳까ㅡㅎ   울랑이   양   이뚜 스깔리 라기

- 실례합니다, 무엇을 말씀하셨지요?
  - ▶ Maaf, Apa yang Bapak katakan?
    마압   아빠 양   빠빡   까따깐

- 그것을 가지고 무엇을 말하려고 합니까?
  - ▶ Ingin bicara apa mengenai itu?
    잉인   비짜라 아빠 멍으나이   이뚜

- 그것을 잘 이해할 수 없습니다.
  - ▶ Tidak bisa mengerti dengan jelas.
    띠닥   비사   멍으르띠   등안   즐라스

- 조금 더 천천히 말씀해 주시겠습니까?
  - ▶ Dapatkah bicara perlahan-lahan lagi?
    다빳까ㅡㅎ   비짜라 뻐를라한-라한   라기

08 이해와 확인

이해를 확인할 때

- 분명하지요?
  ▶ Apakah benar?
  아빠까-ㅎ 브나르

- 명확하지요?
  ▶ Apa itu jelas?
  아빠 이뚜 즐라스

- 이해되니?
  ▶ Dapat mengerti?
  다빳 멍으르띠

- 그것을 알겠어?
  ▶ Tahukah yang itu?
  따후까-ㅎ 양 이뚜

- 내가 무엇을 말하고 있는지 알겠니?
  ▶ Apa Anda tahu apa yang saya katakan?
  아빠 안다 따후 아빠 양 사야 까따깐

- 내가 무엇을 표현하려는지 알겠니?
  ▶ Apa Anda tahu apa yang saya tunjukkan?
  아빠 안다 따후 아빠 양 사야 뚠죽깐

- 내가 더 설명을 해줘야 하겠니?
  ▶ Apa perlu saya menerangkan lagi?
  아빠 쁘를루 사야 머느랑깐 라기

- 의문이 있습니까?
  ▶ Ada yang masih ragu?
  아다 양 마시-ㅎ 라구

Ⅱ. 화술 표현 127

- 이해되었습니까?
  ▶ Sudah mengerti?
  수다-ㅎ 멍으르띠

- 만약 이해 안 되면, 내게 물어봐.
  ▶ Kalau tidak mengerti, tanyalah kepada saya.
  깔로우 띠닥 멍으르띠 따날라-ㅎ 끄빠다 사야

- 아무것도 모르겠니?
  ▶ Apa Anda tidak mengerti sama sekali?
  아빠 안다 띠닥 멍으르띠 사마 스깔리

- 상황이 이해 안 되니?
  ▶ Apa tidak mengerti keadaannya?
  아빠 띠닥 멍으르띠 꺼아다안냐

- 너는 무엇을 모르니?
  ▶ Apa Anda tidak mengerti?
  아빠 안다 띠닥 멍으르띠

- 왜 그렇게 멍청하게 굴었냐?
  ▶ Kenapa bertindak begitu bodoh?
  끄나빠 버르띤닥 브기뚜 보도-ㅎ

- 너는 남쪽과 북쪽을 구분 못하는구나.
  ▶ Anda tidak bisa bedakan selatan dan utara.
  안다 띠닥 비사 베다깐 슬라딴 단 우따라

- 문제를 가볍게 여기지 마라!
  ▶ Jangan menganggap masalah itu mudah!
  장안 멍앙갑 마살라-ㅎ 이뚜 무다-ㅎ

이해를 했을 때

- 네!
  ▶ Ya!
  야

- 이해해요.
  ▶ Mengerti.
  멍으르띠

- 알겠어요.
  - ▶ Saya tahu.
    사야 따후

- 확신합니다.
  - ▶ Saya yakin.
    사야 야낀

이해를 못했을 때

- 아뇨!
  - ▶ Tidak!
    띠닥

- 이해 안 돼요!
  - ▶ Tidak bisa mengerti!
    띠닥 비사 멍으르띠

- 모르겠어요.
  - ▶ Tidak tahu.
    띠닥 따후

- 확실치 않아요.
  - ▶ Tidak tentu.
    띠닥 뜬뚜

- 헷갈려요!
  - ▶ Ragu-ragu!
    라구-라구

- 분명히 (이해) 안 돼요!(1)
  - ▶ Tidak mengerti dengan pasti!
    띠닥 멍으르띠 등안 빠스띠

- 분명히 (이해) 안 돼요!(2)
  - ▶ Tidak jelas!
    띠닥 즐라스

- 절대로 아닙니다!
  - ▶ Tidak sama sekali!
    띠닥 사마 스깔리

Ⅱ. 화술 표현 **129**

- 그것은 무슨 의미지요?
  - ▶ Itu apa artinya?
    이뚜 아빠 아르띠냐

- 진지하게 그것을 말씀하시는 것인가요?
  - ▶ Apa Bapak bicara bersungguh-sungguh?
    아빠 바빡 비짜라 버르숭구-ㅎ - 숭구-ㅎ

- 무엇을 해야 할지 모르겠어요.
  - ▶ Entah apa yang saya buat.
    은따-ㅎ 아빠 양 사야 부앗

- 너는 문제점이 어디에 있는지 모른다.
  - ▶ Anda tidak tahu di mana letak permasalahannya.
    안다 띠닥 따후 디 마나 르딱 뻐르마살라-한냐

09 대화의 막힘과 재촉

말이 막힐 때

- 음...
  ▶ Anu...
  아누

- 글쎄, 어디 생각해 봅시다.
  ▶ Baik, mari kita pikirkan dulu.
  바익 마리 끼따 삐끼르깐 둘루

- 글쎄요, 사실...
  ▶ Begini, sebenarnya....
  브기니 스브나르냐

- 그것 무엇이라 할까?
  ▶ Anu, enaknya dikatakan apa ya?
  아누 에낙냐 디까따깐 아빠 야

- 어, 그것이 무엇이지?
  ▶ Ah, apa itu?
  아-ㅎ 아빠 이뚜

- 어떻게 네게 그것을 말해야 할지?
  ▶ Bagaimana saya ceritakan kepada Anda?
  바게이마나 사야 쯔리따깐 끄빠다 안다

말을 꺼내거나 주저할 때

- 너도 알다시피...
  ▶ Seperti Anda tahu...
  스뻐르띠 안다 따후

- 사람들이 말하는데...
  ▶ Kata orang...
  까따 오랑

- 어제 사람들이 내게 말했는데...
  ▶ Kata orang kemarin...
  까따 오랑 끄마린

- 사실은...
  ▶ Sebenarnya...
  스브나르냐

- 아, 아, 내 생각에는...
  ▶ Ah, ah, menurut perasaan saya...
  아-ㅎ 아-ㅎ 머누룻 뻬라사안 사야

- 네게 한 가지 말하고자 해.
  ▶ Saya mau beri tahu sesuatu kepada Anda.
  사야 마우 브리 따후 스수아뚜 끄빠다 안다

적당한 말이 생각나지 않을 때

- 기억이 나지 않아요.
  ▶ Tidak bisa ingat.
  띠닥 비사 잉앗

- 아, 그게 무엇이더라!
  ▶ Ah, yang itu apa?
  아-ㅎ 양 이뚜 아빠

- 잊었습니다.
  ▶ Sudah lupa.
  수다-ㅎ 루빠

- 그것을 기억할 수 없습니다.
  ▶ Tidak bisa ingat itu.
  띠닥 비사 잉앗 이뚜

- 딱 맞는 말을 찾을 수가 없다.
  ▶ Tidak bisa mencari kata yang tepat.
  띠닥 비사 먼짜리 까따 양 뜨빳

- 죄송합니다만, 무엇이라고 말씀하셨지요?
  ▶ Maaf, apa dia?
  마압   아빠 디아

- 한 번만 더 말씀해주시겠습니까?
  ▶ Maaf. Bolehkah katakan sekali lagi?
  마압   볼레-ㅎ까-ㅎ 까따깐   스깔리 라기

말하면서 생각할 때

- 제가 그것을 생각하게 좀 해주시지요.
  ▶ Biar saya pikirkan dulu.
  비아르 사야   삐끼르깐   둘루

- 잠시만...
  ▶ Sebentar.....
  스브나르냐

- 정확하지 않지만...
  ▶ Tidak tepat, tetapi.....
  띠닥   뜨빳   뜨따삐

말을 재촉할 때

- 대화를 끊어 죄송합니다만, 계속 하십시오.
  ▶ Maaf karena telah mengganggu, silakan diteruskan.
  마압   까르나   뜰라-ㅎ 멍강구   실라깐   디뜨루스깐

II. 화술 표현 **133**

⑩ 대화의 시도와 화제 전환

대화를 시도할 때

- 내가 그것을 밝히게 해줘.
  ▶ Biar saya jelaskan masalah itu.
  비아르 사야 즐라스깐 마살라-ㅎ 이뚜

대화 도중에 쓸 수 있는 표현

- 그래?
  ▶ Begitu?
  브기뚜

- 좋아?
  ▶ Baik?
  바익

- 이후에는?
  ▶ Setelah itu?
  스뜰라-ㅎ 이뚜

- 명확히?
  ▶ Jelas?
  즐라스

- 그래, 하지만...
  ▶ Ya, tapi...
  야 따삐

- 너 알지 않아...?
  ▶ Anda tahu, kan?...
  안다 따후 깐

134 인도네시아어 회화 사전

- 내말 이해하겠지?
    - ▶ Mengerti apa yang saya katakan?
      멍으르띠   아빠 양   사야   까따깐

- 내가 가능하다면...
    - ▶ Kalau saya bisa...
      깔로우   사야   비사

- 솔직해 질 수 있지?
    - ▶ Apa boleh terus terang?
      아빠   볼레-ㅎ   뜨루스   뜨랑

- 네게 진실을 말할게.
    - ▶ Saya mau mengatakan yang sebenarnya kepada Anda.
      사야   마우   멍아따깐   양   스브나르냐   끄빠다   안다

- 우리 솔직히 말해보자.
    - ▶ Mari kita ceritakan terus terang.
      마리   끼따   쯔리따깐   뜨루스   뜨랑

간단히 말할 때

- 내가 간단히 그것을 말할게.
    - ▶ Saya mau ceritakan yang itu secara singkat.
      사야   마우   쯔리따깐   양   이뚜   스짜라   싱깟

- 우리 말 돌려서 하지 말자.
    - ▶ Kita jangan berbelit-belit ceritanya.
      끼따   장안   버르블릿-블릿   쯔리따냐

대화를 마칠 때

- 이제 너무 늦었군요.
    - ▶ Sudah larut malam.
      수다-ㅎ   라룻   말람

- 와! 시간 좀 봐(너무 지나갔잖아)!
  ▶ Wah, Sudah jam berapa ini!
  와-ㅎ 수다-ㅎ 잠 버라빠 이니

- 늦었어요. 저는 가봐야 합니다.
  ▶ Terlambat, saya harus pulang dulu.
  떠르람밧 사야 하루스 뿔랑 둘루

- 자, 가야할 시점이 왔네요.
  ▶ Nah, Waktunya kita harus pulang.
  나-ㅎ 왁뚜냐 끼따 하루스 뿔랑

- 당신을 만난 것이 너무 기뻤습니다.
  ▶ Saya senang sekali bertemu dengan Bapak.
  사야 스낭 스깔리 버르뜨무 등안 바빡

- 당신과 대화한 것이 너무 좋았습니다.
  ▶ Saya sangat gembira karena sempat berbicara dengan Bapak.
  사야 상앗 금비라 까르나 슴빳 버르비짜라 등안 바빡

- 당신을 다시 뵙기를 원합니다.
  ▶ Saya harap kita bertemu lagi.
  사야 하랍 끼따 버르뜨무 라기

- 당신을 곧 뵙기를 원합니다.
  ▶ Saya ingin bertemu dengan Bapak dalam waktu dekat.
  사야 잉인 버르뜨무 등안 바빡 달람 왁뚜 드깟

- 시간이 된다면 저를 보러 와주세요.
  ▶ Kalau luang datang untuk bertemu saya.
  깔라우 루앙 다땅 운뚝 버르뜨무 사야

- 다시 한 번 함께 식사해요!
  ▶ Mari kita makan bersama-sama lagi!
  마리 끼따 마깐 버르사마-사마 라기

- 언제 하루 우리 (얼굴)보기 위해 약속을 잡지요.
  ▶ Mari kita berjanji untuk bertemu suatu hari nanti.
  마리 끼따 버르잔지 운뚝 버르뜨무 수아뚜 하리 난띠

전화상의 대화를 마칠 때

- 누군가 문에 있습니다. 나중에 제가 전화 드릴게요.
  ▶ Ada seseorang datang. Saya akan bel lagi.
    아다 스스오랑   다땅   사야 아깐 벨 라기

- 저는 일을 다시 해야만 합니다. 그럼.
  ▶ Saya harus meneruskan pekerjaan saya. Sekian dulu.
    사야 하루스 머느루스깐   뻐끄르자안 사야 스끼안 둘루

- 죄송합니다. 누군가 전화를 하고 있습니다. 안녕히.
  ▶ Maaf. Ada bel dari seseorang. Selamat.....
    마압 아다 벨 다리 스스오랑   슬라맛

- 저는 지금 가야합니다. 다시 통화해요.
  ▶ Saya harus pergi sekarang. Mari kita telepon lagi.
    사야 하루스 뻐르기 스까랑   마리 끼따 뗄레뽄 라기

- 해야 할 것이 있습니다. 곧 전화 드릴게요.
  ▶ Saya ada pekerjaan yang harus diselesaikan. Saya bel lagi.
    사야 아다 뻐끄르자안 양 하루스 디슬르세이깐 사야 벨 라기

PART III
의견 표현

01 의견과 견해
02 동의와 찬반
03 주의와 타이름
04 충고와 의무
05 제안과 권유
06 부탁과 도움
07 지시와 명령
08 재촉과 여유
09 추측과 확신
10 허가와 양해
11 희망과 의지
12 가능과 불가능

 **의견과 견해**

자신의 의견과 견해를 말하고자 할 때

- 제가 믿기로는...
  ▶ Saya percaya...
  사야 뻐르짜야

- 제 생각에는...
  ▶ Menurut pendapat saya...
  머누룻 뻔다빳 사야

- 내게 보기에는...
  ▶ Menurut dugaan saya...
  머누룻 두가안 사야

- 내 의견은...
  ▶ Menurut perasaan saya...
  머누룻 뻐라사안 사야

- (사)실은...
  ▶ Sebenarnya...
  스브나르냐

- 사실은...(1)
  ▶ Sebetulnya...
  스브뚤냐

- 사실은...(2)
  ▶ Terus terang...
  뜨루스 뜨랑

- 내게 인상적이었던 것은...
  ▶ Yang tidak bisa saya lupakan...
  양 띠닥 비사 사야 루빠깐

- 내 생각에는...
  - ▶ **Menurut pendapat saya...**
    머누룻   쁜다빳   사야

- 내 판단에는...
  - ▶ **Menurut pertimbangan saya...**
    머누룻   뻐르띰방안   사야

- 내가 보기에는...
  - ▶ **Saya kira...**
    사야   끼라

- 내 관점에서는...
  - ▶ **Menurut saya...**
    머누룻   사야

- 내가 이해하고 있는 것에 따르자면...
  - ▶ **Menurut apa yang saya paham...**
    머누룻   아빠   양   사야   빠함

- 내가 말하고 자하는 것은...
  - ▶ **Apa yang mau saya katakan...**
    아빠   양   마우   사야   까따깐

의견과 견해를 물을 때

- 어떻게 생각해?
  - ▶ **Bagaimana Anda pikir?**
    바게이마나   안다   삐끼르

- 어떤 의견 있나요?
  - ▶ **Ada pendapat apa?**
    아다   쁜다빳   아빠

- 다른 의견은?(1)
  - ▶ **Pendapat yang lain?**
    쁜나빳   양   라인

- 다른 의견은?(2)
  - ▶ **Bagaimana pendapat yang lain?**
    바게이마나   쁜다빳   양   라인

- 다른 의견을 가지고 있나요?
  ▶ Apa ada pendapat yang lain?
    아빠 아다 뻰다빳   양   라인

- 어떤 다른 의견을 가지고 있나요?
  ▶ Apa ada pendapat yang lain?
    아빠 아다 뻰다빳   양   라인

- 제 말을 이해하시나요?
  ▶ Apa dapat mengerti apa yang saya katakan?
    아빠 다빳 멍으르띠 아빠 양 사야 까따깐

- 제가 했던 말을 이해했지요?
  ▶ Apa dapat mengerti apa yang telah saya katakan?
    아빠 다빳 멍으르띠 아빠 양 뜰라-ㅎ 사야 까따깐

- 네 의견은 무엇이지?
  ▶ Bagaimana pendapat Anda?
    바게이마나   뻰다빳   안다

- 너의 의견은 어떤 것이니?
  ▶ Apa pendapat Anda?
    아빠 뻰다빳   안다

- 너는 그것에 대해 어떻게 생각해?
  ▶ Bagaimana Anda pikir tentang itu?
    바게이마나 안다 삐끼르 뜬땅   이뚜

- 너는 그것을 어떻게 보니?
  ▶ Bagaimana Anda memandang itu?
    바게이마나 안다 머만당   이뚜

- 이 문제를 어떻게 보니?
  ▶ Bagaimana Anda pikir tentang masalah ini?
    바게이마나 안다 삐끼르 뜬땅   마살라-ㅎ 이니

- 네 관점은 무엇이니?
  ▶ Apa sudut pandang Anda?
    아빠 수둣 빤당   안다

- 그것에 대해 그에게 무엇이라 해줄 말 있니?
  ▶ Apa Anda mau katakan kepada dia tentang itu?
    아빠 안다 마우 까따깐 끄빠다 디아 뜬땅   이뚜

- 네가 내 입장이라면 어떻게 하겠니?
  - ▶ Apa yang akan Anda lakukan jika berada dalam
    아빠 양   아깐 안다   지까 버르아다 달람
    keadaan seperti saya?
    꺼아다안 스쁘르띠 사야

의견을 이해할 때

- 네.
  - ▶ Ya.
    야

- 이해할 수 있습니다.
  - ▶ Saya dapat mengerti.
    사야 다빳 멍으르띠

- 그것을 이해합니다.
  - ▶ Saya sudah mengerti itu.
    사야 수다-ㅎ 멍으르띠 이뚜

- 들어 보았습니다.
  - ▶ Saya pernah dengar.
    사야 뻐르나-ㅎ 등아르

- 그것을 압니다.
  - ▶ Saya tahu itu.
    사야 따후 이뚜

- 문제없습니다.
  - ▶ Tidak ada masalah.
    띠닥 아다 마살라-ㅎ

- 당신이 말한 것을 이해했습니다.
  - ▶ Saya mengerti apa yang Anda / Bapak katakan.
    사야 멍으르띠 아빠 양 안다 바빡 까따깐

- 네가 무엇을 말하는지 알겠어.
  - ▶ Saya tahu apa yang Anda bicarakan.
    사야 따후 아빠 양 안다 비짜라깐

Ⅲ. 의견 표현

- 그것을 이해할 수 있습니다.
  ▶ Bisa mengerti itu.
  비사 멍으르띠 이뚜

- 이해했습니다.
  ▶ Sudah mengerti.
  수다-ㅎ 멍으르띠

- 잘 이해했습니다.
  ▶ Cukup mengerti.
  쭈꿉 멍으르띠

- 그것 모두를 이해합니다.
  ▶ Mengerti semuanya itu.
  멍으르띠 스무아냐 이뚜

의견에 대해 긍정할 때

- 네! 이해합니다.
  ▶ Ya, mengerti.
  야 멍으르띠

- 네! 이번 것은 이해합니다.
  ▶ Ya, kali ini saya mengerti.
  야 깔리 이니 사야 멍으르띠

- 완전히 이해했습니다.
  ▶ Saya sudah mengerti sepenuhnya.
  사야 수다-ㅎ 멍으르띠 스쁘누-ㅎ냐

의견에 대해 부정할 때

- 바보 같은 소리군!
  ▶ Pernyataan bodoh.
  뻐르냐따안 보도-ㅎ

- 헛소리군!
  ▶ Itu omong kosong.
  이뚜 오몽 꼬송

- 불가능해!
  - ▶ Tidak mungkin!
    띠닥   뭉낀

- 믿을 수 없어!
  - ▶ Tidak bisa percaya!
    띠닥   비사   뻐르짜야

- 어떻게 가능하지?
  - ▶ Mana boleh?
    마나   볼레-ㅎ

- 상상할 수도 없어!
  - ▶ Tidak disangka!
    띠닥   디상까

- 엉터리로 말하지 마라!
  - ▶ Jangan berbicara yang tidak benar!
    장안   버르비짜라   양   띠닥   브나르

- 완전히 엉터리군!
  - ▶ Itu tidak sepenuhnya benar!
    이뚜 띠닥   스쁘누-ㅎ냐   브나르

- 그것은 될 수 없는 것이야!
  - ▶ Yang itu tidak bisa jadi!
    양   이뚜 띠닥   비사   자디

- 내게는 그것을 말하지 마라!
  - ▶ Jangan katakan itu kepada saya!
    장안   까따깐   이뚜 끄빠다   사야

- 저는 완전히 반대입니다!
  - ▶ Saya tidak setuju sama sekali!
    사야   띠닥   스뚜주   사마   스깔리

- 입에서 나오는 것은 모두 말하니!
  - ▶ Jangan asal bicara!
    장안   아살   비짜라

- 네가 틀린 것 같은데.
  - ▶ Saya kira Anda yang salah.
    사야   끼라 안다   양   살라-ㅎ

Ⅲ. 의견 표현 **145**

- 미안한데, 나는 그것을 인정할 수 없어.
  ▶ Maaf, saya tidak bisa membenarkan itu.
  마압 사야 띠닥 비사 멈브나르깐 이뚜

의견을 칭찬할 때

- 좋은 생각입니다!
  ▶ Itu pikiran yang baik!
  이뚜 삐끼란 양 바익

- 멋진 생각입니다!(1)
  ▶ Itu pikiran yang bagus!
  이뚜 삐끼란 양 바구스

- 멋진 생각입니다!(2)
  ▶ Itu pendapat yang bagus!
  이뚜 쁜다빳 양 바구스

 동의와 찬반

동의를 구할 때

- 명확하시지요?
  ▶ Apa itu nyata?
  아빠 이뚜 냐따

- 분명하시지요?
  ▶ Apa itu betul?
  아빠 이뚜 브뚤

- 이해하니?
  ▶ Mengerti?
  멍으르띠

- 제가 하는 말을 이해하시겠습니까?
  ▶ Apa Anda bisa mengerti apa yang saya katakan?
  아빠 안다 비사 멍으르띠 아빠 양 사야 까따깐

- 동의하시나요?
  ▶ Setuju?
  스뚜주

- 저와 동의하십니까?
  ▶ Apa Anda setuju dengan saya?
  아빠 안다 스뚜주 등안 사야

- 같은 생각을 가지고 있니?
  ▶ Apa Anda mempunyai pikiran yang sama?
  아빠 안다 멈뿌냐이 삐끼란 양 사마

- 그렇게 생각하지 않니?
  ▶ Apa Anda tidak pikir begitu?
  아빠 안다 띠닥 삐끼르 브기뚜

- 너 동의하지, 아니야?
  ▶ Anda setuju, kan?
  안다   스뚜주   깐

- 역시 너도 그렇게 생각하지, 아니니?
  ▶ Anda juga pikir begitu, bukan?
  안다   주가   삐끼르   브기뚜   부깐

- 나의 의견에 동조하니, 맞지?
  ▶ Apa Anda setuju dengan pikiran saya, ya?
  아빠   안다   스뚜주   등안   삐끼란   사야   야

- 너는 내가 그것을 잘 했다고 믿니?
  ▶ Apa Anda percaya bahwa saya telah melakukannya
  아빠   안다   뻐르짜야   바-ㅎ와   사야   뜰라-ㅎ   멀라꾸깐냐
  dengan baik?
  등안   바익

- 내가 표현하고 싶은 것이 무엇인지 알겠니?
  ▶ Apa Anda tahu apa yang saya maksudkan?
  아빠   안다   따후   아빠   양   사야   막숫깐

- 의문가는 것이 있니?
  ▶ Apakah masih ragu?
  아빠까-ㅎ   마시-ㅎ   라구

- 이해했지?
  ▶ Sudah mengerti?
  수다-ㅎ   멍으르띠

- 감 잡았지?
  ▶ Mengertikah?
  멍으르띠까-ㅎ

- 이해하지 못한다면 제게 질문하세요.
  ▶ Kalau tidak mengerti tanyalah saya.
  깔로우   띠닥   멍으르띠   따냘라-ㅎ   사야

- 무엇을 하려했는지 이해하니?
  ▶ Apa Anda paham apa yang dibuat?
  아빠   안다   빠함   아빠   양   디부앗

- 내가 말하고 있는 것을 알겠지요?
    - ▶ Apa mengerti apa yang saya katakan?
      아빠 멍으르띠 아빠 양 사야 까따깐

- 제가 더 설명을 해드려야 하나요?
    - ▶ Apa harus saya terangkan lagi?
      아빠 하루스 사야 뜨랑깐 라기

동의할 때

- 네! 이해합니다.
    - ▶ Ya, mengerti.
      야 멍으르띠

- 좋습니다!(1)
    - ▶ Baik!
      바익

- 좋습니다!(2)
    - ▶ Bagus!
      바구스

- 문제없습니다.
    - ▶ Tidak menjadi masalah.
      띠닥 먼자디 마살라-ㅎ

- 동의합니다.
    - ▶ (Saya) setuju.
      (사야) 스뚜주

- 아주 좋습니다!(1)
    - ▶ Bagus sekali.
      바구스 스깔리

- 아주 좋습니다!(2)
    - ▶ Baik saja!
      바익 사자

- 아주 좋습니다!(3)
    - ▶ Terbaik!
      떠르바익

- 좋은 생각이네요!
  ▶ Itu ide yang baik!
  이뚜 이데 양   바익

- 네가 옳다!
  ▶ Anda betul!
  안다   브뚤

- 절대적이에요!
  ▶ Ini pasti.
  이니 빠스띠

- 정확해요!
  ▶ Tepat benar!
  뜨빳   브나르

- 적중했어요!
  ▶ Tepat sasaran!
  뜨빳   사사란

- 의심할 여지가 없네요.
  ▶ Tidak usah ragu.
  띠닥   우사-ㅎ 라구

- 100%로 동의합니다.
  ▶ Setuju seratus persen.
  스뚜주   스라뚜스   뻐르센

- 나는 같은 의견이다.
  ▶ Pendapat saya juga sama.
  쁜다빳   사야 주가   사마

부분적으로 동의할 때

- 네, 조금은 당신을 이해합니다.
  ▶ Ya, Saya bisa mengerti sedikit keadaan Anda.
  야   사야   비사 멍으르띠   스디낏   꺼아다안   안다

- 다소.
  ▶ Sedikit saja.
  스디낏   사자

동감할 때

- 사실이에요.
  - Benar.
    브나르

- 좋아요!
  - Bagus!
    바구스

- 동의해요.
  - Setuju.
    스뚜주

- 네! 당신과 동의합니다.
  - Ya, Saya setuju dengan Anda.
    야 사야 스뚜주 등안 안다

- 분명히 맞아요!
  - Tentu benar!
    뜬뚜 브나르

- 바로 그것입니다!
  - Ya, itu dia!
    야 이뚜 디아

- 그것을 믿습니다!
  - Saya percaya itu.
    사야 뻐르짜야 이뚜

- 의심할 바 없지요.
  - Tidak ada yang sangsi.
    띠닥 아다 양 상시

- 저도 똑같이 생각합니다.
  - Saya juga pikir begitu.
    사야 주가 삐끼르 브기뚜

- 전적으로 동의합니다.
  - Saya sepenuh hati menyetujuinya.
    사야 스쁘누-ㅎ 하띠 머녀뚜주이냐

- 전적으로 네게 동의한다.
  ▶ Saya setuju dengan Anda sepenuh hati.
  사야 스뚜주 등안 안다 스쁘누-ㅎ 하띠

- 우리는 이것에 있어서는 같은 의견을 가지고 있다.
  ▶ Kami mempunyai pendapat yang sama dalam hal ini.
  까미 멈뿌냐이 뻔다빳 양 사마 달람 할 이니

- 나는 모든 부분에 있어서 너의 생각과 동감이다.
  ▶ Saya sependapat dengan Anda dalam semua hal.
  사야 스뻰다빳 등안 안다 달람 스무아 할

- 저는 당신이 옳다고 믿습니다.
  ▶ Saya percaya Anda betul.
  사야 뻐르짜야 안다 브뚤

- 그것이 제가 생각하는 것입니다.
  ▶ Yang itu pendapat saya.
  양 이뚜 뻔다빳 사야

- 우리는 같은 유형에 속해.
  ▶ Kami termasuk golongan yang sama.
  까미 떠르마숙 골롱안 양 사마

- 우리는 매우 닮았어.
  ▶ Kita sangat mirip.
  끼따 상앗 미립

- 우리는 같은 목표를 가졌다고.
  ▶ Kita mempunyai tujuan yang sama.
  끼띠 멈뿌냐이 뚜주안 양 사마

- 나는 너의 형을 닮았다.
  ▶ Anda mirip dengan kakak laki-laki Anda.
  안다 미립 등안 까까 라끼-라끼 안다

- 우리는 유사한 의견을 가졌어.
  ▶ Kita berpendapat serupa.
  끼띠 버르뻔다빳 스루빠

- 우리가 소통을 위해 같은 주제를 찾는 것은 매우 쉽다.
  - ▶ Mudah saja kita mencari judul yang sama untuk berkomunikasi.
    무다-ㅎ 사자 끼따 먼짜리 주둘 양 사마 운뚝 버르꼬무니까시

- 우리는 같은 모델을 가지고 일을 해왔다.
  - ▶ Kami bekerja dengan model yang sama.
    까미 버끄르자 등안 모델 양 사마

상대방이 옳고 자신이 틀렸다고 할 때

- 네가 옳다.
  - ▶ Anda betul.
    안다 브뚤

- 네가 옳다고 본다.
  - ▶ Saya rasa Anda betul.
    사야 라사 안다 브뚤

상대방이 틀리고 자신이 옳다고 할 때

- (그것은) 다른 것이지 않아요.
  - ▶ Yang itu lain.
    양 이뚜 라인

- 완전히 동떨어진 다른 이야기야.
  - ▶ Itu cerita yang sama sekali tidak masuk akal.
    이뚜 쯔리따 양 사마 스깔리 띠닥 마숙 아깔

- 너는 주제와 멀어지고 있다.
  - ▶ Anda semakin menjauhi intinya.
    안다 스마낀 먼자우히 인띠냐

- 당신은 우리의 주제와 관련이 없습니다.
  - ▶ Anda tidak berkaitan dengan judul kami.
    안다 띠닥 버르까잇딴 등안 주둘 까미

- (그것은) 우리의 주제가 아니다.
  - ▶ Itu bukan judul kami.
    이뚜 부깐 주둘 까미

- 관련이 없다.
  - ▶ Tidak ada hubungannya.
    띠닥 아다 후붕안냐

- 주제와는 너무 멀다.
  - ▶ Sangat jauh dari judul.
    상앗 자우-ㅎ 다리 주둘

- 주제와 빗나가고 있다.
  - ▶ Anda makin menjauhkan dari judul.
    안다 마낀 먼자우-ㅎ깐 다리 주둘

- 우리 본론으로 돌아가자.
  - ▶ Mari kita kembali ke masalah pokok.
    마리 끼따 끔발리 꺼 마살라-ㅎ 뽀꼭

찬성할 때

- 좋습니다!
  - ▶ Baik!
    바익

- 아주 좋습니다!
  - ▶ Baik sekali!
    바익 스깔리

- 멋집니다!
  - ▶ Bagus!
    바구스

- 기발하다!
  - ▶ Cerdas!
    쯔르다스

- 그거 이상적이다!
  - ▶ Itulah hal yang ideal!
    이뚜 할 양 이데알

- 완벽해!
  > Sempurna!
  슴뿌르나

- 좋게 들린다.
  > Suara bagus.
  수아라 바구스

- 나는 그렇게 멋진 것을 본적이 없다.
  > Saya tidak pernah melihat yang begitu bagus.
  사야 띠닥 뻐르나-ㅎ 멀리핫 양 브기뚜 바구스

- 그것이 내가 원하던 것이다.
  > Itu dia yang saya mau.
  이뚜 디아 양 사야 마우

- 내가 원했던 바야!
  > Itulah yang saya inginkan!
  이뚤라-ㅎ 양 사야 잉인깐

- 이것보다 더 좋은 것은 없다.
  > Tidak ada yang sebagus ini.
  띠닥 아다 양 스바구스 이니

- 나는 네게 별을 5 개 준다[훌륭하다].
  > Saya berikan Anda 5 (lima) buah bintang / Sangat bagus.
  사야 브리깐 안다 (리마) 부아-ㅎ 빈땅 상앗 바구스

- 이것이 완벽하다.
  > Yang ini sempurna.
  양 이니 슴뿌르나

- 이것이 1순위이다.
  > Yang ini peringkat pertama.
  양 이니 쁘링깟 뻐르따마

반대할 때

- 아니오!
  > Tidak (setuju)!
  띠닥 (스뚜주)

- 절대로 (아닙니다)!
  ▶ Tidak (setuju) sama sekali!
  띠닥 (스뚜주) 사마 스깔리

- 헷갈리시는 것입니다!
  ▶ Anda keliru!
  안다 끌리루

- 완전히 혼동했네요.
  ▶ Sangat bingung.
  상앗 빙웅

- 분명히 아닙니다.
  ▶ Benar-benar tidak.
  브나르-브나르 띠닥

- 실수입니다.
  ▶ Khilaf!
  낄랏

- 불가능해요.
  ▶ Tidak bisa.
  띠닥 비사

- 좋지 않아요!
  ▶ Tidak baik!
  띠닥 바익

- 저는 반대입니다.
  ▶ Saya tidak setuju.
  사야 띠닥 스뚜주

- 믿을 수 없어요.
  ▶ Tidak bisa percaya.
  띠닥 비사 뻬르짜야

- 동의할 수 없어요.
  ▶ Tidak bisa setuju.
  띠닥 비사 스뚜주

- 그것을 그렇게 보지 않습니다.
  ▶ Saya tidak kira begitu.
  사야 띠닥 끼라 브기뚜

- 아주 나쁜 생각이에요!
  ▶ Itu pendapat yang jelek sekali!
  이뚜 뻔다빳   양   즐렉 스깔리

- 아니요, 전혀 이해 못합니다.
  ▶ Tidak, tidak mengerti sama sekali.
  띠닥   띠닥   멍으르띠   사마   스깔리

- 어떻게 가능하지요!
  ▶ Mana bisa!
  마나   비사

- 상상할 수 없어요!
  ▶ Tidak bisa dibayangkan.
  띠닥   비사   디바양깐

- 말도 안 돼요!
  ▶ Omong kosong!
  오몽   꼬송

- 당신 편을 들 수가 없네요.
  ▶ Saya tidak bisa membela / setuju Anda.
  사야   띠닥   비사   멈블라   스뚜주   안다

- 저는 당신의 의견을 지지할 수 없습니다.
  ▶ Saya tidak bisa mendukung pendapat Anda.
  사야   띠닥   비사   먼두꿍   뻔다빳   안다

- 저는 이 생각에 반대합니다.
  ▶ Saya tidak setuju dengan pendapat ini.
  사야   띠닥   스뚜주   등안   뻔다빳   이니

- 농담이군!
  ▶ Bercanda!
  버르짠다

- 바보짓이에요.
  ▶ Itu tindakan bodoh.
  이뚜   띤닥깐   보도-ㅎ

- 모든 것이 바보소리야!
  ▶ Semuanya omong kosong!
  스무아냐   오몽   꼬송

PART 3

동의와 찬반

Ⅲ. 의견 표현

- 저는 외국인이라 전혀 이해하지 못합니다.
  ▶ Saya tidak mengerti sama sekali karena orang asing.
  사야 띠닥 멍으르띠 사마 스깔리 까르나 오랑 아싱

참을 수 없을 때

- 그것을 생각할 수도 없지요!
  ▶ Tidak sangka!
  띠닥 상까

- 안돼요, 절대로!
  ▶ Tidak bisa sama sekali!
  띠닥 비사 사마 스깔리

- 역겹다!
  ▶ Merasa muak / jijik!
  머라사 무악 지직

- 나를 역겹게 한다.
  ▶ Membuat saya jijik / muak.
  멈부앗 사야 지직 무악

- 끔찍해!
  ▶ Mengerikan!
  멍으리깐

- 좋지 않아!
  ▶ Tidak baik!
  띠닥 바익

- 불쾌하다!
  ▶ Tidak senang!
  띠닥 스낭

- 헛소리야!
  ▶ Omong kosong!
  오몽 꼬송

- 그것을 증오한다!
  ▶ Saya benci itu!
  사야 븐찌 이뚜

- 더는 안 돼!
  ▶ Tidak bisa lagi!
  띠닥　비사　라기

- 네가 미쳤다고 밖에 생각할 수 없다!
  ▶ Saya dengan terpaksa berpikir bahwa Anda sudah gila.
  사야　등안　떠르빡사　버르삐끼르　바-ㅎ와　안다　수다-ㅎ　길라

불확실하게 대답할 때

- 잘 모르겠습니다. 그러나...
  ▶ Saya tidak tahu. Tetapi...
  사야　띠닥　따후　뜨따삐

- 제 생각에는요...
  ▶ Pada perasaan saya, ...
  빠다　뻐라사안　사야

- 제가 아는 한...
  ▶ Setahu saya...
  스따후　사야

- 제게 똑같은 것을 주세요.
  ▶ Berikan saya barang yang persis sama.
  브리깐　사야　바랑　양　뻐르시스 사마

- 제게 같은 것을 주세요.
  ▶ Berikan saya barang yang sama.
  브리깐　사야　바랑　양　사마

- 너와 같은 것으로.
  ▶ Yang sama dengan Anda.
  양　사마　등안　안다

- 저는 아무렇지 않습니다.
  ▶ (Saya) tidak apa-apa.
  사야　띠닥　아빠-아빠

- 저도 다르지 않습니다.
  ▶ Saya juga tidak berbeda.
  사야　주가　띠닥　버르베다

- 저는 의견이 없습니다.
  ▶ Saya tidak ada pendapat.
  사야 띠닥 아다 뻔다빳

- 그것은 저와 아무 관계가 없습니다.
  ▶ Yang itu tidak ada kaitan dengan saya.
  양 이뚜 띠닥 아다 까잇딴 등안 사야

- 그것은 나의 일이 아닙니다.
  ▶ Yang itu bukan urusan saya.
  양 이뚜 부깐 우루산 사야

- 그것은 내게 중요하지 않습니다.
  ▶ Yang itu tidak penting untuk saya.
  양 이뚜 띠닥 쁜띵 운뚝 사야

03 주의와 타이름

주의를 줄 때

- 네가 옳지 않다.
  - ▶ Anda tidak betul.
    안다　띠닥　브뚤

- 너는 완전히 헷갈렸다.
  - ▶ Anda sangat bingung.
    안다　상앗　빙웅

- 너는 일을 명확하게 하지 않았다.
  - ▶ Anda tidak menyelesaikan masalah itu dengan jelas.
    안다　띠닥　머녈르세이깐　마살라-ㅎ　이뚜 등안　즐라스

- 무엇인가를 씹고 있을 때는 입을 다물어라.
  - ▶ Kalau sedang makan tutuplah mulutmu.
    깔로우　스당　마깐　뚜뚭라-ㅎ　물룻무

- 입에 하나 가득 넣은 채로 말하지 마라.
  - ▶ Jangan bicara kalau ada sesuatu dalam mulut.
    장안　비짜라　깔로우 아다 스수아뚜　달람　물룻

- 식탁 위에 팔 괴지 마라.
  - ▶ Jangan bertopang dagu di meja makan.
    장안　버르또빵　다구　디 메자　마깐

- 숙제가 끝날 때까지 TV를 볼 수 없다.
  - ▶ Tidak boleh menonton TV sampai pekerjaan di rumah selesai.
    띠닥　볼레-ㅎ　머논똔　떼베 삼빠이　뻐끄르자안　디 루마-ㅎ 슬르세이

- 모르는 사람에게 문을 열어주지 마라.
  - ▶ Jangan buka pintu untuk siapa saja.
    장안　부까　삔뚜　운뚝　시아빠 사자

- 모르는 사람이 네게 준 음식이나 캬라멜을 먹지 마라.
  ▶ Jangan makan makanan atau karamel yang diberi
  장안 　 마깐 　 마깐안 　 아따우 까라멜 　 양 　 디브리
  orang yang tidak dikenal.
  오랑 양 띠닥 디끄날

- 길을 건너기 전에 오른쪽, 왼쪽을 살펴야 한다.
  ▶ Perhatikan kiri kanan sebelum menyeberang jalan.
  뻐르하띠깐 　 끼리 까난 　 스블룸 　 머녀브랑 　 잘란

꾸짖을 때

- 너는 '죄송하다'고 말해야 한다.
  ▶ Anda harus 'Minta maaf'.
  안다 하루스 민따 마압

- 너는 '감사하다'고 말해야 한다.
  ▶ Anda harus mengatakan 'Terima kasih'.
  안다 하루스 멍아따깐 　 뜨리마 까시-ㅎ

- 너는 '천만에요'라고 말해야 한다.
  ▶ Anda harus mengatakan 'Terima kasih kembali'.
  안다 하루스 멍아따깐 　 뜨리마 까시-ㅎ 끔발리

- 너는 '부탁합니다'라고 말해야 한다.
  ▶ Anda harus mengatakan 'Tolonglah'.
  안다 하루스 멍아따깐 　 똘롱라-ㅎ

- 너는 상식이 없구나!
  ▶ Anda tidak berpikir sehat!
  안다 띠닥 버르삐끼르 세핫

- 너 동생을 놀리지 마라!
  ▶ Jangan mempermainkan adikmu!
  장안 멈뻐르마인깐 아딕무

- 이제는 네 잘못을 알겠니?
  ▶ Apa Anda tahu kesalahannya sekarang?
  아빠 안다 따후 꺼살라-한냐 스까랑

- 너는 내가 네게 말했던 것을 잘 들었었냐!
  ▶ Apa Anda dengar apa yang saya katakan kepada Anda!
  아빠 안다 등아르 아빠 양 사야 까따깐 꺼빠다 안다

- 너는 일이 명확해질 때까지 말을 하지 마라.
  ▶ Jangan bicara sampai masalah itu selesai dijelaskan.
  장안 비짜라 삼빠이 마살라-ㅎ 이뚜 슬르세이 디즐라스깐

- 너는 일의 근본적인 것을 다시 드러내 보여야한다.
  ▶ Anda harus tunjukkan alasan masalah itu lagi.
  안다 하루스 뚠죽깐 알라산 마살라-ㅎ 이뚜 라기

- 문을 열어 두었던 사람이 너지!
  ▶ Apakah Anda yang membuka pintu?
  아빠까-ㅎ 안다 양 멈부까 삔뚜

- 내 자전거를 가져갔던 사람이 너지!
  ▶ Apakah Anda yang membawa sepeda saya?
  아빠까-ㅎ 안다 양 멈바와 스뻬다 사야

- 이 소식을 폭로한 사람이 그(사람)이지!
  ▶ Apa orang itu yang membeberkan berita ini?
  아빠 오랑 이뚜 양 멈베베르깐 브리따 이니

- 비밀을 폭로했던 사람이 그녀지!
  ▶ Apakah dia yang membuka rahasia itu?
  아빠까-ㅎ 디아 양 멈부까 라하시아 이뚜

- 내가 늦게 도착한 것은 바로 너 때문이야.
  ▶ Karena Anda, saya terlambat datang.
  까르나 안다 사야 떠르람밧 다땅

타이를 때

- 너의 몸가짐에 주의해라!
  ▶ Perhatikanlah tingkah lakunya!
  뻐르하띠깐라-ㅎ 띵까-ㅎ 라꾸냐

- 행동 잘해!
  ▶ Bertingkah lakulah dengan baik!
  버르띵까-ㅎ 라꿀라-ㅎ 등안 바익

- 나는 네가 정해진 대로 행동할 것이라 희망한다.
  ▶ Saya harap Anda berbuat menurut peraturan.
  사야 하랍 안다 버르부앗 머누룻 뻐라뚜란

- 아가씨처럼[답게] 행동해라!
  ▶ Perlakukanlah seperti gadis!
  뻐르하띠깐라-ㅎ 스쁘르띠 가디스

• 아가씨처럼	seperti Srikandi 스쁘르띠 스리깐디
• 신사처럼	seperti jantan 스쁘르띠 잔딴
• 학생처럼	seperti pelajar 스쁘르띠 뻘라자르
• 선생님처럼	seperti guru 스쁘르띠 구루
• 부모님처럼	seperti orang tua 스쁘르띠 오랑 뚜아

- 너의 방을 청소해라!
  ▶ Bersihkan kamar Anda!
  버르시-ㅎ깐 까마르 안다

- 네 방을 정리해라!
  ▶ Atur kamar Anda!
  아뚜르 까마르 안다

- 네 침대를 정돈해라!
  ▶ Atur tempat tidur Anda!
  아뚜르 뜸빳 띠두르 안다

- 네 장난감을 정리해라!
  ▶ Atur mainan-mainan Anda!
  아뚜르 마인안-마인안 안다

- 너 손 닦아라!
  - ▶ Cucilah tanganmu!
    쭈찔라-ㅎ 땅안무

- 너 이 닦아라!
  - ▶ Sikat gigi Anda!
    시깟 기기 안다

- 머리를 빗어라!
  - ▶ Sisirlah rambut!
    시시를라-ㅎ 람붓

- 똑바로 앉아라!
  - ▶ Duduklah yang benar!
    두둑라-ㅎ 양 브나르

- 서있어!
  - ▶ Berdiri!
    버르디리

- 그렇게 폭식하지 마라!
  - ▶ Jangan makan begitu banyak!
    장안 마깐 브기뚜 바냑

- 야채를 더 먹어라!
  - ▶ Makanlah sayur-sayuran lagi!
    마깐라-ㅎ 사유르-사유란 라기

- 편식하지 마라!
  - ▶ Makanlah semuanya.
    마깐라-ㅎ 스무아냐

- 그렇게 단 것을 먹지 마라!
  - ▶ Jangan makan yang begitu manis!
    장안 마깐 양 브기뚜 마니스

- 걸을 때 머리를 들고, 가슴은 펴라.
  - ▶ Pada waktu jalan, angkat kepala dan bentangkan dada.
    빠다 왁뚜 잘란 앙깟 끄빨라 단 븐땅깐 다다

- 창문을 열어 놓아서는 안 된다.
  - ▶ Jangan biarkan jendela terbuka.
    장안 비아르깐 즌델라 떠르부까

Ⅲ. 의견 표현

- 모든 것을 그에게 말하지 말았어야 한다.
  ▶ Anda seharusnya jangan bicara kepadanya.
  안다 스하루스냐 장안 비짜라 끄빠다냐

변명을 듣고 싶지 않을 때

- 너 지금 농담하고 있는 것이야!
  ▶ Sekarang Anda bergurau!
  스까랑 안다 버르구로우

- 결론이 없다.
  ▶ Tidak ada kesimpulannya.
  띠닥 아다 꺼심뿔란냐

- 너의 결론은 근거가 없다.
  ▶ Simpulan Anda tidak ada alasannya.
  심뿔란 안다 띠닥 아다 알라산냐

- 나는 그것에 관심이 없다.
  ▶ Saya tidak berminat tentang itu.
  사야 띠닥 버르미낫 뜬땅 이뚜

- 제게는 다른 것이 없습니다.
  ▶ Saya tidak punya yang lain.
  사야 띠닥 뿌냐 양 라인

- 그것은 다른[상관없는] 일이다.
  ▶ Yang itu tidak berkaitan dengan saya.
  양 이뚜 띠닥 버르까잇딴 등안 사야

- 너는 내가 시킨 것을 해라!
  ▶ Kerjakanlah apa yang saya suruh!
  끄르자깐라-ㅎ 아빠 양 사야 수루-ㅎ

 **충고와 의무**

충고할 때

- 네게 해줄 말은...
  ▶ Masud saya...
  　막숫　　사야

- 네게 그것을 하지 말라고 몇 번을 말했지?
  ▶ Sudah berapa kali saya katakan kepada Anda untuk
  　수다-ㅎ　버라빠　깔리　사야　까따깐　　끄빠다　안다　운뚝
  tidak berbuat begitu.
  띠닥　버르부앗　브기뚜

- 내가 네게 그것을 몇 번 말해야 하니?
  ▶ Berapa kali saya harus katakan kepada Anda?
  　버라빠　깔리　사야　하루스　까따깐　　끄빠다　안다

- 나는 네게 수십 번은 이야기했다.
  ▶ Saya sudah bicara kepada Anda berpuluh-puluh kali.
  　사야　수다-ㅎ　비짜라　끄빠다　안다　버르뿔루-ㅎ - 뿔루-ㅎ 깔리

- 왜 나는 정해진 대로 행동할 수 없는 것이니?
  ▶ Kenapa Anda tidak berbuat menurut peraturan?
  　끄나빠　안다　띠닥　버르부앗　머누룻　뻐라뚜란

- 언제 나는 정해진 대로 행동할 줄 알겠니?
  ▶ Kapan Anda mengerti berbuat menurut peraturan?
  　까빤　안다　멍으르띠　버르부앗　머누룻　뻐라뚜란

조언할 때

- 네게 말하고자 했던 것은...
  ▶ Saya ingin mengatakan kepada Anda...
  　사야　잉인　멍아따깐　　끄빠다　안다

- 내가 너였다면...
  - Kalau saya Anda...
    깔로우 사야 안다

- 내가 너였다면, 그것을 하지 않을 것이야.
  - Kalau saya seperti Anda, saya tidak berbuat itu.
    깔로우 사야 스쁘르띠 안다 사야 띠닥 버르부앗 이뚜

- 내가 당신이었다면, 그것을 다른 방식으로 했을 것입니다.
  - Kalau saya Anda, saya mengerjakan itu dengan cara yang lain.
    깔로우 사야 안다 사야 멍어르자간 이뚜 등안 짜라 양 라인

- 말만하지 말고, 행동해라!
  - Jangan bicara saja, lakukanlah!
    장안 비짜라 사자 라꾸깐라-ㅎ

- 서둘러야 한다.
  - Anda harus cepat-cepat.
    안다 하루스 쯔빳-쯔빳

- 우리는 일에 손을 대야만 한다.
  - Kita harus mulai pekerjaan itu.
    끼따 하루스 물라이 뻐끄르자안 이뚜

- 우리 그 일에 착수합시다.
  - Mari kita mulai pekerjaan itu.
    마리 끼따 물라이 뻐끄르자안 이뚜

- 좋은 기회다.
  - Itu kesempatan yang baik.
    이뚜 꺼슴빳딴 양 바익

- 아무것도 하지 않으면서 거기에 매일 있고 싶냐?
  - Mau tinggal di sana tanpa kerja apa-apa?
    마우 띵갈 디 사나 딴빠 끄르자 아빠-아빠

- 팔짱만 끼고 있지 마라!
  - Jangan bergandengan saja!
    장안 버르간등안 사자

- 너는 시간을 낭비하고 있다.
  - ▶ Anda sedang membuang waktu.
    안다 스당 멈부앙 왁뚜

의무 · 당연을 나타낼 때

- 너는 공부를 열심히 해야 한다.
  - ▶ Anda harus belajar dengan bersungguh-sungguh.
    안다 하루스 벌라자르 등안 버르숭구-ㅎ - 숭구-ㅎ

- 너는 우리의 이야기를 말해서는 안 된다.
  - ▶ Anda seharusnya jangan bicara tentang kami.
    안다 스하루스냐 장안 비짜라 뜬땅 까미

- 도서관에서는 조용히 해야 한다.
  - ▶ Anda harus diam di perpustakaan.
    안다 하루스 디암 디 뻐르뿌스따까안

- 역 내에서는 금연이다.
  - ▶ Dilarang merokok dalam ruang tunggu di stasiun.
    딜라랑 머러꼭 달람 루앙 뚱구 디 스따시운

- 학교 근처에서는 차를 천천히 몰아야 한다.
  - ▶ Anda harus mengendarai pelan-pelan di sekitar sekolah.
    안다 하루스 멍은다라이 쁠란-쁠란 디 스끼따르 스꼴라-ㅎ

비밀 지킬 것을 강조할 때

- 비밀이다.
  - ▶ Ini rahasia.
    이니 라하시아

- 단지, 너만 (알아야 한다)!
  - ▶ Cuma Anda saja (yang harus tahu)!
    쭈마 안다 사자 (양 하루스 따후)

- 나는 아무에게도 말하지 않을 것이다.
  - ▶ Saya tidak akan bicara kepada siapa-siapa.
    사야 띠닥 아깐 비짜라 끄빠다 시아빠-시아빠

- 나는 비밀을 지킬 것이다.
  ▶ Saya akan menjaga rahasia.
  사야 아깐 먼자가 라하시아

- 나는 입을 막고 있을 것이다.
  ▶ Saya akan tutup mulut.
  사야 아깐 뚜뚭 물룻

- 이점에 대해서는 조용히 있는 것이 더 좋을 것이다.
  ▶ Anda lebih baik diam saja dalam masalah ini.
  안다 르비-ㅎ 바익 디암 사자 달람 마살라-ㅎ 이니

- 너는 그것을 누구에게도 말하지 마라.
  ▶ Jangan bicara kepada siapa-siapa.
  장안 비짜라 끄빠다 시아빠-시아빠

- 내가 네게 말한 것을 아무에게도 말하지 마라.
  ▶ Jangan bicara kepada siapa saja apa yang saya katakan.
  장안 비짜라 끄빠다 시아빠 사자 아빠 양 사야 까따깐

- 나는 어떤 경우에도 누구에게도 말하지 않을 것이다.
  ▶ Saya tidak akan bicara kepada siapa pun dalam keadaan
  사야 띠닥 아깐 비짜라 끄빠다 시아빠 뿐 달람 꺼아다안
  apa saja.
  아빠 사자

- 우리 사이의 비밀이다.
  ▶ Ini rahasia di antara kita.
  이니 라하시아 디 안따라 끼따

- 나는 그것을 무덤까지 가져갈 것이다.
  ▶ Saya akan membawa masalah itu sampai ke liang
  사야 아깐 멈바와 마살라-ㅎ 이뚜 삼빠이 꺼 리앙
  kubur.
  꾸부르

- 한마디 말도 하지 마라.
  ▶ Jangan bicara sepatah kata pun.
  장안 비짜라 스빠따-ㅎ 까따 뿐

- 입 다물어라!
  ▶ Tutup mulut!
    뚜뚭 물룻

- 내게 입 꼭 다물고 있겠다고 약속해라!
  ▶ Berjanjilah bahwa Anda akan tutup mulut.
    버르잔질라-ㅎ 바-ㅎ와 안다 아깐 뚜뚭 물룻

- 나는 이 방에서 나가는 것을 허락하지 않을 것이다.
  ▶ Saya tidak akan mengizinkan Anda keluar dari kamar ini.
    사야 띠닥 아깐 멍이진깐 안다 끌루아르 다리 까마르 이니

충고와 의무

05 제안과 권유

제안할 때

- 네게 추천해 주고자하는 것은...
  ▶ Yang ingin saya rekomendasikan...
  양 잉인 사야 레꼬멘다시깐

- 음료수 한 잔 드릴까요?
  ▶ Maukah segelas minuman?
  마우까-ㅎ 스글라스 미눔안

- 실례합니다, 무엇을 좀 드시겠습니까?
  ▶ Maaf, mau makan apa?
  마압 마우 마깐 아빠

제안 · 권유를 거절할 때

- 안 해!
  ▶ Tidak mau!
  띠닥 마우

- 가능하지 않아!
  ▶ Tidak bisa!
  띠닥 비사

- 절대로 안 해!
  ▶ Tidak bisa sama sekali!
  띠닥 비사 사마 스깔리

- 죄송합니다.
  ▶ Maaf.
  마압

- 꿈도 꾸지 마라!
  - ▶ Jangan harap begitu!
    장안　　하랍　브기뚜

- 너 꿈꾸고 있지!
  - ▶ Anda bermimpi sekarang!
    안다　　버르밈삐　　스까랑

- 나를 죽여!
  - ▶ Bunuhlah saya!
    부눌라-ㅎ　사야

- 너는 기회를 잃었어.
  - ▶ Anda sudah menghilangkan kesempatan.
    안다　수다-ㅎ　멍힐랑깐　　　꺼슴빳딴

- 쓸데없는 말 하지 마라.
  - ▶ Jangan bohong.
    장안　보홍

- 그것을 잊어라!
  - ▶ Lupakan saja!
    루빠깐　　사자

- 나는 다른 계획들이 있다.
  - ▶ Saya ada rencana yang lain.
    사야　아다　른짜나　양　라인

- 나 스케줄이 꽉 차있다.
  - ▶ Jadwal saya sudah penuh.
    잣왈　사야　수다-ㅎ　쁘누-ㅎ

- 나는 관심 없다.
  - ▶ Saya tidak berminat.
    사야　띠닥　버르미낫

- 내가 관심 있는 것이 아니다.
  - ▶ Itu bukan yang saya inginkan.
    이뚜　부간　양　사야　잉인깐

- 머리가 아프네.
  - ▶ Sakit kepala.
    사낏　끄빨라

III. 의견 표현 **173**

- 백만 년 내로는 안 된다.
  - Dalam sejuta tahun pun tidak bisa.
    달람 스주따 따훈 뿐 띠닥 비사

- 백만 달러로도 안 된다.
  - Tidak bisa dengan sejuta dolar.
    띠닥 비사 등안 스주따 돌라르

- 단지 너만 원할 뿐이다.
  - Cuma Anda saja yang mau.
    쭈마 안다 사자 양 마우

 **부탁과 도움**

부탁할 때

- 저 좀 도와주세요.
  ▶ Tolong!
  똘롱

- 큰 소리로 말씀해주세요.
  ▶ Tolong bicara dengan keras.
  똘롱 비짜라 등안 끄라스

작게[부드럽게]	dengan lembut 등안 름붓
명료하게	dengan jelas 등안 즐라스
영어로	dalam bahasa Inggris 달람 바하사 잉그리스
간단명료하게	secara ringkas 스짜라 링까스
더 천천히	lebih perlahan 르비-ㅎ 뻐를라한

- ...에 대한 부탁을 들어주실 수 있습니까?
  ▶ Dapatkah bereskan permintaan saya tentang...?
  다빳까-ㅎ 베레스깐 뻐르민따안 사야 뜬땅

- 도와주세요, 제발!
  ▶ Tolong.
  똘롱

- 실례합니다만, 소금을 전해줄 수 있습니까?
  - ▶ Maaf, bolehkah minta garam?
    마압 볼레-ㅎ까-ㅎ 민따 가람

- 포크 하나를 제게 가져다주실 수 있습니까?
  - ▶ Bisa bawa satu garpu untuk saya?
    비사 바와 사뚜 가르뿌 운뚝 사야

- 국을 먹을 수 있게 숟가락을 하나 주실 수 있습니까?
  - ▶ Bisa bawa satu sendok untuk makan soto?
    비사 바와 사뚜 센독 운뚝 마깐 소또

구체적으로 부탁할 때

- 도와주세요!
  - ▶ Tolong!
    똘롱

- 살려주세요!
  - ▶ Tolong!
    똘롱

- 미안한데, 문 좀 닫아 줄래요.
  - ▶ Permisi / maaf, bisakah tutup pintu?
    뻐르미시 마압 비사까-ㅎ 뚜뚭 삔뚜

- 죄송한데, 가방을 선반 위에 올리는 것을 도와주실 수 있나요?
  - ▶ Maaf, dapat menolong taruh tas ini di atas rak?
    마압 다빳 머놀롱 따루-ㅎ 따스 이니 디 아따스 락

- 이 양식을 채우는 것을 도와주실 수 있습니까?
  - ▶ Dapatkah menolong untuk mengisi formulir ini?
    다빳까-ㅎ 머놀롱 운뚝 멍이시 포르물리르 이니

- 제가 길을 잃은 것 같습니다. 도와주실 수 있나요?
  - ▶ Mungkin saya tersesat, bisa tolong?
    뭉낀 사야 떠르스삿 비사 똘롱

- 부탁드리기 민망합니다만, 제게 잠시 핸드폰을 빌려주실 수 있습니까?
  - ▶ Permisi, dapatkah saya meminjam handphone sebentar?
    뻐르미시 다빳까-ㅎ 사야 머민잠 핸드폰 스븐따르

- 실례합니다, 저는 제 우편이 있는지 없는지 알고 싶습니다.
  - ▶ Maaf, ingin tahu apakah ada surat untuk saya atau tidak.
  마압 잉인 따후 아빠까-ㅎ 아다 수랏 운뚝 사야 아따우 띠닥

가벼운 명령투로 부탁할 때

- 미안한데, TV의 볼륨을 조금 낮춰 줄 수 있나요?
  - ▶ Maaf, dapatkah pelankan suara TV sedikit?
  마압 다빳까-ㅎ 뽈란깐 수아라 떼베 스디낏

- 이보세요, 댁의 개를 다른 쪽으로 데려 갈 수 있습니까? 이곳의 많은 사람들을 번거롭게 합니다.
  - ▶ Permisi, dapatkah bawa anjing Anda ke sebelah sana?
  뻐르미시 다빳까-ㅎ 바와 안징 안다 꺼 스블라-ㅎ 사나
  Banyak orang di sini merasa tidak senang.
  반냑 오랑 디 시니 머라사 띠닥 스낭

부탁을 들어줄 때

- 문제없습니다. 무엇을 알기 원하시지요?
  - ▶ Tidak ada masalah. Ingin tahu apa?
  띠닥 아다 마살라-ㅎ 잉인 따후 아빠

- 기꺼이 (그렇게 하지요).
  - ▶ Saya bersedia berbuat begitu.
  사야 버르스디아 버르부앗 브기뚜

부탁을 거절할 때

- 미안하다 너를 도와줄 수 없어서.
  - ▶ Maaf karena saya tidak bisa menolong Anda.
  마압 까르나 사야 띠닥 비사 머놀롱 안다

- 죄송합니다. 전 도와드릴 능력이 되지 않습니다.
  - ▶ Maaf, saya tidak mampu untuk menolong Anda.
  마압 사야 띠닥 맘뿌 운뚝 머놀롱 안다

- 죄송합니다. 어떠한 정보도 제공해 드릴 수 없습니다.
  ▶ Maaf, informasi apa pun tidak bisa diberikan.
  마압 인포르마시 아빠 뿐 띠닥 비사 디브리깐

완곡하게 거절할 때

- 나는 너를 도와줄 수 없다.
  ▶ Saya tidak bisa menolong Anda.
  사야 띠닥 비사 머놀롱 안다

도움을 주고받을 때

- 내가 너를 도와줄 수 있는데...
  ▶ Saya bisa menolong Anda.....
  사야 비사 머놀롱 안다

- 너는 도움이 필요하니?
  ▶ Apa Anda perlu pertolongan?
  아빠 안다 쁘를루 뻐르똘롱안

- 당신을 돕기 위해 가능한 모든 것을 하겠습니다.
  ▶ Untuk membantu Anda, saya akan melakukan segalanya.
  운둑 멈반뚜 안다 사야 아깐 멀라꾸깐 스갈라냐

- 내게 네가 도움이 필요한지 알게 해주렴.
  ▶ Beri tahu saya apakah Anda memerlukan pertolongan.
  브리 따후 사야 아빠까-ㅎ 안다 머므를루깐 뻐르똘롱안

- 나는 어떤 때라도 여기에 있다.
  ▶ Saya di sini kapan saja.
  사야 디 시니 까빤 사자

 # 지시와 명령

지시할 때

- 왼쪽으로!
  ▶ Ke kiri!
  꺼 끼리

- 계속해서 앞으로!
  ▶ Terus saja ke depan!
  뜨루스 사자 꺼 드빤

- 이 길로 계속 가세요. 그리고 오른쪽으로 회전하세요.
  ▶ Ikuti saja jalan ini terus, lalu membelok ke kanan.
  이꿋띠 사자 잘란 이니 뜨루스 랄루 멈벨록 꺼 까난

- 그렇게 속력 내지마!
  ▶ Jangan terlalu cepat!
  장안 떠를라루 쯔빳

- 이제 가자!
  ▶ Mari kita berangkat sekarang!
  마리 끼따 버랑깟 스까랑

- 내 말 좀 들어!
  ▶ Dengarkan kata-kata saya.
  등아르깐 까따-까따 사야

- 빨리!
  ▶ Cepat-cepat!
  쯔빳-쯔빳

- 정숙하세요!
  ▶ Diam-diam!
  디암-디암

- 이 소포들을 우체국으로 지금 당장 가져가세요.
  ▶ Bawalah bungkus-bungkusan ini ke kantor pos sekarang saja.
  바왈라-ㅎ 붕꾸스-붕꾸산 이니 꺼 깐또르 뽀스 스까랑 사자

- 계약서 사본을 3부 만들어 주세요.
  ▶ Buatlah tiga salinan surat perjanjian ini.
  부앗라-ㅎ 띠가 살린안 수랏 뻐르잔지안 이니

- 마만, 유도요노 씨의 전화번호 좀 찾아주세요.
  ▶ Pak Maman, carikan saya nomor telepon Pak Yudoyono.
  빡 마만 짜리깐 사야 노모르 뗄레뽄 빡 유도요노

- 수랏노 씨, 라띠파 여사와의 약속을 수요일 오전으로 잡아주세요.
  ▶ Pak Suratno, tetapkan perjanjian dengan Ibu Latifah pada hari Rabu pagi.
  빡 수랏노 뜨땁깐 뻐르잔지안 등안 이부 라띠파-ㅎ 빠다 하리 라부 빠기

명령, 권유할 때

- 더 높이!
  ▶ Lebih tinggi lagi!
  르비-ㅎ 띵기 라기

- 목소리 더 크게!
  ▶ Lebih keras lagi suaranya!
  르비-ㅎ 끄라스 라기 수아라냐

- 밥 먹자!
  ▶ Mari kita makan!
  마리 끼따 마깐

- 나가세요!
  ▶ Keluar!
  끌루아르

- 당신의 면허증 좀 제시하세요!
  ▶ Perlihatkan lisensi Pak!
  뻐를리핫깐 리센시 빡

- 참고 기다리세요!
  ▶ Sabarlah dulu!
  사바를라-ㅎ 둘루

- 내가 말할 때, 잘 들어라!
  ▶ Dengar baik-baik waktu saya bicara.
  등아르 바익-바익 왁뚜 사야 비짜라

금지할 때

- 늦게 오지 마라!
  ▶ Jangan terlambat datang.
  장안 떠를람밧 다땅

- 움직이지 마세요!
  ▶ Jangan bergerak!
  장안 버르그락

- 겁먹지 마세요.
  ▶ Jangan takut.
  장안 따꿋

경고할 때

- 나는 너무 바빠.
  ▶ Saya terlalu sibuk.
  사야 떠를랄루 시북

- 너는 너무 바빠.
  ▶ Anda kelihatan sibuk sekali.
  안다 꺼리핫딴 시북 스깔리

- 뛰지 마라!
  ▶ Jangan lari!
  장안 라리

- 하루 종일 정신없이 일한다.
  ▶ Bekerja dengan sangat sibuk.
  버끄르자 등안 상앗 시북

- 너는 너무 많은 것에 관여하고 있다.(1)
  ▶ Anda terlalu ikut campur dengan banyak.
  　안다　　떠를랄루　이꿋　짬뿌르　　등안　　　바냑

- 너는 너무 많은 것에 관여하고 있다.(2)
  ▶ Anda terlalu ikut campur.
  　안다　　떠를랄루　이꿋　짬뿌르

- 너는 모든 사람들을 만족시킬 수 없다.
  ▶ Anda tidak bisa memuaskan semua orang.
  　안다　　띠닥　비사　머무아스깐　　　스무아　　오랑

 # 재촉과 여유

재촉할 때

- 빨리 해라!
  - ▶ Kerjakan cepat!
    끄르자깐   쯔빳

- 왜 시작하지 않는 것이야?
  - ▶ Kenapa tidak mulai?
    끄나빠   띠닥   물라이

- 이제 나는 더 참을 수 없다.
  - ▶ (Sekarang) saya tidak bisa tahan lagi.
    (스까랑)   사야 띠닥 비사 따한 라기

여유를 가지라고 할 때

- 진정해라!
  - ▶ Sabarlah!
    사바를라-ㅎ

- 안심해라!
  - ▶ Jangan khawatir!
    장안   까와띠르

- 침착함을 유지해라!
  - ▶ Sabarlah!
    시비를라-ㅎ

- 보통 때와 같이 해라!
  - ▶ Kerjakanlah seperti biasa!
    끄르자깐라-ㅎ   스쁘르띠 비아사

- 화내지 마라!
  > Jangan marah!
  장안　　마라-ㅎ

- 소리 지르지 마라!
  > Jangan berteriak!
  장안　　버르뜨리악

- 자신을 조절을 할 수 있겠니?
  > Bisa mengontrol diri sendiri?
  비사　멍온뜨롤　　디리 슨디리

- 격분하지 마라!
  > Janganlah marah!
  장안라-ㅎ　　마라-ㅎ

- 한 걸음, 한 걸음.
  > Tahap demi tahap.
  따합　드미　따합

- 조금 씩 조금 씩
  > Sedikit demi sedikit!
  스디낏　드미　스디낏

- 서두르지 마라!
  > Jangan terburu-buru!
  장안　떠르부루-부루

- 걱정하지 마라!
  > Jangan khawatir!
  장안　까와띠르

- 나는 모든 것이 잘 될 것이라 믿는다.
  > Saya percaya bahwa semua hal akan menjadi baik.
  사야　뻐르짜야　바-ㅎ와　스무아　할　아깐　먼자디　바익

- 제 시간에 그 일(을 해라)!
  > Selesaikan pekerjaan itu dalam waktu yang telah
  슬르세이깐　뻐끄르자안　이뚜 달람　왁뚜　양　뜰라-ㅎ
  ditentukan!
  디뜬뚜깐

- 얻고자 한다면 얻을 수 있다.
  ▶ Kalau ada keinginan pasti ada jalan.
  깔로우 아다 꺼잉인안   빠스띠 아다 잘란

09 추측과 확신

확신을 물을 때

- 맞아요?
  ▶ Apa itu betul?
  아빠 이뚜 브뚤

- 분명하지요?
  ▶ Benarkah?
  브나르까-ㅎ

- 확신하니?
  ▶ Dapat percaya?
  다빳 뻐르짜야

- 완전히 확신하니?
  ▶ Apa Anda percaya?
  아빠 안다 뻐르짜야

확신할 때

- 분명히 맞습니다.
  ▶ Tepat benar.
  뜨빳 브나르

- 분명합니다.
  ▶ Benar.
  브나르

- 의심할 바 없다.
  ▶ Tidak usah sangsi.
  띠닥 우사-ㅎ 상시

확신하지 못할 때

- 의심이 된다.
  - ▶ Merasa ragu.
    머라사 라구

- 아마도 아닐 것이다.
  - ▶ Mungkin tidak.
    뭉낀 띠닥

- 확실히 아니다.
  - ▶ Sama sekali tidak.
    사마 스깔리 띠닥

- 이 이유는 조금 억지지, 아니냐?
  - ▶ Alasan itu agak dipaksakan / tidak benar, bukan?
    알라산 이뚜 아각 디빡사깐 띠닥 브나르 부깐

- 이 이유는 거의 믿을 수 없다, 아니냐?
  - ▶ Alasan itu tidak dapat dipercaya, kan?
    알라산 이뚜 띠닥 다빳 디뻐르짜야 깐

 허가와 양해

허가나 허락을 구할 때

- 내게 부탁을 하나 들어 줄 수 있니?
  ▶ Dapatkah Anda menolong saya?
  다빳까ㅡㅎ 안다 머놀롱 사야

- 네게 부탁하나 할 수 있을까?
  ▶ Dapatkah saya minta pertolongan Anda?
  다빳까ㅡㅎ 사야 민따 뻐르똘롱안 안다

- 내게 도움의 손길을 줄 수 없겠니?
  ▶ Bisakah Anda menolong saya?
  비사까ㅡㅎ 안다 머놀롱 사야

- 네가 네 차를 내게 빌려줄 수 있을지 모르겠다.
  ▶ Apa Anda bisa meminjamkan saya mobil.
  아빠 안다 비사 머민잠깐 사야 모빌

양해를 구할 때

- 기다려 주세요.
  ▶ Tunggulah!
  뚱굴라ㅡㅎ

- 잠시만 기다려라!
  ▶ Tunggu sebentar!
  뚱구 스븐따르

- 참고 기다려라!
  ▶ Sabarlah dulu!
  사바를라ㅡㅎ 둘루

- 곧 돌아오겠습니다.
  ▶ Saya akan pulang sebentar lagi.
  사야 아깐 뿔랑 스븐따르 라기

- 담배를 피울 수 있을까요?
  ▶ Bolehkah merokok?
  볼레-ㅎ까-ㅎ 머로꼭

- 담배를 피워도 괜찮을까요?
  ▶ Bisa saya merokok di sini?
  비사 사야 머로꼭 디 시니

- 들어갈 수 있을까요?
  ▶ Bisa saya masuk?
  비사 사야 마숙

- 제가 이제 지나갈 수 있을까요?
  ▶ Bolehkah saya lewat sekarang?
  볼레-ㅎ까-ㅎ 사야 레왓 스까랑

- 지금 네게 찾아가도 되니?
  ▶ Bolehkah saya datang kepada Anda?
  볼레-ㅎ까-ㅎ 사야 다땅 끄빠다 안다

- 화장실을 사용할 수 있을까요?
  ▶ Bolehkah saya pakai kamar kecil?
  볼레-ㅎ까-ㅎ 사야 빠께이 까마르 끄찔

- 전화를 사용할 수 있을까요?
  ▶ Dapatkah saya pakai telepon?
  다빳까-ㅎ 사야 빠께이 뗄레뽄

- 이것을 볼 수 있을까요?
  ▶ Dapatkah saya melihat ini?
  다빳까-ㅎ 사야 멀리핫 이니

- 당신들과 함께 갈 수 있을까요?
  ▶ Dapatkah saya pergi bersama Anda?
  다빳까-ㅎ 사야 뻐르기 버르사마 안다

- 잠시 나가려 합니다, 괜찮을까요?
  ▶ Saya mau keluar sebentar, Bisa?
  사야 마우 끌루아르 스븐따르 비사

- 인도네시아어를 조금밖에 알지 못함에 죄송합니다.
  ▶ Maaf, saya tidak bisa berbahasa Indonesia dengan baik.
  마압 사야 띠닥 비사 버르바하사 인도네시아 등안
  바익

- 조금 더 천천히 말을 해줄 수 있니?
  ▶ Bolehkah bicara lebih perlahan?
  볼레-ㅎ까-ㅎ 비짜라 르비-ㅎ 뻐를라한

- 내가 기차를 놓쳤던 것은 바로 그(사람) 때문이다.
  ▶ Karena dia saya tertinggal kereta api.
  까르나 디아 사야 떠르띵갈 끄레따 아삐

 희망과 의지

희망을 말할 때

- 나는 그녀가 빨리 왔으면 희망한다.
  ▶ Saya harap dia pulang cepat.
  사야 하랍 디아 뿔랑 쯔빳

- 나는 인기 가수가 되고 싶다.
  ▶ Saya ingin menjadi penyanyi terkenal.
  사야 잉인 먼자디 뻐냐니 떠르끄날

- 내일 비가 그만 왔으면 좋겠다!
  ▶ Saya harap besok tidak hujan lagi!
  사야 하랍 베속 띠닥 후잔 라기

- 언제인가 크고 아름다운 정원을 가진 별장을 가지고 싶다.
  ▶ Di masa depan saya ingin mempunyai vila yang ada
  디 마사 드빤 사야 잉인 멈뿌냐이 빌라 양 아다
  kebun besar dan indah.
  끄분 브사르 단 인다-ㅎ

- 지금 바로 네가 얼마나 보고 싶은지!
  ▶ Saya sangat rindu / kangen dengan Anda sekarang!
  사야 상앗 린두 깡은 등안 안다 스까랑

- 언제가 내가 로또가 당첨될지 알겠냐.
  ▶ Di masa yang akan datang siapa tahu saya dapat
  디 마사 양 아깐 다땅 시아빠 따후 사야 다빳
  menang lotre.
  머낭 루뜨레

- 나는 항상 달나라 여행을 꿈꾸었다.
  ▶ Saya selalu bermimpi akan ke bulan.
  사야 슬라루 버르밈삐 아깐 꺼 불란

- 내가 하버드 대학에서 공부를 할 수 있다면 얼마나 좋겠냐!
  ▶ Alangkah baiknya kalau saya dapat belajar di
    알랑까-ㅎ 바익냐 깔로우 사야 다빳 벌라자르 디
    Universitas Havard!
    우니버르시따스 하바르드

- 아빠가 크리스마스 선물로 핸드폰을 사주시면 좋겠다.
  ▶ Alangkah baiknya kalau ayah menghadiahkan saya
    알랑까-ㅎ 바익냐 깔로우 아야-ㅎ 멍하디아-ㅎ깐 사야
    handphone untuk Hari Natal.
    핸드폰 운뚝 하리 나딸

의향을 물을 때

- 이것을 어떻게 생각하니?
  ▶ Bagaimana Anda pikir tentang ini?
    바게이마나 안다 삐끼르 뜬땅 이니

- 그것에 대해 어떻게 생각하니?
  ▶ Bagaimana Anda pikir tentang itu?
    바게이마나 안다 삐끼르 뜬땅 이뚜

- 너의 관점은 무엇이니?
  ▶ Bagaimana pandangan Anda?
    바게이마나 빤당안 안다

- 그것에 대해 나는 그에게 무엇이라 조언을 해줄까?
  ▶ Bagaimana saya memberi nasihat kepadanya tentang
    바게이마나 사야 멈브리 나시핫 끄빠다냐 뜬땅
    hal itu?
    할 이뚜

- 네가 내 입장이라면 무엇을 하겠니?
  ▶ Kalau Anda berada seperti keadaan saya, apa yang
    깔로우 안다 버르아다 스쁘르띠 꺼아다안 사야 아빠 양
    akan Anda lakukan?
    아깐 안다 라꾸깐

- 네 의견은 무엇이지?
  - ▶ Apa pendapat Anda?
    아빠 쁜다빳 안다

기대감을 표할 때

- 그것을 조심해서 해라.
  - ▶ Hati-hatilah dalam membuat itu.
    하띠-하띨라-ㅎ 달람 멈부앗 이뚜

- 나는 네가 네 인생을 걸고 그것을 할 것이라 믿는다.
  - ▶ Saya percaya bahwa Anda akan melakukannya dengan sepenuh hati.
    사야 뻐르짜야 바-ㅎ와 안다 아깐 멀라꾸깐냐 등안
    스뿌누-ㅎ 하띠

- 너는 그것을 기대하고 있다.
  - ▶ Saya mengharapkan itu.
    사야 멍하랍깐 이뚜

- 네가 성공하기를 바란다.
  - ▶ Mudah-mudahan Anda sukses.
    무다-ㅎ - 무다한 안다 숙세스

- 네가 시험에 통과할 것이라 믿는다.
  - ▶ Saya percaya Anda akan lulus dalam ujiannya.
    사야 뻐르짜야 안다 아깐 룰루스 달람 우지안냐

- 아무 탈 없이 그것을 되돌려 주어라.
  - ▶ Kembalikan itu tanpa kesalahan.
    끔발리깐 이뚜 딴빠 꺼살라한

- 이것을 조심해라.
  - ▶ Hati-hati dengan ini.
    하띠-하띠 등안 이니

12 가능과 불가능

가능을 말할 때

- 가능하다.(1)
  - ▶ Bisa saja.
    비사 사자

- 가능하다.(2)
  - ▶ Ada kemungkinan.
    아다 꺼뭉낀안

- 될 수 있다.
  - ▶ Bisa jadi.
    비사 자디

- 아마도.(1)
  - ▶ Mungkin!
    뭉낀

- 아마도.(2)
  - ▶ Barangkali.
    바랑깔리

불가능을 말할 때

- 불가능이다.
  - ▶ Tidak bisa.
    띠닥 비사

- 가능성이 없다.
  - ▶ Tidak memungkinkan.
    띠닥 머뭉낀깐

- 믿을 수 없다.
  - ▶ Tidak bisa dipercaya.
    띠닥   비사   디뻐르짜야
- 이제는 방법이 없다.
  - ▶ Tidak ada jalan lagi.
    띠닥   아다 잘란   라기
- 하나님만이 무엇이 일어날 수 있는지 안다.
  - ▶ Hanya Tuhan saja yang tahu apa yang terjadi.
    하냐   뚜한   사자 양   따후 아빠 양   떠르자디

PART IV
감정 표현

01 기쁨과 즐거움
02 걱정과 긴장
03 슬픔과 우울함
04 귀찮음과 불평
05 망각, 후회 그리고 실망
06 비난과 다툼
07 감탄과 칭찬
08 격려와 위로
09 좋아함과 싫어함

 기쁨과 즐거움

기쁠 때

- 너무 좋다.
  Baik sekali!

- 너는 내게 큰 기쁨을 주었다.
  Anda memberi saya kebahagiaan yang besar.

- 나는 너를 만나 너무 기쁘다.
  Saya senang sekali bertemu dengan Anda.

- 나는 너를 다시 보게 되어 너무 기쁘다.
  Saya senang sekali bertemu lagi dengan Anda.

- 나는 네가 잘 있다는 것이 너무 기쁘다.
  Saya senang sekali karena Anda baik-baik.

즐거울 때

- 너무 멋지다!
  Bagus sekali!

- 네가 좋았다니 너무 좋다!
  Saya merasa senang karena Anda ada baik!

- 모든 결과가 잘 나와서 너무 좋다!
  Bagus sekali karena semua hasilnya baik!

- 너무 만족스러워 웃음이 나온다.
  Karena sangat puas saya ingin tertawa.

재미있을 때

- 나는 ~가 좋다.
  Saya suka ...

- 나는 클래식 음악이 좋다.
  Saya suka musik klasik.

- 나는 영화 보는 것을 좋아한다.
  Saya senang menyaksikan film.

행복할 때

- 너무 행복하다.
  Sangat bersyukurlah.

- 신혼부부는 행복하다.
  Pengantin baru bahagia.

- 내 인생에서 이렇게 행복한 적은 없었어.
  Saya tidak merasa bersyukur begini dalam kehidupan saya.

 ## 걱정과 긴장

걱정을 물을 때

- 왜 그렇게 작은 일 때문에 걱정하니?
  Kenapa Anda ragu mengenai masalah yang begitu kecil?

- 참을 수 있지?
  Bisa tahan?

- 민감해 하지 마라!
  Jangan sensitif!

- 화내지마!
  Jangan marah!

- 나쁜 의도는 없다.
  Tidak ada maksud yang jelek.

- 그렇게 호들갑을 떨 필요가 뭐가 있니?
  Untuk apa cerewet begitu?

걱정스러울 때

- 나는 네가 올 수 없다고 느낀다.
  Saya rasa Anda tidak bisa datang.

- 나는 문제에 봉착했다.
  Saya menghadapi masalah.

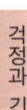

- 나는 큰 문제와 맞닿았다.
  Saya menghadapi masalah yang besar.

- 나는 위험에 처했다.
  Saya menghadapi bahaya.

- 급박한 위기이다.
  Itu / ini hal kritis.

- 나의 실수로 나는 위험에 빠질 것이다.
  Dengan kesalahan saya, saya akan terjerumus ke dalam bahaya.

- 나는 예상하지 못한 문제에 맞닿았다.
  Saya menghadapi masalah yang tidak diduga.

- 나는 빚더미에 있다.
  Saya dalam keadaan berhutang.

- 나는 빚이 많다.
  Saya berutang banyak.

- 나는 채무(債務)의 책임이 있다.
  Saya bertanggung jawab atas utang-piutang itu.

- 나는 빚에 얽혀있다.
  Saya terikat dalam utang-piutang.

걱정하지 말라고 할 때

- 걱정하지 마라!
  Jangan khawatir!

- 그렇게 그것을 가슴에 담아 놓지 마라.
  Jangan taruh (masalah itu) di dalam hati seperti itu.

- 너를 향한 나의 감정은 변하지 않았다.
  Perasaan saya terhadap Anda tidak berubah lagi.

- 큰 문제는 아니다.
  Itu bukan masalah yang besar.
- 항상 해결 방안은 있다.
  Selalu ada cara untuk memecahkan (masalah).
- 진정해라, 모든 것이 잘될 것이다.
  Sabarlah, semuanya akan beres.

긴장과 초조할 때

- 긴장된다.(1)
  Tegang.
- 긴장된다.(2)
  Merasa tegang.
- 나는 극히 긴장되고 있다.
  Saya merasa sangat khawatir.
- 나는 긴장해 미칠 것이다.
  Saya jadi gila karena tegang.
- 미치겠다.
  Rupanya jadi gila.
- 이성을 잃을 것 같다.
  Rupanya kehilangan akal.
- 머리가 터질 것이다.
  Serasa kepala saya akan pecah.
- 나는 더 할 수 없다.
  Saya tidak bisa berbuat lagi.
- 좌불안석이다.
  Merasa gelisah.

- 엄청나게 긴장된다.
  Merasa tegang sekali.
- 나는 파산 직전에 있다.
  Saya menghadapi kebangkrutan.
- 나는 무너지고 있다.
  Saya sedang jatuh.

긴장과 초조함을 진정시킬 때

- 진정해라!
  Tenangkanlah!
- 평정심을 유지하세요!
  Jagalah ketenangan!
- 차분히 그것을 해봐라!
  Kerjakan itu dengan tenang!
- 그렇게 걱정하지 마라!
  Jangan begitu khawatir.

 슬픔과 우울함

슬플 때

- 슬퍼하지 마라.
  Jangan merasa sedih.

- 나는 울고 싶다.
  Saya mau menangis.

- 내 가족의 과거를 말하는 것이 날 슬프게 한다.
  Yang mengatakan masa lalu keluarga saya membuat saya sedih.

- 그녀는 그녀의 아버지의 죽음에 통곡을 한다.
  Dia menangis tersedu-sedu atas kematian ayahnya.

- 나는 내 자신의 신세에 통곡을 했다.
  Saya menangis tersedu-sedu atas nasib / keadaan saya sendiri.

우울할 때

- 비는 나를 우울하게 한다.
  Hujan membuat saya sedih.

- 나는 눈물을 참을 수 있을지 자신이 없다.
  Saya merasa ragu apakah saya bisa menahan tangisnya.

 # 귀찮음과 불평

짜증날 때

- 구실을 찾지 마라.
  Jangan cari alasan.

- 바보짓 하지마라.
  Jangan bertindak yang bodoh.

- 나 화났다.
  Saya sudah marah.

- 네가 한 짓을 보아라.
  Lihatlah apa yang Anda buat.

- 나는 화가나 죽을 것 같다.
  Karena marahnya saya merasa mau mati saja.

불평할 때

- 참을 수 없다.
  Tidak bisa tahan.

- 신경질이 난다.
  Marah saya!

- 나는 더 이상 기다릴 수 없다.
  Saya tidak bisa menunggu lagi.

- 동시에 너무 많은 일을 맡았다.
  Saya ditugaskan terlalu banyak pekerjaan sekaligus.

- 나는 너무 많은 일을 하고 싶지 않다.
 Saya tidak mau bekerja terlalu banyak.
- 겨우 숨 쉴 시간만 있다.
 Ada waktu untuk bernapas saja.

불만을 나타낼 때

- 가치가 없다.
 Tidak berharga!
- 논리에 맞지 않아!
 Tidak sesuai dengan logika!
- 헛일이 될 것이야!
 Itu hal yang tidak berguna!
- 완전히 근본이 없는 것이다.
 Sama sekali tidak ada dasarnya.
- 그것은 요구를 충족시키지 못한다.
 Yang itu tidak bisa mencukupi permintaan.
- 바보짓 하지 마라!
 Jangan bertindak tolol.
- 요건을 충족시키지 못한다.
 Tidak bisa mencukupi syaratnya.

 # 망각, 후회 그리고 실망

망각할 때

- 내가 뭐라고 말했지요?
  Apa yang saya katakan?

- 어디까지 이지요?
  Sampai mana?

- 언제까지 이지요?
  Sampai kapan?

- 기억나지 않는다.
  Tidak ingat.

- 네가 뭐라고 했니?
  Apa yang Anda katakan?

- 나 건망증이 있다.
  Saya sering lupa.

후회할 때

- 오지 않고 나중에 후회하지 마라.
  Jangan menyesal kelak, kalau tidak datang nanti.

- 먼저 잘 생각하라, 나중에 후회해야 소용없다.
  Pikir dahulu pendapatan, sesal kemudian tidak berguna.

실망할 때

- 나는 냉대에 실망했다.
  Saya kecewa terhadap penyambutannya yang dingin.
- 실망하지 마라, 이직 희망이 있다.
  Jangan putus asa, masih ada harapan.
- 나는 너의 그와 같은 행동에 실망했다.
  Saya menyesali perbuatan Anda seperti itu.

 **비난과 다툼**

비난할 때

- 너무 역겨운 것이야!
  Itu muakkan.
- 엉터리야!
  Tidak benar itu!
- 멍청한 짓이야!
  Perbuatan bodoh!
- 꿈도 꾸지 마!
  Jangan berharap!
- 너무 허세 부려서는 되지 않는다고!
  Karena keterlaluan janganlah berpura-pura.
- 너는 미쳤다고 봐!
  Saya kira Anda gila!
- 그것은 단지 네가 원하는 것일 뿐이라고.
  Itu cuma yang Anda harapkan.
- 너는 네가 말한 것에 대해서도 생각조차 하지 않니!
  Apa Anda tidak memperhatikan apa yang saya katakan!

말싸움할 때

- 다시 한 번 해 보아라!
  Bicara sekali lagi!

- 보아라!
  Lihat!

- 너!
  Kamu ini!

- 불쌍한 놈!
  Kasihan orang (itu / ini).

- 이것을 이제 기억하게 될 것이야!
  Anda bisa ingat nanti!

- 각오해라!
  Bersiap-siaplah!

- 내가 너를 때리기 바라냐?
  Apa Anda mau saya pukuli?

욕설할 때

- 짐승!
  Bajingan!

- 멍청이!
  Bodoh!

- 더러운 놈!
  Sialan!

- 돼지 같은 놈!
  Babi!

- 근본 없는 놈!
  Kurang ajar!

- 개자식!
  Anjing!

- 거짓말쟁이!
  Pembohong!

꾸짖을 때

- 내가 말할 때, 잘 들어라!
  Dengar baik-baik waktu saya nasihati.
- 그것은 비난 받을 만하다.
  Itu patut mendapat kritik.
- 너를 질책한다!
  Saya menegur Anda!
- 입 좀 다물어!
  Tutup mulut!
- 네 방으로 가!
  Masuk kamar!
- 오늘은 집에서 나가지 마라!
  Jangan keluar dari rumah hari ini!
- 오늘은 집에서 종일 있어라!
  Di rumah saja sepanjang hari!
- 네 방으로 가서, 네가 했던 것을 잘 생각해봐!
  Masuk kamar kamu, lalu pikir baik-baik apa yang kamu buat!

 감탄과 칭찬

감탄을 나타낼 때

- 와!
  Wah!
- 뭐!
  Apa dia...!
- 너무 좋아!
  Terlalu baik!
- 너무 환상이야!
  Terlalu mengkhayal! / Anda mengkhayal.
- 믿을 수 없어!
  Tidak dapat dipercaya!

칭찬할 때

- 그는 매우 특별하다.
  Dia orang yang sangat istimewa.
- 그는 믿기지 않는 사람이다!
  Dia orang yang tidak dapat dipercaya!
- 항상 (그는) 무엇을 해야 하는지 안다.
  Dia tahu apa yang harus selalu dilakukan.
- 그(녀)는 품위가 있다.
  Dia mempunyai gaya (yang bagus).

- 이 파란색 재킷을 입은 그녀는 예쁘다.
  Dia yang memakai jas yang biru itu cantik.

- 너는 멋진 체형을 가졌다.
  Anda mempunyai bentuk badan yang bagus.

- 너는 매력적이다.
  Anda mempesona.

- 너의 머리 스타일은 세련되었다.
  Gaya rambut Anda halus.

- 너는 정말 능력을 가진 사람이다.
  Anda orang yang benar-benar mempunyai kemampuan.

- 너는 믿겨지지 않는 발레리나이다.
  Anda seorang penari yang sangat bagus.

- 너는 정말 기억력이 좋다!
  Daya ingat Anda sangatlah baik.

- 너는 인도네시아어를 아주 잘 하는 구나.
  Anda lancar sekali bahasa Indonesia.

- 그녀는 믿겨지지 않는 여인이다!
  Dia orang yang tidak dapat dipercaya!

우정을 표현할 때

- 우리는 친구야.
  Kita adalah teman.

- 그는 나의 가장 좋은 친구야.
  Dia teman saya yang paling baik.

- 우리는 매우 절친해.
  Kita sangat akrab.

- 우리는 매우 친밀한 친구들이다.
  Kita adalah teman-teman yang akrab sekali.
- 그녀는 나의 가장 좋은 친구이다.
  Wanita itu teman saya yang paling akrab.
- 그녀는 나의 진심어린 친구이다.
  Wanita itu teman saya yang paling dekat.

 # 격려와 위로

격려할 때

- 힘내!
  Kuatlah!
- 시작해 보아라!
  Mulai!
- 두려워하지 마라.
  Jangan takut.
- 꿋꿋해라.
  Tegap saja.
- 조금만 더!
  Sedikit lagi!
- 시도해 보아라!
  Cobalah!
- 시험해 보아라!
  Coba dipraktikkan.
- 네 운을 생각해 보아라!
  Cobalah pikirkan lagi nasib Anda?
- 네가 무엇을 할 수 있는지 보아라!
  Tunjukkan apa yang bisa Anda lakukan!
- 가능한 모든 것을 해라!
  Kalau bisa, kerjakan semua yang bisa dikerjakan!
- 낙담하지 마라!
  Jangan putus asa!

- 그것을 포기하지 마라!
  Jangan urungkan itu!

- 더 강해져라!
  Jadilah lebih kuat!

- 미래가 밝다.
  Masa depan cerah.

- 너는 그것을 잘 해왔다.
  Anda mengerjakan itu dengan baik.

- 내가 너를 도와줄 것이야.
  Saya akan menolong Anda.

- 후회하지 마라.
  Jangan menyesal.

- 더 좋은 일이 생길 것이다.
  Akan ada hal yang lebih baik.

- 우리 앞길에는 어떤 장애물도 없다.
  Tidak akan ada halangan di depan jalan kita.

위로할 때

- 내가 너와 함께 있어.
  Saya bersama Anda.

- 항상 내가 네 옆에 있을 것이야.
  Saya selalu di sisi Anda.

- 내가 너를 도울 것이야.
  Saya akan menolong Anda.

- 우리가 너를 도울 것이야.
  Kami akan menolong Anda.

- 나를 믿을 수 있을 것이야.
  Anda dapat percaya saya.

- 너는 우리를 믿을 수 있을 것이야.
  Anda bisa percaya kami.

- 너는 나와 함께 이야기를 나눌 수 있단다.
  Anda boleh mengobrol dengan saya.

- 조속한 회복을 기원합니다.
  Mudah-mudahan Anda cepat sembuh.

- 진심으로 조속한 회복을 기원합니다.
  Semoga Anda cepat sembuh.

- 조속히 회복되기 바랍니다!
  Mudah-mudahan cepat sembuh!

믿음을 보일 때

- 나는 너를 믿는다.
  Saya percaya Anda.

- 나는 네게 믿음을 가지고 있다.
  Saya mempunyai kepercayaan pada Anda.

- 너는 나의 믿음을 고려하렴.
  Pertimbangkanlah kepercayaan saya.

- 너는 믿을 만한 친구다.
  Anda adalah teman yang dapat dipercaya.

- 나는 결코 너의 신의를 의심하지 않는다.
  Saya tidak curiga atas kesetiaan Anda.

- 너는 나의 전폭적인 신임을 얻었다.
  Anda sudah mendapat kepercayaan saya sepenuhnya.

 **09 좋아함과 싫어함**

좋아하는 것을 말할 때

- 나는 ~ 좋다.
  Saya suka ...

- 나는 ~ 매료되었다.
  Saya terpesona ...

- 나는 클래식 음악이 좋다.
  Saya gemar akan musik klasik.

- 나는 인도네시아 음식에 매료되었다.
  Saya tertarik oleh makanan Indonesia.

- 그[그녀]는 스포츠를 좋아한다.
  Dia gemar olahraga.

- 그[그녀]는 인도네시아 문학에 빠져있다.
  Dia tertarik dengan sastra Indonesia.

- 그[그녀·당신]는 농구에 열광한다.
  Dia tertarik / suka pada (permainan) bola basket.

- 나는 대중음악보다는 고전음악이 더 좋다.
  Dia lebih suka musik klasik daripada musik populer.

- 나는 커피보다는 차를 선호한다.
  Saya lebih suka teh daripada kopi.

- 나는 극장이 TV 보다 더 좋다.
  Saya lebih suka bioskop daripada televisi.

- 하나를 골라야 한다면, 이것을 고르겠어.
  Kalau dibenarkan memilih satu, saya ambil yang ini.

- 나는 가면 갈수록 이 일이 좋아진다.
  Pekerjaan ini makin lama makin saya suka.

- 나는 여기의 기후가 너무 마음에 든다.
  Hawa di sini sangat menarik hati saya.

- 나에게 잘 맞는다.
  Cocok benar untuk saya.

- 나는 그[그녀·당신]에게 많은 호감이 있다.
  Saya tertarik kepadanya.

- 나는 네가 너무 그립다.
  Saya sangat rindu akan Anda.

- 너를 얼마나 그리워하는지 너는 알 수가 없다.
  Anda tidak tahu betapa saya rindu akan Anda.

- 너를 얼마나 생각하는지 너는 알 수가 없다.
  Anda tidak tahu betapa saya ingat akan Anda.

- 안또는 마르띠니에게 미쳐있다.
  Anto tergila-gila pada Martini.

- 다누는 누리에 대해 사랑에 빠졌다.
  Danu jatuh cinta kepada Nuri.

싫어하는 것을 말할 때

- 너무 애먹여!
  Sangat susah!

- 너무 싫다!
  Terlalu benci!

- 역겹다!
  Mau muntah!

- 진저리난다!
  Merasa bosan!

- 재수 없다!
  Sialan!

- 나는 수학공부 하는 것이 싫다.
  Saya tidak suka belajar matematika.

- 나는 싫다.
  Saya tidak mau.

- 나는 그[그녀 · 당신]의 방법이 싫다.
  Saya tidak suka dengan caranya.

- 지긋지긋하다.
  Menjijikkan.

- 지친다.
  Capai.

- 지겹다.
  Bosan.

- 너를 증오한다.
  Saya benci Anda.

- 이제 나는 더 이상 참을 수 없다.
  Saya tidak bisa tahan lagi.

- 악몽이었다.
  Itulah mimpi yang buruk.

- 새벽에 일어나야 하는 것이 너무 싫다.
  Saya tidak suka benar bangun pagi-pagi / pada waktu subuh.

PART V
사교 표현

01 약속
02 초대
03 방문
04 식사
05 전화

 약속

약속을 청할 때

- 주말에 시간 있니?
  Apakah pada akhir minggu ada waktu luang?

- 토요일에 한가하니?
  Tidak sibuk pada hari Sabtu?

- 너를 집에 식사 초대하고 싶어.
  Saya mau mengundang Anda untuk makan di rumah.

- 우리 집에 식사하러 오지 않을래?
  Apa Anda tidak mau datang ke rumah saya untuk makan?

- 목마르지 않아? 내가 한 잔 살게.
  Apa Anda tidak haus? Saya traktir Anda segelas.

- 뭐 먹고 싶지? 내가 한 턱 낸다.
  Anda mau makan apa? Saya traktir.

- 오늘 저녁에 우리 함께 식사나 하자. 올래?
  Mari kita makan malam bersama. Mau datang?

- 오늘 함께 저녁 먹자. 우리와 함께 가자고?
  Mari kita makan malam bersama. Mau pergi dengan kami?

- 오늘 저녁에 식사하는데, 너 오는 것이지. 아니니?
  Kita makan bersama nanti malam, Anda datang, kan?

- 오늘 밤에 밤샘 파티를 할 예정이야, 너 오지 않을래?
  Kami mengadakan pesta semalam suntuk, apa Anda tidak mau datang?

- 이번 주 일요일에 파티를 하려고 하는데, 너 올 것이지?
  Pesta akan diadakan akhir minggu ini, apa Anda akan datang?

- 나는 네가 이번 주 토요일의 소풍에 왔으면 좋겠다.
  Saya harap Anda ikut serta piknik pada hari Sabtu ini.

- 네가 원한다면, 누군가를 데려와도 돼.
  Kalau mau, Anda boleh mengajak seseorang.

- 공원에서 너와 거닐고 싶은데, 함께 하지 않을래?
  Saya ingin berjalan-jalan di taman, Anda tidak mau ikut?

- 너 시간되면, 일요일에 배드민턴 함께 치자.
  Kalau ada waktu kita main bulu tangkis pada hari Minggu.

- 너 오늘 저녁에 콘서트에 가고 싶지 않니?
  Apa Anda tidak mau menonton konser nanti malam?

- 너를 우리 결혼식에 초대할 수 있을까?
  Bolehkah saya mengundang Anda pada pesta pernikahan kami?

- 내일 함께 저녁 식사해요, 어때요?
  Mari kita makan bersama-sama, bagaimana?

스케줄을 확인할 때

- 그는 네게 이번 주 금요일에 약속을 정하기 위해 전화를 했다.
  Dia menelepon kepada Anda untuk menentukan janji pada hari Jumat ini.

약속 시간과 날짜를 정할 때

- 수요일이 괜찮겠니?
  Bagaimana kalau hari Rabu?

- 무슨 요일이 네게 좋겠니?
  Hari apa yang sesuai?

- 금요일에 만나는 것이 어떠신지요?
  Bagaimana kalau kita bertemu pada hari Jumat?

- 몇 시에 만날 수 있을까요?
  Jam berapa kita bisa bertemu?

- 우리의 약속 날짜를 당신과 정하고 싶습니다.
  Saya ingin menentukan hari janji kita dengan Bapak.

- 별다른 일이 없다면, 화요일로 제안하고 싶은데.
  Kalau bisa, saya mau menawarkan pada hari Selasa.

- 저는 우리가 언제 만날 수 있는지 알기 위해 전화했습니다.
  Saya menelepon ingin tahu kapan kita bisa bertemu.

- 저는 마르조노 박사님과 면담 일정을 정하고 싶습니다.
  Saya ingin menentukan jadwalnya dengan Doktor Marjono.

- 사고에 관해 언제 말씀해주실 수 있는지 알고 싶습니다.
  Saya ingin tahu kapan Bapak bisa menerangkan kecelakaan.

- 가능하다면, 당신과 모임을 가졌으면 합니다.
  Kalau bisa saya ingin mengadakan pertemuan dengan Bapak.

- 그러면 우리 5일 7시에 만나자.
  Kalau begitu kita bertemu pada tanggal 5 (lima) jam 7 (tujuh).

약속 장소를 정할 때

- 우리 어디에서 만날까?
  Kita bertemu di mana?

- 우리 지하철역에서 보자, 괜찮아?
  Kita bertemu di stasiun kereta api bawah tanah / subway, ya?

- 학교 근처 커피 전문점이 있어, 어때?
  Dekat sekolah ada warung kopi, Bagaimana?

- 구눙아궁 서점 입구로 올래?
  Maukah Anda datang ke depan pintu masuk toko buku Gunung Agung?

- 모임을 어디에서 개최하는 것이 좋을까요?
  Di mana baiknya untuk mengadakan pertemuan?

약속 제안에 승낙할 때

- 정말? 너무 좋아, 고마워.
  Benar? Bagus sekali! Terima kasih.

- 멋진데! 나는 한가하다고.
  Bagus! Saya tidak begitu sibuk.

- 너무 좋아! 나 할 것이 없었는데.
  Bagus sekali! Sebenarnya saya tidak ada pekerjaan.

- 너무 좋아! 어떤 옷을 입어야 하니?
  Bagus sekali! Pakaian apa yang saya harus pakai?

- 알았어, 월요일에 보자.
  Saya mengerti, mari kita bertemu pada hari Senin.

- 좋아, 그때 보자.
  Baik, mari kita bertemu pada waktu itu.

- 왜 안 되겠어.
  Kenapa tidak bisa.

- 초대 고마워, 제 시간에 갈게.
  Terima kasih atas undangannya, saya akan datang tepat waktu.

- 좋은 것 같아. 내가 무엇을 가져갈까?
  Saya pikir itu bagus. Saya bawa apa, ya?

- 기쁜 마음으로 초대에 응하겠습니다. 참 친절하시네요.
  Saya menerima undangan Anda dengan senang hati, Anda sangat murah hati.

만나자는 제안을 거절할 때

- 미안해, 불가능할 것이야.
  Maaf, mungkin tidak bisa.

- 미안해, 우리 다음에 약속을 정하자.
  Maaf. Mari kita tentukan waktu perjanjian kita lain kali.

- 고마워, 그런데 갈 수가 없어.
  Terima kasih, tetapi saya tidak bisa datang.

- 참 친절하구나, 그런데 내가 갈 수가 없어.
  Anda sangat baik, tetapi saya tidak bisa datang.

- 나는 조금 힘들다고 봐.
  Saya kira agak susah.

- 미안, 내가 네게 나중에 전화해 줄게.
  Maaf. Saya akan telepon Anda nanti.

- 미안, 다른 날이라면 동의할 수 있어.
  Maaf, kalau hari lain saya bisa setuju.

- 정말 가고 싶었는데, 하지만 내가 이번 주말에는 시간이 안 돼.
  Saya benar-benar ingin pergi, tetapi saya tidak ada waktu pada akhir minggu ini.

- 정말 가고 싶었는데, 이번 주에 다른 약속이 있어서.
  Saya benar-benar ingin pergi, tetapi ada janji yang lain minggu ini.

- 안타깝다! 오늘밤에 이미 다른 해야 할 일이 있어.
  Sayang sekali. Ada hal lain yang harus saya lakukan malam ini.

- 아쉽다! 오늘밤에 이미 다른 계획을 가지고 있어.
  Sayang sekali. Malam ini saya sudah ada rencana lain.

- 아쉽다! 네가 미리 말해주었다면 좋았을 텐데.
  Aduh! Alangkah baiknya kalau Anda beri tahu lebih dahulu.

- 다른 시간에 간다면 갈 수 있어. 하지만, 오늘밤에는 이미 약속이 있다.
  Kalau waktu lain bisa pergi, tetapi malam ini saya sudah ada janji.

- 미안, 이번 주말에 해야 할 일이 엄청 많아.
  Maaf, saya ada banyak pekerjaan pada akhir minggu ini.

- 이번 주는 엄청 바빠서, 못 갈 것 같아.
  Saya tidak bisa datang karena sangat sibuk minggu ini.

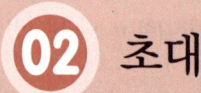

초대

초대할 때

- 너 초대한다.
  Saya mengundang Anda.
- 올래?
  Mau datang?
- 오고 싶니?
  Apa Anda ingin datang?
- 이봐, 우리 파티에 함께 가자!
  Hai, mari kita pergi ke pesta bersama-sama!
- 나는 너를 파티에 초대한다.
  Saya mengundang Anda ke pesta.
- 파티에 오지 않을래?
  Apa Anda tidak mau datang ke pesta?
- 너 파티에 올 의향 있니?
  Apa Anda bermaksud datang ke pesta?
- 네게 우리 집의 문은 활짝 열려있다.
  Pintu rumah saya selalu terbuka untuk Anda.
- 나는 네가 우리의 귀빈이 되어주기 원해.
  Saya harap Anda menjadi tamu kami yang terhormat.
- 저는 당신이 제 초대에 응해주실 것을 희망합니다.
  Saya harap Bapak menerima undangan saya.

초대에 응할 때

- 알았어, 고마워.
  Ya, Terima kasih.
- 알았어. 어디야?
  Ya, di mana?
- 좋아!
  Baik!
- 좋아, 고마워!
  Baik, terima kasih!
- 좋았어, 동의해!
  Bagus, saya setuju!
- 기꺼이 (갈게)!
  Tentu saja (saya pergi)!
- 알았어. 너무 좋은데, 고마워.
  Ya, baik sekali, terima kasih.
- (내 생각에) 최고야!
  (Saya rasa) Paling bagus.
- 물론이지요
  Tentu saja / Memang.
- 예, 저는 너무 좋아요.
  Ya, saya senang sekali.
- 예, 원하던 바 이었습니다.
  Ya, itulah yang saya inginkan.
- 가지 않는다고 말할 수 없지요.
  Tidak bisa mengatakan tidak pergi.
- 누가 거부할 수 있겠어요!
  Siapa yang bisa menyangkal!

- 당신의 초대에 감사드립니다.
  Terima kasih atas undangan Bapak.
- 고맙습니다. 당신의 초대에 저는 매우 기쁩니다.
  Terima kasih, saya sangat gembira atas undangan Bapak.
- 저에 대한 선생님의 호의에 매우 감사드립니다.
  Saya sangat berterima kasih atas kebaikan hati Bapak.
- 당신의 초대에 매우 기쁘게 생각합니다.
  Saya merasa sangat gembira atas undangan Bapak.
- 당신의 정성스런 초대를 받아들이지 않을 수 없습니다.
  Saya tidak bisa menolak undangan Bapak yang begitu ikhlas.

초대에 응할 수 없을 때

- 안 돼!
  Tidak bisa!
- 감사하지만, 안되겠습니다!
  Tidak, terima kasih!
- 아니오, 갈 수 없습니다.
  Tidak, tidak bisa datang.
- 감사하지만, 지금은 안 되겠어요.
  Terima kasih, tetapi tidak bisa sekarang.
- 대단히 감사합니다만, 저는 갈 수 없습니다.
  Terima kasih banyak, tetapi saya tidak bisa datang.
- 응할 수 없습니다.
  Tidak bisa menerima permintaan.
- 감사합니다만, 저는 불가능합니다.
  Terima kasih, tetapi saya tidak bisa.

- 미안합니다, 저는 불가능합니다.
  Maaf, saya tidak bisa.

- 안돼요, 다른 날 그렇게 해요!
  Tidak bisa, kita janji pada hari lain saja.

- 정말 가고 싶었는데, 하지만 갈 수 없어요.
  Benar-benar ingin pergi, tetapi tidak bisa pergi.

- 아쉬워요, 저는 갈 수 없어요!
  Sayang sekali, saya tidak bisa ikut serta!

- 아쉬워요. 사실은 다른 일들이 있어서요.
  Aduh, sebenarnya saya ada urusan yang lain.

- 못 가는 것이 얼마나 아쉬운지!
  Betapa sayangnya karena tidak bisa datang!

- 미안해요, 사실은 한 가지 일을 해야만 해서요.
  Maaf, sebenarnya saya harus menyelesaikan suatu hal.

- 고마워요, 하지만 이번에는 제게 약속(일)이 있어서요.
  Terima kasih, tetapi saya ada janji kali ini.

- 미안해요, 다른 약속이 있어요.
  Maaf, tetapi saya ada janji lain.

- 당신의 초대에 매우 감사드립니다. 저는 가고 싶었었습니다.
  Terima kasih banyak atas undangan Bapak. Sebenarnya saya ingin datang.

 방문

방문했을 때

- 여기가 수만뜨리 씨 댁입니까?
  Yang ini rumah Pak Sumantri?

- 여기에 수하디가 살고 있나요?
  Suhadi tinggal di sini?

- 하디 씨가 이 호텔에 묵고 계십니까?
  Apa Pak Hadi menginap di hotel ini?

- 까르띠나 여사는 댁에 계십니까?
  Apa Ibu Kartina di rumah?

- 잠깐 뵈었으면 합니다.
  Mau bertemu sebentar.

- 하디라는 사람이 뵈러 왔다고 전해주십시오.
  Beri tahu bahwa Hadi datang untuk bertemu.

손님을 맞이할 때

- 어떤 분이라 전할까요?
  Saya harus sampaikan Anda sebagai siapa?

- 명함을 주시겠습니까?[=주십시오.]
  Dapatkah saya minta kartu nama?

방문객을 대접할 때

- 네게 뭔가를 대접하고 싶어.
  Saya ingin traktir sesuatu kepada Anda.
- 이제 이곳이 네 집이라고 알아주기를.
  Saya harap Anda mengetahui rumah ini sebagai rumah Anda mulai sekarang.
- 당신께 무엇을 해드릴까요?
  Apa yang bisa saya lakukan untuk Bapak?
- 당신께 한 가지를 드리고 싶습니다.
  Saya ingin memberi sesuatu untuk Bapak.
- 당신께 한 가지를 드리겠습니다.
  Saya akan memberikan sesuatu kepada Bapak.
- 뭔가 필요하다면 내게 알려줘.
  Beri tahu saya kalau perlu sesuatu.

방문을 마칠 때

- 초대에 감사드립니다.
  Terima kasih atas undangannya.
- 멋진 밤이었어요, 감사합니다.
  Itu merupakan malam yang indah, terima kasih.
- 너무 맛있는 저녁 감사했습니다.
  Terima kasih banyak atas jamuan makan malam yang enak.
- 진짜 너무 늦었군요. 저는 가봐야겠습니다.
  Sudah terlalu larut. Saya harus pulang.
- 열렬한 환대에 감사드립니다.
  Terima kasih atas sambutan hangat.

- 파티에서 좋은 시간 보냈습니다. 감사합니다.
  Saya menikmati pesta ini selama pesta ini berlangsung. Terima kasih.

주인으로서의 작별 인사

- 와 주셔서 감사해요.
  Terima kasih atas kedatangan Bapak.

- 여러분들을 뵙게 되서 너무 좋습니다.
  Saya senang sekali bertemu dengan Bapak sekalian!

- 와주셔서 너무 좋습니다!
  Saya senang sekali atas kedatangan Anda!

- 방문 감사합니다!
  Terima kasih atas kunjungannya!

- 여러분이 오실 수 있었다는 것이 너무 좋습니다.
  Alangkah senangnya Anda sekalian bisa datang.

- 왜 좀 더 계시면 안 되나요?
  Apa tidak bisa tinggal lebih lama lagi?

- 좀 더 여기에 계실 수 있지 않아요?
  Bapak bisa tinggal di sini lebih lama, kan?

- 또 오세요!
  Datang lagi!

- 언제든 오세요!
  Datanglah kapan saja!

- 또 오시는 것 잊지 마세요!
  Jangan lupa datang lagi, ya!

나갈 때

- 가자!
  Ayo!
- 우리 가자고!
  Mari kita pergi!
- 우리 갈래?
  Maukah kita pergi?
- 우린 가야만 한다.
  Kita harus pergi.
- 시간 되었네, 우리 가지요.
  Sudah waktunya, mari kita pergi.
- 출발하지요!
  Mari kita berangkat!
- 출발할 준비되었지요?
  Apa sudah siap untuk berangkat?
- 곧 끝나지요?
  Apa bisa selesai dalam waktu dekat?
- (물러)가라!
  Pergi!
- 우리 빠져나가지요!
  Ambil jalan lain!

04 식사

식사를 제안할 때

- 네게 식사를 대접하고 싶다.
  Saya ingin mentraktir makanan untuk Anda.

- 우리 함께 식사하자.
  Mari kita makan bersama.

- 시간이 되면 함께 저녁 식사하자.
  Kalau ada waktu luang kita makan malam bersama-sama.

- 나와 무엇 좀 먹을래?
  Mau makan sesuatu dengan saya?

식사할 때

- 웨이터! 이제 우리 주문할 수 있습니다.
  Pelayan! Sekarang kami ingin pesan.

- 우리 이제 (주문) 결정되었어요.
  Sekarang kami sudah siap untuk pesan.

- 이제 우리 무엇을 먹을지 결정했습니다.
  Sekarang kami sudah tentukan apa yang ingin kami makan.

- 와인 한 병 주세요.
  Halo, minta satu botol anggur.

- 물 좀 주세요!
  Minta air!

- 고기는 어떻게 해드릴까요?
  Bagaimana caranya untuk daging?

- (고기) 어떻게 준비해드릴까요?
  Anda ingin daging dalam sajian seperti apa?

- 레어(rare) / 미디엄(medium) / 웰던(well done)
  Agak mentah /setengah matang / matang.

술을 권할 때

- 우리 한 잔 합시다!
  Mari kita minum segelas!

- 당신께 한 잔 사고 싶습니다. 어떠세요?
  Saya mau mentraktir segelas untuk Bapak, bagaimana?

- 저와 한 잔 하시겠습니까?
  Apakah Anda mau minum segelas (anggur) dengan saya?

- 우리 한 잔 하는 것이 어때요?
  Bagaimana kalau kita minum segelas?

- 우리와 함께 술 한 잔 하러가지요!
  Ayo, kita pergi untuk minum segelas anggur bersama-sama kami!

- 우리 한 잔 하러 가요! 시간 있어요?
  Ayo kita pergi untuk minum segelas. Ada waktu?

05 전화

전화를 걸기 전에

- 전화를 사용할 수 있을까요?
  Bolehkah pakai telepon?

- 어떻게 전화를 이용할 수 있는지요?
  Bagaimana caranya memakai telepon?

- 공중전화 부스는 어디에 있습니까?
  Di mana letak telepon umum?

- 이 번호로 전화 거는 방법을 가르쳐 주세요.
  Tolong beri tahu bagaimana caranya menelepon nomor ini.

전화를 걸 때

- 저는 김민수입니다.
  Saya Kim Minsu.

- 밤방 씨를 바꿔주세요.
  Saya ingin bicara dengan Pak Bambang.

- 마만 씨와 통화를 할 수 있을까요?
  Dapatkah saya bicara dengan Pak Maman?

- 여보세요. 밤방 씨입니까?
  Halo. Ini Pak Bambang?

- 영어로 말해도 되겠습니까?
  Bolehkah saya bicara dalam bahasa Inggris?

- 영어를 할 줄 아는 사람을 바꿔 주세요.
  Saya mau bicara dengan orang yang bisa bicara bahasa Inggris.
- 이 전화를 수하디 씨에게 연결시켜 주세요.
  Tolong sambungkan telepon ini kepada Pak Suhadi.

전화가 걸려왔을 때

- 여보세요.
  Halo.
- 말씀하세요.
  Mau bicara dengan siapa?
- 누구시지요?
  Siapa ini?
- 어느 분과 통화를 하고 있는지요?
  Dengan siapa (saya) sedang bicara?
- 좀 더 천천히 말해 주세요.
  Tolong bicara lebih perlahan.

전화를 바꿔줄 때

- 잠시만 기다려 주세요.
  Tunggu sebentar.
- 잠시만이요.
  Sebentar.
- 그녀는 지금 외출중입니다.
  Dia sedang keluar.

전화를 받을 수 없을 때

- 다시 전화해 주시겠습니까?
  Bolehkah bel lagi?
- 죄송합니다만, 밤방 씨는 잠시 바쁩니다.
  Maaf, Pak Bambang sedang sibuk.

다시 전화할 때

- 잠시 후에 전화하겠습니다.
  Saya akan telepon lagi nanti.
- 제가 잠시 후에 전화드릴 수 있을까요?
  Bolehkah saya menelepon sebentar lagi?

메시지를 부탁할 때

- 그에게 전화가 왔었다고 전해 주세요.
  Sampaikan kepadanya bahwa ada telepon dari saya.
- 제게 전화해 달라고 전해주세요.
  Minta dia menelepon kembali kepada saya.

잘못 걸려온 전화를 받았을 때

- 잘못된 번호입니다.
  Itu nomor yang salah.
- 번호를 잘못 누른 것 같습니다.
  Mungkin Anda salah menekan nomornya.

장거리 및 국제전화를 이용할 때

- 한국으로 전화하고 싶습니다.
  Saya mau menelepon ke Korea.
- 제게 연결되는 데는 얼마나 걸릴까요?
  Berapa lama saya harus menunggu sambungannya?
- 영어로 말해도 좋습니까?
  Dapatkah saya bicara dalam bahasa Inggris?
- 영어를 할 줄 아는 분 없습니까?
  Tidak ada yang bisa bicara dalam bahasa Inggris?

교환을 이용할 때

- 요금은 수취인 지불로 해주세요.
  Ongkosnya diminta dibayar oleh penerima.
- 수취인 지불[콜렉트 콜]로 전화를 걸고 싶습니다.
  Saya ingin menelepon dengan sistem pembayaran oleh si penerima.
- 요금은 제가 지불하겠습니다.
  Ongkosnya saya bayar.
- 긴급입니다.
  Ini telepon darurat.
- 끊지 말고 기다려 주세요.
  Tolong tunggu, jangan diputuskan.
- 일단, 끊고 기다려 주세요.
  Untuk sementara, tutup teleponnya dan tunggu.

통화에 문제가 있을 때

- 통화 중 입니다.
  Sedang bicara.

- 다른 전화를 사용하고 있습니다.
  Sedang bicara dengan telepon lain.

전화를 끊을 때

- 나중에 다시 전화하겠습니다.
  Saya akan bel lagi.

- 누군가 문가에 있어서요. 제가 나중에 전화 드릴께요.
  Ada seseorang di dekat pintu. Saya akan bel nanti.

- 누군가 통화대기를 하고 있네요. 우리 나중에 통화할 수 있을까요?
  Seseorang menunggu untuk pakai telepon. Boleh kita bicara nanti?

- 저 일하러 다시 가야합니다. 안녕히 계세요.
  Saya harus pergi bekerja lagi. Selamat tinggal.

- 미안해. 누군가 통화할 사람이 있어서. 안녕!
  Maaf, Ada seseorang mau pakai telepon. Yo!

- 나 지금 가야해. 우리 또 통화하자.
  Saya harus pulang. Mari kita bicara lewat telepon lagi.

- 더 시간이 없을 것 같아.
  Mungkin tidak ada waktu luang lagi.

- 그럼, 네게 전화하는 것 잊지 마.
  Baik, jangan lupa menelepon.

PART VI
화제 표현

- **01** 개인 신상
- **02** 가족관계
- **03** 데이트
- **04** 결혼
- **05** 취미와 여가
- **06** 엔터테인먼트
- **07** 스포츠와 레저
- **08** 날씨와 계절

01 개인 신상

출신지에 대해서

- 너는 어디 출신이니?
  Anda berasal dari mana?
- 당신은 어디에서 왔습니까?
  Bapak dari mana?
- 저는 이곳에 처음 온 사람입니다.
  Saya orang yang baru datang di sini.
- 저는 대한민국 사람입니다.
  Saya orang Korea.
- 저는 한국인입니다.
  Saya orang Korea.

주요 국명

- 미국 　　　　　　Amerika / Amerika Serikat
- 중국 　　　　　　Cina
- 일본 　　　　　　Jepang
- 말레이시아 　　　Malaysia
- 타일랜드 　　　　Thailand
- 싱가포르 　　　　Singapura
- 영국 　　　　　　Inggris
- 프랑스 　　　　　Prancis
- 독일 　　　　　　Jerman
- 러시아 　　　　　Rusia

- 저는 인도네시아 출신입니다.
  Saya berasal dari Indonesia.
- 저는 인도네시아 사람입니다.
  Saya orang Indonesia.

나이에 대해서

- 너 몇 살이니?
  Umur Anda berapa?
- 저는 16 살입니다.
  Saya berumur 16 (enam belas) tahun.

02 가족관계

가족에 대해서

- 너희는 대가족이니?
  Apa kalian keluarga besar?
- 너희 가족은 몇 명이니?
  Berapa orang keluarga Anda?
- 우리 가족은 4 명이다.
  Keluarga saya 4 (empat) orang.
- 저는 부모님과 아직 살고 있습니다.
  Saya masih tinggal dengan orang tua.
- 아이[자녀]는 있니?
  Apa ada anaknya?
- 아이[자녀]는 몇 명이니?
  Berapa anaknya?
- 너희 부모님은 뭐하시니?
  Pekerjaan orang tua Anda apa?
- 아버지는 무역회사를 경영하신다.
  Ayah mengusahakan perusahaan niaga.
- 아버지는 선생님이시고, 어머니는 간호사이시다.
  Ayah saya guru dan ibu saya perawat.
- 어머니는 가정주부이시고, 아버지는 이제 은퇴하셨다.
  Ibu saya, ibu rumah tangga dan ayah saya sudah pensiun.

직업

- 공무원   pegawai pemerintah
- 군인   serdadu / tentara
- 과학자   ilmuwan / ahli sains
- 기술자   insinyur
- 디자이너   perancang
- 미용사   ahli kecantikan
- 배우   bintang film
- 변호사   advokat / pengacara
- 번역사   penerjemah
- 아나운서   penyiar
- 의사   dokter
- 약사   ahli obat / apoteker
- 비서   sekretaris
- 통역사   penerjemah
- 경찰   polisi
- 사장   direktur
- 요리사   tukang masak / koki
- 가이드   pemandu
- 스튜어디스   pramugari
- 화가   pelukis

- 네 집사람은 일하니?
  Apa istri Anda bekerja?

- 너는 어디에서 살았었니?
  Anda pernah tinggal di mana?

- 너는 어디서 컸니?
  Anda besar di mana?

- 네 아들[딸]은 몇 살이니?
  Anak laki-laki / perempuan Anda berapa umurnya?

- 나는 나의 가족을 사랑한다.
  Saya cinta keluarga saya.

- 저는 제 가족을 좋아합니다.
  Saya suka keluarga saya.

- 제 가족은 제게 매우 소중합니다.
  Keluarga saya sangat penting untuk saya.

- 제게는 가족이 첫 번째입니다.
  Bagi saya keluarga adalah yang pertama.
- 저는 아버지와 잘 지내지 못합니다.
  Hubungan antara ayah dan saya tidak begitu baik.
- 저희 가족은 조금 복잡합니다.
  Keluarga saya agak rumit.

형제자매에 대해서

- 형제는 있니?
  Apakah Anda memiliki saudara?
- 너는 독자니?
  Apa Anda anak tunggal?
- 네 형[누나]은 뭐하니?
  Kerja apakah kakak laki-laki / perempuan Anda?
- 네 누이는 어디에 종사하니?
  Kakak perempuan Anda bekerja di mana?
- 우리 형은 아직 결혼하지 않았다.
  Kakak laki-laki saya belum menikah.
- 네 여동생은 애가 있니?
  Apakah adik perempuan Anda sudah mempunyai anak?
- 나는 두 명의 형제가 있고, 형은 이미 결혼했다.
  Saya ada dua orang saudara dan kakak laki-laki sudah menikah.
- 나는 우리 가족의 둘째 아들이다.
  Saya anak laki-laki yang kedua dalam keluarga.
- 나는 오래 전부터 내 누이와 말을 하지 않았다.
  Sudah lama saya tidak berkomunikasi dengan kakak perempuan.

- 우리는 어렸을 때, 무척 싸웠다.
  Kami sering berkelahi saat kami masih kecil.

친척에 대해서

- 인도네시아에 친척이 있나요?
  Adakah kerabat di Indonesia?

- 우리는 정기적으로 친척들과 만난다.
  Kami bertemu dengan kerabat secara tepat.

- 우리 할아버지, 할머니가 아직 살아 계신다.
  Kakek dan nenek saya masih hidup.

- 할아버지께서 작년에 돌아가셨다.
  Kakek saya meninggal dunia pada tahun yang lalu.

- 내 사촌은 회계사이고, 합작회사에서 일을 한다.
  Saudara misan saya akuntan publik dan ia bekerja di perusahaan perseroan.

자녀에 대해서

- 네 아들은 무엇을 전공하니?
  Anak Anda mengambil jurusan apa?

- 아들을 원하니 딸을 원하니?
  Anda mau anak laki-laki atau perempuan?

- 나는 5살짜리 딸이 있다.
  Saya ada anak perempuan yang berumur 5 (lima) tahun.

- 내 아들은 인도네시아에서 공부하고 있다.
  Anak laki-laki saya sedang belajar di Indonesia.

- 그의 전공은 고고학이다.
  Jurusannya jurusan arkeologi.

- 우리가 출근을 할 때, 아이를 보육원에 데리고 간다.

Kami mengantar anak kami ke tempat penitipan anak sewaktu kami ke kantor.

- 우리 큰 딸은 한국에서 태어나서, 인도네시아에서 컸다.

Anak perempuan pertama saya lahir di Korea, dan besar di Indonesia.

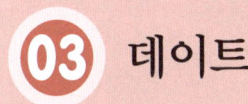
데이트

데이트를 신청할 때

- 오늘밤에 시간 있니?
  Apakah ada waktu luang malam ini?

- 나와 함께 저녁식사 할래?
  Mau makan malam dengan saya?

- 나와 함께 영화 보러 갈래?
  Apa Anda mau pergi menonton film dengan saya?

- 네가 영화관에 가고 싶은지 알고 싶다.
  Saya ingin tahu apakah Anda mau ke bioskop.

- 벌써 토요일 계획이 있니?
  Apa sudah ada jadwal pada hari Sabtu?

- 토요일 저녁까지 준비할 수 있니?
  Bisakah disiapkan sampai hari Sabtu sore?

- 너 해야 할 일이 없다면, 내 생일 파티에 올 수 있겠니?
  Apa Anda bisa datang di pesta hari ulang tahun saya, kalau tidak ada hal penting?

애정을 표현할 때

- 너를 사랑해.
  Saya cinta kepadamu.

- 나는 네 것이야.
  Saya milik Anda.

- 너는 내꺼야.
  Anda milik saya.
- 너는 내 사랑이야.
  Anda adalah cinta saya.
- 너는 나의 유일한 존재야.
  Anda adalah satu-satunya orang yang hadir dalam hidup saya.
- 나는 네가 나를 영원히 사랑해주길 원해.
  Mudah-mudahan Anda cinta kepada saya selama-lamanya.
- 우리의 사랑은 죽음과도 바꿀 수 없어.
  Cinta kita tidak bisa ditukar dengan kematian.

사랑을 고백할 때

- 사랑해!
  Saya cinta kepadamu!
- 나의 연인이 되어 줘!
  Tolong jadilah kekasih saya!
- 나는 네게 빠졌어.
  Saya telah jatuh cinta kepada Anda.
- 나는 네게 미쳤단다.
  Saya sudah gila kepada Anda.
- 온 마음으로 너를 사랑해.
  Saya cinta kepadamu sepenuh hati.
- 나는 큐피드의 화살에 맞았어.
  Saya kena panah asmara.
- 나는 너 없이 살수 없어.
  Saya tidak bisa hidup tanpa Anda.

 결혼

청혼에 대해서

- 나의 신부가 되어 줘!
  Harap Anda menjadi istri saya!
- 나와 결혼해 줄 수 있니?
  Apa Anda bisa menikah dengan saya?
- 우리 결혼할래?
  Maukah kita menikah?
- 나는 너와 결혼하고 싶어.
  Saya ingin menikah dengan Anda.

결혼에 대해서

- 나는 대학에서 알았고, 졸업 후에 결혼을 했다.
  Saya kenal waktu di universitas dan menikah sesudah lulus universitas.

05 취미와 여가

여행에 대해서

- 언제 출발하세요?
  Kapan mau berangkat?

- 저는 다음 주 토요일에 떠납니다.
  Saya akan berangkat pada hari Sabtu minggu depan.

- 며칠에 떠나세요?
  Tanggal berapa mau berangkat?

- 저는 12월 21일에 떠납니다.
  Saya akan berangkat pada tanggal 21 (dua puluh satu) Desember.

- 무슨 목적으로 가세요?
  Untuk apa pergi?

- 지금 여행의 특별한 어떤 동기가 있나요?
  Apakah ada alasan khusus mengenai kepergian sekarang ini?

- 놀러 가시는 것이에요 아니면 일 때문에 가세요?
  Apakah Anda pergi untuk berlibur atau untuk bertugas?

- 저는 인도네시아의 산업도시를 방문하고 싶습니다.
  Saya ingin mengunjungi kota-kota industri di Indonesia.

06 엔터테인먼트

공연관람에 대해서

- 나는 극장에 가고 싶다.
  Saya mau ke bioskop.

- 너는 어떤 타입의 작품을 보고 싶니?
  Anda ingin melihat jenis karangan apa?

- 나는 뮤지컬을 보고 싶어.
  Saya ingin menonton musik.

- 배우는 누구니?
  Bintang filmnya siapa?

- 누가 수까르노의 역할을 하니?
  Siapa berperan sebagai Soekarno?

- 주인공이 누구니?
  Tokoh utamanya siapa?

- 오늘 밤의 공연을 위한 표가 있습니까?
  Apa ada karcis untuk pertujukan malam ini?

- 좌석은 얼마입니까?
  Berapa ongkos tempat duduk?

- 여기에 입장권이 있습니다.
  Di sini ada karcis masuk.

- C열의 11, 12번입니다.
  Nomor 11, 12 (sebelas, dua belas) di deretan C.

- 몇 시에 공연이 시작합니까?
  Jam berapa pertunjukan dimulai?

- 보관소에 외투를 맡길 수 있습니까?

  Bolehkah menyimpan pakaian luar di tempat penyimpanan?

연극과 영화에 대해서

- 커튼이 오른다.

  Layarnya sedang dinaikkan.

- 커튼이 내려진다.

  Layarnya sedang diturunkan.

- 관객들이 박수를 친다.

  Penonton-penonton bertepuk tangan.

- 배우가 무대에 오른다.

  Pemain sedang naik di atas panggung.

- 연극은 3개의 막으로 되어 있다.

  Sandiwaranya terdiri dari 3 (tiga) bagian.

- 각 막마다 2개의 장이 있다.

  Masing-masing layar ada 2 (dua) babak.

- 오늘 밤에는 무슨 영화를 상영하고 있습니까?

  Film apa yang diputar malam ini?

- 누가 영화에서 연기를 하고 있지요?

  Siapa tokoh dalam film tersebut?

- 오늘 밤에 좌석이 있습니까?

  Apa ada tempat duduk yang kosong malam ini?

- 저는 스크린과 아주 가까운 자리에 앉고 싶지 않습니다.

  Saya tidak mau duduk di dekat layar.

- 미국영화입니다. 하지만 인도네시아어로 더빙되어 있습니다.

  Ini film Amerika, tetapi diisi suara dalam bahasa Indonesia.

- 어디에서 영화가 상영되었지요?
  Filmnya ditunjukkan di mana?
- 너는 오리지널 버전으로 영화를 보기 더 원하니?
  Apa Anda ingin menonton film dengan suara asli?

PART VI

엔터테인먼트

07 스포츠와 레저

기타 운동에 대해서

1) 수영

- 수영을 할 줄 압니까?
  Apa bisa berenang?

- 수영을 배웠나요?
  Apa pernah belajar berenang?

- 이번 여름방학 때, 수영을 배우겠습니다.
  Liburan musim panas ini saya akan belajar berenang.

- 전혀 수영을 하지 못합니다.
  Saya tidak bisa berenang sama sekali.

- 태양 빛은 매우 위험할 수 있다.
  Sinar matahari mungkin sangat berbahaya.

- 태양 빛은 피부암을 유발 시킬 수 있다.
  Sinar matahari bisa mengakibatkan kanker kulit.

2) 축구

- 맨체스터 유나이티드는 축구팀이다.
  Manchester United adalah tim sepak bola.

- 각 팀에는 11 명의 선수가 있다.
  Masing-masing tim mempunyai 11 (sebelas) orang pemain.

- 선수들은 축구 경기장에 있다.
  Pemain-pemain ada di dalam stadion.

- 골키퍼는 골대를 지키고 있다.
  Kiper / Penjaga gawang menjaga gawang.
- 골키퍼는 공을 막는다.
  Kiper / Penjaga gawang menahan bola.
- 레프트 윙은 공을 동료 선수에게 패스한다.
  Pemain sayap kiri mengirim bola kepada temannya.
- 수딘은 골을 넣었다.
  Sudin membuat gol.
- 한 선수가 다른 선수를 걷어찬다.
  Seorang pemain menendang pemain yang lain.
- 심판이 휘슬을 분다.
  Wasit meniup peluitnya.
- 심판이 파울을 선언한다.
  Wasit memberikan tanda pelanggaran.
- 경기는 비겼다.
  Pertandingannya seri.
- 경기는 0점으로 끝났다.
  Pertandingannya selesai dengan angka kosong.
- 어떤 팀도 이기지 못했다.
  Tidak ada kesebelasan yang menang.

3) 테니스

- 테니스 토너먼트가 있다.
  Ada pertandingan turnamen tenis.
- 두 여자선수가 테니스 코트에 있습니다.
  Dua orang pemain ada di lapangan tenis.
- 선수가 각각 자신의 라켓을 들고 있다.
  Pemain-pemain memegang raketnya masing-masing.

- 그들은 복식경기를 하지 않는다.
  Mereka tidak bertanding berpasangan.

- 선수가 공을 서브한다.
  Pemain menservis bolanya.

- 다른 선수가 공을 받아친다.
  Pemain yang lain memukul bolanya.

- 선수가 네트 위로 공을 때린다.
  Pemain memukul bolanya di atas net.

- 공이 아웃되었다[나갔다].
  Bolanya keluar.

- 점수는 15대 0이다.
  Nilainya 15 (lima belas) - kosong.

- 네트에 걸렸다.
  Bolanya kena net.

- 그는 3 세트 중에 2 세트를 땄다.
  Dia menang 2 (dua) set dalam 3 (tiga) set.

4) 농구

- 선수들은 농구 코트에 있다.
  Pemain-pemain ada dalam lapangan bola basket.

- 선수가 슛을 했다.
  Pemain melempar bola.

- 그물 안에 공을 넣었다.
  Pemain memasukkan bola ke dalam basket.

- 상대편의 골대의 그물에 공을 넣어야 한다.
  Harus memasukkan bola ke basket lawan.

- 선수가 그물에 공을 넣는다면, 2점이 기록된다.
  Kalau pemain memasukkan bola ke dalam basket dapat 2 (dua) angka.

날씨와 계절

날씨를 물을 때

- 오늘 날씨가 어떻습니까?
  Bagaimana cuaca hari ini?
- 날씨가 어때요?
  Bagaimana cuacanya?
- 아주 좋은 날씨네요. 맞지요?
  Hari ini cuacanya bagus sekali, ya?
- 좋은 날씨입니다. 아닌가요?
  Cuacanya bagus, kan?
- 내일은 날씨가 좋아지겠지요.
  Barangkali besok cuacanya akan bagus.

기후에 대해서

- 덥습니다.
  Panas!
- 무덥다!
  Panas sekali.
- 너무 덥다!
  Terlalu panas!
- 햇볕은 좋은데, 춥다.
  Sinar mataharinya bagus, tetapi udaranya dingin.

- 춥습니다.
  Dingin!
- 몹시 춥다.
  Dingin sekali!
- 옷을 잘 입어라, 날씨가 많이 춥다.
  Pakailah yang hangat, cuacanya dingin sekali.

날씨를 말할 때

- 날씨가 좋다.
  Cuacanya bagus.
- 날씨가 매우 좋다.
  Cuacanya bagus sekali.
- 오늘 바람이 분다.
  Hari ini angin bertiup.
- 거의 바람 한 점 없다.
  Tidak ada angin sama sekali.
- 나는 이 안개 때문에 아무것도 보이지 않는다.
  Saya tidak bisa melihat apa-apa karena kabut ini.
- 비가 한 두 방울 온다.
  Hujan jatuh satu dua tetes.
- 오늘 비가 많이 온다.
  Hari ini hujan lebat.
- 비가 억수로 온다.
  Hujannya lebat sekali!
- 비를 맞아 흠뻑 젖었어!
  Basah kuyup kena hujan!
- 오늘밤에 소나기가 올 것이야.
  Barangkali akan ada hujan lebat sebentar malam ini.

- 우산 잊지 말아라.
  Jangan lupa bawa payung.
- 해가 났다. 그런데 구름이 좀 있다.
  Matahari sudah keluar. Tetapi masih berawan sedikit.
- 날씨가 좋다. 날씨가 개고, 해가 났다.
  Cuacanya bagus. Cuacanya cerah, dan matahari keluar.
- 봐봐! 다시 해가 나오는 것을 보니 너무 좋다.
  Lihat! Alangkah bagusnya karena matahari keluar.
- 내일 눈 오겠지, 아닌가?
  Mungkin akan turun salju besok, kan?
- 태양이 강렬하다, 모자 써라.
  Matahari sangat terik, pakailah topi.
- 오늘밤에 돌풍이 분대, 맞지?
  Malam ini katanya akan ada angin ribut. Benar, kan?
- 내일 비가 올지 안 올지 아무도 모른다.
  Siapa pun tidak tahu apakah hujan atau tidak besok.
- 이런 날씨가 일주일이나 계속되어 왔다.
  Cuaca seperti ini berlangsung selama seminggu.

일기예보에 대해서

- 내일 날씨가 어떻게 된대?
  Bagaimana ramalan cuaca besok?
- 일기 예보는 내일 날씨에 대해 뭐라고 말해?
  Menurut ramalan cuaca bagaimana besok?
- 날씨가 일기 예보와 완전히 다르다.
  Cuacanya jauh berbeda dari ramalan cuaca.
- 내일 비가 올 것이라고 보니?
  Apa Anda pikir akan hujan besok?

- 오후에 눈이 올 것이라고 보니?
  Apakah Anda pikir salju akan turun nanti sore?

PART VII
일상 표현

- **01** 하루의 생활
- **02** 레스토랑
- **03** 카페와 술집
- **04** 대중교통
- **05** 자동차 운전
- **06** 은행
- **07** 우체국
- **08** 이발과 미용
- **09** 세탁소
- **10** 부동산과 관공서

하루의 생활

일어날 때

- 나는 새벽 5시에 일어나야 한다.
  Saya harus bangun pada pukul 5 (lima) pagi.
- 저를 오전 6시에 깨워주세요.
  Tolong bangunkan saya jam 6 (enam) pagi.
- 나는 학교를 가기 위해 5시 30분에 잠에서 깼다.
  Saya bangun pada pukul setengah 6 (enam) untuk ke sekolah.

외출을 준비할 때

- 세수를 하고 양치질을 한다.
  Cuci muka dan gosok gigi.
- 오늘은 정장을 준비해 주세요.
  Tolong siapkan jas lengkap hari ini.
- 넥타이는 빨간 색을 할 것입니다.
  Saya mau pakai dasi yang berwarna merah.
- 제 가방이 어디에 있지요?
  Di mana tas saya?
- 나가기 전에, 저는 사무실 열쇠를 찾아야 합니다.
  Sebelum keluar, saya harus mencari kunci kantor.
- 샌드위치와 우유 한 잔을 준비해 주세요.
  Tolong siapkan sandwich dan segelas susu.

- 집을 나서기 전에, 지갑, 핸드폰 그리고 자동차 키가 있는지 확인해야 한다.
  Sebelum keluar dari rumah, harus mengecek apakah ada dompet, telepon genggam dan kunci mobil.

집으로 돌아올 때

- 나는 집에 오후 5 시에 돌아간다.
  Saya pulang ke rumah pada pukul 5 (lima) sore.

저녁식사를 할 때

- 우리 식사 준비하자.
  Mari kita siapkan makanan.
- 우리 저녁 식사 준비하자.
  Mari kita siapkan makan malam.
- 지금 저녁 먹을 시간이다.
  Sekarang waktu untuk makan malam.
- 저녁 식사가 거의 준비되었다.
  Makan malam sudah hampir siap.
- 우리 무엇을 먹을까?
  Apa yang mau kita makan?

휴식과 취침

- 우리 5분만 쉬자.
  Mari kita beristirahat selama 5 (lima) menit.
- 쉴 시간이다.
  Waktu beristirahat.

- 졸리다.
  Mengantuk
- 잘 시간이다.
  Waktu tidur.
- 잠들 시간이다.
  Sudah jam tidur.
- 나는 자러 가야한다.
  Saya harus pergi untuk tidur.
- 나는 어제 일찍 잤다.
  Saya tidur awal kemarin.
- 그는 완전히 잠들었다.
  Dia sudah tidur.
- 그는 아기처럼 잔다.
  Dia tidur seperti bayi.
- 그는 코를 골고 있다.
  Dia sedang mendengkur.

휴일을 보낼 때

- 주말을 잘 보냈니?
  Apakah Anda sudah melewati akhir minggu dengan baik?
- 주말에 무엇을 했니?
  Apa yang telah Anda lakukan pada akhir minggu?
- 어디에 갔었니?
  Anda pergi ke mana?
- 나는 집에 있었다.
  Saya berada di rumah saja.
- TV 보면서 집에 있었다.
  Saya di rumah sambil menonton TV.

- 사무실에서 일을 해야만 했다.
  Saya terpaksa bekerja di kantor.
- 형과 함께 해변에 갔었다.
  Saya ke pantai dengan kakak laki-laki.
- 친구와 함께 파티에 갔었다.
  Saya pergi ke pesta dengan teman.
- 잠을 엄청 잤다.
  Saya tidur dengan nyenyak.
- 부모님이 다니러 오셨다.
  Orang tua saya datang untuk melihat saya.
- 나는 자까르따에 있는 부모님께 갔었다.
  Saya pergi menemui orang tua saya yang berada di Jakarta.
- 지난 주말에 어디에 있었니? 실은 네게 여러 번 전화를 했는데, 받지 않더라고.
  Anda di mana pada akhir minggu lalu? Saya sudah menelepon Anda beberapa kali, tetapi tidak Anda angkat.

돈이 없을 때

- 나는 도산 직전에 있다.
  Saya sedang menghadapi kebangkrutan.
- 나는 땡전 한 푼 없다.
  Saya tidak ada uang sama sekali.
- 나는 파산을 선언한다.
  Saya mengumumkan kebangkrutan saya.
- 내 지갑이 비었다.
  Dompet saya sudah kosong.

- 나는 (입은) 옷 외에는 아무것도 없다.
Saya tidak punya apa-apa kecuali pakaian yang sedang saya pakai.

- 내 통장(잔고)는 끝났다.
Tabungan saya sudah habis.

- 이제 나는 아무 것도 없다.
Sekarang saya tidak punya apa-apa.

- 내가 가진 모든 것은 내 멋진 이름뿐이다.
Satu-satunya yang saya miliki sepenuhnya hanyalah nama baik saya saja.

- 나는 끼니 걱정이다.
Saya merasa khawatir mengenai makanan sehari-hari.

 레스토랑

식당을 찾을 때

- 이 근처의 좋은 식당을 하나 소개해 주십시오.
  Tolong anjurkan sebuah restoran yang bagus di sekitar daerah ini.
- 그다지 비싸지 않은 음식점이 좋습니다.
  Saya suka restoran yang tidak begitu mahal.
- 영어가 통하는 레스토랑이 좋습니다.
  Saya suka restoran yang pelayannya mampu berbahasa Inggris.
- 조용한 분위기의 식당을 원합니다.
  Saya mau restoran yang suasananya sunyi saja.
- 이 근처에 한국[중국] 음식점은 없습니까?
  Apa tidak ada restoran Korea / Cina di daerah ini?

식당을 예약할 때

- 예약이 가능합니까?
  Apakah bisa menerima reservasi?
- 저녁 8시에 두 자리 부탁합니다.
  Tolong siapkan dua tempat duduk pada jam 8 (delapan) malam.
- 예약이 되어 있습니다.
  Reservasinya sudah terdaftar.

- 5인용 테이블이 있습니까?
  Apa ada tempat duduk untuk 5 (lima) orang?

식당 입구에서

- 예약하셨습니까?
  Apa sudah pesan?
- 저는 에나라는 이름으로 예약을 했습니다.
  Saya sudah pesan atas nama Ena.
- 환영합니다.
  Selamat datang!
- 몇 분이시지요?
  Berapa orang?
- 이쪽으로 오세요.
  Silakan ke sini.
- 죄송합니다. 빈자리가 없습니다.
  Maaf, tidak ada tempat yang kosong.
- 죄송합니다. 저쪽은 이미 예약이 되어 있습니다.
  Maaf, tempat di sebelah sana sudah dipesan.
- 아직 빈자리가 있나요?
  Apa masih ada tempat duduk yang kosong?
- 5명이 앉을 자리가 있나요?
  Apa ada tempat duduk untuk 5 (lima) orang?
- 얼마나 기다려야 합니까?
  Berapa lama saya harus tunggu?
- 저희는 창문 가까이 앉고 싶은데요.
  Kami ingin duduk di dekat jendela.
- 공원이 보이는 쪽의 자리에 앉을 수 있나요?
  Bolehkah saya duduk di tempat yang bisa melihat taman?

- 비흡연 좌석에 앉고 싶습니다.
  Saya mau duduk di tempat duduk bebas rokok.

메뉴를 물을 때

- 잠깐만 기다리십시오. 한 친구를 기다리고 있습니다.
  Sebentar, saya sedang menunggu seorang teman.
- 제 친구들이 곧 올 것입니다. 그 때 주문하겠습니다.
  Teman-teman saya akan datang sebentar lagi. Saya pesan nanti.
- 메뉴를 볼 수 있을까요?
  Bolehkah saya melihat menunya?
- 이 동네의 명물 요리는 무엇입니까?
  Makanan apa yang istimewa di daerah ini?
- 이 지역의 명물 요리를 먹고 싶습니다.
  Saya ingin makan makanan yang terkenal di daerah ini.

음식을 주문할 때

- 아직 결정하지 못했습니다.
  Saya masih belum menentukan menu.
- 결정하려면 몇 분 걸릴 것 같네요.
  Sepertinya saya akan memakan waktu beberapa menit lagi untuk menentukan menu.
- 조금 기다릴 수 있으시지요?
  Bolehkah tunggu sebentar lagi?
- 이것을 먹겠습니다.
  Mau makan yang ini.
- 저것과 같은 것을 주세요.
  Minta yang sama dengan itu.

- 물 좀 주세요.
  Minta air.

- 식사 전에 먹는 전채요리[식전 주] 부탁합니다.
  Minta makanan / anggur pembangkit selera terlebih dahulu.

- 권해주는 요리를 먹겠습니다.
  Saya mau makan makanan yang direkomendasikan.

- 메뉴판을 주세요.
  Minta menu / daftar makanan.

- 영어로 된 메뉴판은 없나요?
  Apa tidak ada menu yang ditulis dalam bahasa Inggris?

- 이 식당에서 가장 특별한 요리는 무엇입니까?
  Makanan istimewa di restoran ini apa?

- 그것으로 하겠습니다.
  Saya mau yang itu.

- 정식을 먹겠습니다.
  Saya mau makan makanan set / set menu.

- 전채요리와 고기[생선] 요리를 주십시오.
  Minta makanan pembangkit selera dan masakan daging / ikan.

- 오늘의 특별요리가 있습니까?
  Apa ada masakan istimewa hari ini?

- 지금 곧 요리가 됩니까?
  Apakah sekarang bisa menyediakan makanan secepatnya?

- 이것과 같은 것으로 주세요.
  Minta yang sama dengan ini.

- 완전히 구워 주세요.
  Tolong panggang yang matang.

- 중간정도 구워 주세요.
  Tolong panggang setengah matang saja.
- 살짝 구워 주세요.
  Tolong panggang sedikit saja.

음식을 주문 받을 때

- 무엇을 원하십니까?
  Mau pesan apa?
- 여기에 메뉴판이 있습니다.
  Di sini ada daftar makanan / menu.
- 무엇을 드시겠습니까?
  Mau makan apa?
- 무엇을 원하십니까?
  Mau apa?
- 특정 음식을 하시겠습니까? 아니면 정식으로 하시겠습니까?
  Mau makanan istimewa atau makanan set?
- 진한 수프와 맑은 수프 중 어느 것이 더 좋습니까?
  Yang mana lebih suka di antara sup kental dan sup bening?
- 소고기와 닭고기 중 어느 쪽을 원하십니까?
  Mau yang mana di antara daging sapi dan daging ayam?
- 음료는 무엇을 하시겠습니까?
  Mau minum apa?
- 무엇인가 다른 것이 필요하십니까?
  Apa Anda memerlukan sesuatu yang lain?
- 여기에는 셀러리, 아스파라거스, 샐러드와 튀긴 감자가 있습니다.
  Di sini ada seledri, asparagus, salad dan kentang goreng.

주문에 문제가 있을 때

- 이것은 제가 주문한 것이 아닙니다.
 Ini bukan yang saya pesan.
- 주문한 요리가 아직 안 나오네요.
 Makanan yang saya pesan belum dibawa.

음식을 먹으면서

- 빵을 좀 더 주세요.
 Minta roti lagi.
- 이 요리를 먹는 방법을 가르쳐 주세요.
 Tolong tunjukkan cara makan masakan ini.

디저트에 대해서

- 디저트로 무엇을 원하십니까?
 Anda mau apa sebagai makanan penutup?
- 디저트는 사과, 멜론과 아이스크림이 있습니다.
 Ada apel, melon dan es krim sebagai makanan penutup / makanan pencuci mulut.
- 커피를 드시겠습니까? 차를 드시겠습니까?
 Mau minum kopi atau teh?
- 블랙커피가 좋습니까?
 Apa Anda suka kopi tanpa susu?
- 밀크커피가 좋습니다.
 Saya suka kopi dengan susu.

식사를 마칠 때

- 맛있었습니다.
  Enak sekali.
- 고맙습니다만, 더 못 먹겠습니다.
  Terima kasih, tetapi saya tidak bisa makan lagi.
- 너무 사양하지 마십시오.
  Jangan segan-segan.
- 많이 먹었습니다.
  Saya sudah kenyang.
- 충분히 먹었습니다.
  Saya makan cukup banyak.
- 그 요리는 일품이었습니다.
  Masakan itu istimewa.

음식 값을 계산할 때

- 계산서 주세요.
  Minta bon.
- 계산서에 봉사료까지 포함되어 있습니까?
  Apa persenan juga termasuk dalam bon ini?
- 내가 낼께.
  Biar saya bayar.
- 내가 네게 한 턱 낸다.
  Saya mentraktir Anda.
- 제가 지불하겠습니다.
  Saya akan bayar.
- 이번은 내가 낼 차례다.
  Kali ini giliran saya untuk membayar.

- 이것은 내가 산다.
  Yang ini saya beli.
- 얀또가 우리에게 한 턱 낸데.
  Katanya, Yato yang akan mentraktir kami.
- 다음에는 네 차례야.
  Lain kali giliran Anda.

03 카페와 술집

음료를 권할 때

- 마실 것을 원하세요.
  Apa Anda mau minum?
- 무엇을 마실래?
  Mau minum apa?
- 맥주를 원하세요?
  Apa mau bir?
- 무슨 음료를 원해요?
  Mau minum apa?
- 무슨 음료를 선호하세요?
  Minuman apa yang Anda lebih suka?
- 어떤 제품을 원하세요?
  Mau merek apa?
- 콜라 마실래?
  Mau minum coca-cola?
- 탄산이 있는 것을 원하세요, 없는 것을 원하세요?
  Mau yang bersoda atau tidak?
- 어떤 안주를 원하세요?
  Anda mau makanan sampingan yang mana?
- 그것을 먹어 보겠니?
  Mau coba makan yang itu?
- 안주로 끄루뿍, 바나바 튀김과 땅콩이 있습니다.
  Makanan kecil adalah kerupuk, pisang goreng, dan kacang.

술을 마시자고 할 때

- 우리 술 한 잔 해요!
  Mari kita minum segelas anggur!

- 제가 한 잔 사고 싶은데요. 어떠세요?
  Saya ingin beli segelas minuman keras. Bagaimana pendapat Anda?

- 우리 한 잔 하는 것이 좋지 않을까요?
  Bagaimana kalau kita minum segelas?

- 저 한 잔 하러 갈 것인데, 같이 갈래요?
  Saya akan pergi untuk minum segelas anggur, mau ikut saya?

- 우리와 한 잔 하게 오세요!
  Ayo ke mari untuk minum segelas dengan kita!

- 우리 한 잔 하러 갑시다. 시간 있지요?
  Mari kita pergi untuk minum segelas. Ada waktu, ya?

술을 주문할 때

- 이 지방의 특산 와인을 마시고 싶습니다.
  Saya ingin minum anggur istimewa buatan daerah ini.

- 생맥주 있지요?
  Adakah draf bir?

- 흑맥주 있나요?
  Adakah bir hitam?

- 맥주 한 잔 주세요.
  Minta segelas bir.

- 무 알코올 음료도 있나요?
  Adakah minuman tanpa alkohol?

술 · 안주를 추가로 주문할 때

- 맥주 한 잔 더 주세요.
  Minta segelas bir lagi.
- 포도주를 더 드세요.
  Minumlah anggur lagi.
- 끄루뿍 더 부탁합니다.
  Minta kerupuk lagi.
- 얼음 더 부탁합니다.
  Minta es lagi.

건배할 때

- (우리) 건배!
  Ayo, minum!
- 건배!
  Toas! / Ayo, angkat gelas!
- 인생을 위해!
  Untuk kehidupan!
- 사랑을 위해!
  Untuk cinta!
- 우리들을 위해!
  Untuk kita!
- 우리의 성공을 위해!
  Untuk kesuksesan kita!
- 찬란한 미래를 위해!
  Untuk masa depan yang cemerlang!
- 우리의 팀워크를 위해!
  Untuk kerja sama kita!

술을 마시면서

- 여기서 담배를 피워도 괜찮겠습니까?
  Bolehkah merokok di sini?
- 얼음물 한 잔 주세요.
  Minta air es segelas.
- 물 한 병 주세요.
  Minta air satu botol.
- 너 너무 많이 마셨어.
  Anda minum (anggur) terlalu banyak.
- 너 더 마실 수 없다.
  Anda tidak bisa minum lagi.
- 네 마지막 잔이다.
  Yang ini gelas Anda yang terakhir.
- 너 계속 마시면, 취할 것이다.
  Kalau Anda minum terus, Anda akan mabuk.
- 너 이미 충분히 마셨다고 본다.
  Saya kira Anda minum cukup banyak.
- 너 더 마실 수 있다고 보지 않는다.
  Saya kira Anda tidak bisa minum lagi.

합석을 권할 때

- 노래가 좋지요. 그렇지요?
  Lagunya bagus, bukan?
- 좌석이 있습니까?
  Apa tempat duduk kosong?
- 함께 해도 너희들 괜찮겠니?
  Kalian tidak apa-apa kalau saya ikut serta?

- 네 옆에 내가 앉아도 될까?
  Bolehkah saya duduk di sebelah Anda?
- 네게 한 잔 사주어도 될까?
  Bolehkah saya membelikan Anda segelas?
- 우리와 함께 갈래?
  Ingin pergi bersama kami?
- 네게 마실 것을 사주어도 될까?
  Bolehkah saya belikan Anda minuman?
- 너는 무엇을 마시고 있니?
  Anda sedang minum apa?

04 대중교통

택시를 이용할 때

- 택시 타는 곳이 어디입니까?
  Di mana pangkalan taksi?

- 택시 한 대 불러주세요.
  Tolong panggil taksi.

- 인천공항까지 요금은 얼마 정도 되나요?
  Berapa ongkosnya sampai di bandara Incheon?

- 서울호텔로 가 주세요.
  Tolong antarkan ke Hotel Seoul.

- 올림픽공원까지 가 주세요.
  Mari kita ke Taman Olimpiade.

- 이 장소로 가 주세요.
  Mari kita ke tempat ini.

- 이 주소로 가 주세요.
  Minta ke alamat ini.

- 더 빨리 가 주세요.
  Ayo, jalankan lebih cepat lagi.

- 이것이 제 짐입니다.
  Yang ini bagasi saya.

- 이 도시의 시내 한 바퀴 돌아 주세요.
  Tolong kelilingi kota ini satu putaran.

- 여기서 잠깐만 기다려 주세요.
  Tunggu sebentar di sini.

- 여기서 세워 주세요.
  Minta berhenti di sini.

- 저기 횡단보도에서 세워 주세요.
  Minta berhenti di penyeberangan itu.

- 요금은 얼마지요?
  Berapa ongkosnya?

- 여기에 있습니다. 거스름돈은 그냥 받아 두시지요.
  Ini. Simpan saja uang kembaliannya.

시내버스를 이용할 때

- 버스 승차권은 어디서 사야 하지요?
  Di mana saya bisa beli karcis bus?

- '살렘바'로 가는 버스 정류장은 어디지요?
  Di mana halte bus ke Jalan Salemba?

- 이 버스는 블록 엠까지 갑니까?
  Apa bus ini ke Blok M?

- 자까르따까지 얼마입니까?
  Berapa ongkosnya sampai ke Jakarta?

- (요금이) 얼마입니까?
  Berapa (ongkosnya)?

- 이 자리에 사람이 있습니까?
  Apakah ada orang yang duduk di tempat duduk ini?

- 다음 정거장에서 내립니다.
  Saya akan turun di perhentian bus berikut.

- 여기서 내려 주세요.
  Tolong turunkan saya di sini.

- 이 버스는 서울호텔 앞에서 정차합니까?
  Apa bus ini berhenti di depan Hotel Seoul?

- 창문을 열어도 괜찮겠습니까?
  Bolehkah saya membuka jendela?

고속버스를 이용할 때

- 승차권은 어디서 사야하지요?
  Loketnya di mana?

- 중간에 세울 수 있습니까?
  Apa bisa berhenti dalam perjalanan?

- 수라바야까지는 얼마나 걸립니까?
  Memakan waktu berapa lama sampai ke Surabaya?

관광버스를 이용할 때

- 시내 관광버스는 있나요?
  Adakah bus wisata dalam kota?

- 하루[반나절] 코스는 없나요?
  Apa tidak ada paket sehari / setengah hari?

- 어디 어디를 볼 수 있습니까?
  Di mana saja dapat saya lihat?

- 시간은 얼마나 걸리나요?
  Memakan waktu berapa lama?

- 식사가 포함되어 있나요?
  Apakah makanan termasuk?

- 몇 시에 출발합니까?
  Jam berapa akan berangkat?

- 몇 시에 끝납니까?
  Jam berapa selesainya?

- 어디서 출발합니까?
  Berangkat di mana?

- 그랜드호텔에서 그 버스에 합류할 수 있습니까?
  Bolehkan bergabung dalam bus itu di Hotel Grand?

- 표는 어디서 살 수 있지요?
  Di mana dapat beli karcis?

- 물리아호텔에서 내릴 수 있습니까?
  Dapatkah saya turun di Hotel Mulia?

- 비용은 얼마입니까?
  Ongkosnya berapa?

지하철을 이용할 때

- 가장 가까운 지하철역은 어디지요?
  Di mana stasiun kereta api bawah tanah / subway yang paling dekat?

- 승차권은 어떻게 사야 하지요?
  Bagaimana caranya membeli karcis?

- 표 두 장 주세요.
  Tolong minta dua buah karcis.

- 서울시청으로 가려면 몇 호선을 타야 합니까?
  Kalau ingin ke Balai Kota Seoul, naik jalur nomor berapa?

- 종로에서 내리려면 몇 번째에서 내려야 합니까?
  Kalau mau ke Jongro, saya harus turun di stasiun yang ke berapa?

- 실례합니다, 내리려고 합니다.
  Permisi, bisa saya turun.

열차를 이용할 때

- 일반적으로 출발 5일전(부터)에 표를 팔고 있습니다.
  Biasanya karcis dijual 5 (lima) hari sebelum berangkat.

- 부산행 열차는 어느 역에서 떠나지요?
  Stasiun yang mana kereta api yang berangkat ke Busan?

- 이등(급)표를 두 장 주세요.
  Minta 2 (dua) buah karcis kelas dua.

- 자까르따까지 왕복표 한 장 주세요.
  Minta satu karcis pulang pergi ke Jakarta.

- 얼마입니까?
  Ongkosnya berapa?

- 표는 3일까지 유효합니다.
  Karcis bisa dipakai selama 3 (tiga) hari.

- 아이들과 학생들은 반값에 표를 구입하실 수 있습니다.
  Anak-anak dan pelajar bisa membeli karcis dengan harga setengah.

- 왕복표를 사시면, 더 쌉니다.
  Kalau beli karcis pulang pergi lebih murah.

- 자동 발권기가 역 안에 있습니다.
  Ada mesin karcis otomatis di stasiun.

- 급행열차가 있습니까?
  Apa ada kereta api ekspres?

- 이 열차에 침대칸이 있습니까?
  Apa kereta api ini ada gerbong tempat tidur?

- 식당차가 있습니까?
  Apa ada gerbong makan?

- 이 열차 살라 띠가에서 정차합니까?
  Apa kereta api ini berhenti di stasiun Salatiga?

- 이 열차는 수라바야까지 직행입니까?
  Kereta api ini langsung ke Surabaya?

- 자까르따와 스마랑 사이의 직행 열차는 없습니다.
  Tidak ada kereta api langsung ke Semarang dari Jakarta.

- 어디서 갈아탑니까?
  Di mana ganti kereta api?

- 중간에 갈아타야 합니다.
  Harus ganti kereta api di tengah jalan.

- 몇 번 플래트 폼에서 떠납니까?
  Kereta api berangkat di peron yang ke berapa?

- 이 열차가 스마랑으로 가는 것입니까?
  Apa kereta api ini ke Semarang?

- 이 자리 비었습니까?
  Apa tempat duduk ini kosong?

- 여기는 제 자리입니다.
  Yang ini tempat duduk saya.

- 지금 어디를 지나고 있지요?
  Sekarang (kereta api ini) lewat mana?

- 다음 역은 어디입니까?
  Stasiun berikutnya di mana?

- 얼마간 정차합니까?
  Berapa lama berhenti di sini?

- 열차는 밤 10시에 출발해서, 다음날 새벽 5시 15분에 도착합니다.
  Kereta api berangkat pada jam 10 (sepuluh) malam, dan tiba pada jam 5 (lima) lewat 1/4 (seperempat) pagi.

- 이 열차의 좌석을 예약하고 싶습니다.
  Saya ingin pesan tempat duduk kereta api ini.

- 서울에서 예약했습니다.
  Saya sudah pesan di Seoul.

- 이 열차표를 취소할 수 있습니까?
  Dapat saya batalkan karcis kereta api ini?
- 이 표를 1등 칸으로 바꾸고 싶습니다.
  Saya ingin ganti karcis ini dengan kelas 1 (satu).
- 열차표를 분실했습니다. 어떻게 해야 하지요?
  Karcis saya hilang. Apa yang harus saya lakukan?
- 열차 안에 가방을 두고 내렸어요.
  Saya tinggalkan tasnya di dalam kereta api.

항공기를 이용할 때

- 가능한 빠른 비행기 편을 예약해 주십시오.
  Tolong pesan pesawat terbang secepat mungkin.
- 비행기 예약을 재확인하고 싶습니다.
  Saya ingin memastikan pemesanan pesawat terbang.
- 이 예약을 취소해 주십시오.
  Tolong batalkan pesanan ini.
- 예약을 변경하고 싶습니다.
  Saya ingin mengubah pesanan.
- 3월 6일의 KAL 28편입니다.
  Nomor 28 (dua puluh delapan) KAL pada tanggal 6 (enam) Maret.
- 자까르따까지 이등석 두 명입니다.
  Karcis kelas dua ke Jakarta untuk 2 (dua) orang.
- 이름은 ~입니다.
  Nama saya ~.
- 다른 항공회사 편을 알아봐 주세요.
  Tolong tanyakan kepada perusahaan penerbangan yang lain.

- 창 쪽 자리로 해 주십시오.
  Minta tempat duduk yang di sebelah jendela.
- 통로 쪽 자리로 해 주십시오.
  Minta tempat duduk yang di sebelah koridor.
- 몇 시에 탑승합니까?
  Jam berapa bisa naik?
- 짐은 전부 3개입니다.
  Jumlah semua bagasinya 3 (tiga).
- 게이트 번호를 가르쳐 주세요.
  Beri tahu saya nomor pintu masuk.
- 7번 게이트는 어디입니까?
  Di mana pintu masuk nomor 7 (tujuh)?
- 이 비행기는 정시에 이륙합니까?
  Apakah pesawat terbang ini berangkat pada tepat waktu?
- 얼마나 지연됩니까?
  Terlambat berapa lama?
- 다른 항공편을 알아봐 주십시오.
  Coba tanya penerbangan yang lain.

배를 이용할 때

- 수라바야로 가는 배를 타는 곳은 어디입니까?
  Di mana tempat menumpang kapal ke Surabaya?
- 승선 시간은 몇 시입니까?
  Jam berapa bisa naik kapal?
- 언제 떠납니까[출항합니까]?
  Kapan (kapal) berangkat?

- 항구에 정박했을 때, 거리 구경을 하고 싶습니다.
  Saya ingin jalan-jalan waktu sampai di pelabuhan.
- 갑판 좌석을 예약하고 싶습니다.
  Saya mau pesan tempat duduk di geladak / dek.
- 혹시 싱가포르 승객은 타고 있지 않습니까?
  Barangkali tidak ada penumpang yang ke Singapura?
- 식사는 몇 시에 할 수 있습니까?
  Jam berapa bisa makan.
- 배 멀미가 몹시 심합니다.
  Mabuk lautnya sangat parah.

 **자동차 운전**

렌터카를 이용할 때

- 차 한 대를 빌렸으면 합니다.
  Saya mau pinjam sebuah mobil.
- 요금표를 보여주세요.
  Dapatkah saya lihat daftar ongkos.
- 목적지에 가서 차를 그대로 두고 와도 됩니까?
  Bisa saya tinggalkan mobilnya di tempat tujuan?
- 이러한 차종으로 3일 즉, 72시간을 빌리고 싶습니다.
  Saya ingin pinjam mobil sejenis ini selama 3 (tiga) hari, yaitu 72 (tujuh puluh dua) jam.
- 사고가 날 경우에 연락할 수 있는 곳을 가르쳐 주세요.
  Beritahukan saya tempat yang saya sambungi kalau ada langgaran.
- 이것이 제 국제면허증입니다.
  Inilah SIM (surat izin mengemudi) internasional.
- 보증금이 필요하나요?
  Apa perlu uang muka?
- 내일 아침에 물리아호텔로 차를 보내 주세요.
  Tolong kirimkan mobil ke Hotel Mulia besok pagi.
- 차가 고장 났어요. 사람 좀 보내 주세요.
  Mobilnya rusak, tolong kirimkan orang.

06 은행

은행을 찾을 때

- 이 근처에 은행이 있습니까?
  Apa ada bank di sekitar ini?

- 가까운 은행이 어디에 있습니까?
  Di mana bank terdekat di sini?

- 환전을 할 수 있는 은행이 어디에 있습니까?
  Di mana bank yang bisa menukar uang?

은행 열고, 닫는 시간 확인할 때

- 은행은 몇 시까지 엽니까?
  Sampai jam berapa bank buka?

- 언제 은행 문을 엽니까?
  Kapan bank buka?

- 주말에 은행을 이용할 수 있습니까?
  Dapatkah menggunakan bank pada akhir minggu?

환전할 때

- 오늘의 환율이 어떻게 됩니까?
  Bagaimana nilai kurs hari ini?

- 달러를 루삐아-ㅎ화로 바꿀 때의 환율이 어떻게 됩니까?
  Bagaimana nilai kurs dolar dengan rupiah?

- 환전하시고자 하는 액수에 따라 차이가 있습니다.
  Ada perbedaan menurut banyaknya uang yang mau ditukar.

- 1 달러에 9,000 루삐아ㅡㅎ입니다.
  1 (satu) dolar sama dengan 9.000 (seribu seratus) rupiah.

- 여기서 외국 돈을 바꿀 수 있습니까?
  Dapatkah menukar uang asing di sini?

- 저는 루삐아ㅡㅎ가 필요합니다.
  Saya memerlukan uang rupiah.

- 외환 환전 사무소가 어디에 있습니까?
  Di mana kantor penukaran uang devisa?

- 어디서 환전을 할 수 있습니까?
  Di mana saya bisa menukar uang?

- 무슨 수수료를 지불하지요?
  Uang komisi apa yang terbayar?

- 이 여행 수표를 현금으로 바꾸어 주십시오.
  Minta tukar cek turis ini dengan uang tunai.

- 잔돈도 섞어 주십시오.
  Tolong beri uang kecil juga.

잔돈을 바꿀 때

- 100 달러를 100 달러 지폐로 바꾸어 주십시오.
  Minta tukar seratus dolar ini dengan uang kertas ratusan.

- 여기서 사용되는 모든 종류의 동전을 갖고 싶습니다.
  Saya ingin punya semua jenis uang logam yang dipakai di sini.

- (100 달러) 바꾸어 주십시오.
  Minta tukar (seratus dolar).
- 달러로 바꾸어 주십시오.
  Minta tukar dengan dolar.
- 수수료를 지불해야만 하지요? 얼마입니까?
  Apa harus bayar uang komisi? Berapa banyaknya?

계좌를 개설할 때

- 이 은행에 다른 구좌를 가지고 계십니까?
  Apa ada rekening yang lain di bank ini?
- 고객님의 계좌번호 부탁합니다.
  Tolong beri tahu nomor rekening Bapak / Ibu.
- 계좌를 개설하고 싶습니다.
  Saya mau membuka rekening.
- 구좌의 명의는 누구십니까?
  Nama rekeningnya atas nama siapa?
- 고객님 명의의 구좌가 있습니까?
  Apakah ada rekening atas nama Bapak / Ibu?
- 제게 여권이나 신분증을 보여 주세요.
  Minta tunjukkan saya paspor atau KTP (kartu tanda pengenal).
- 제게 여권이나 신분증을 주시겠습니까?
  Apa bisa berikan saya paspor atau KTP (kartu tanda pengenal).
- 이 양식지를 채워 주세요.
  Tolong isikan formulir ini.
- 이 쪽 아래에 서명해 주세요.
  Tolong tanda tangan di bawah ini.

- 비밀 번호를 누르셔야 합니다.
  Bapak / Ibu harus menekan nomor rahasia.
- 여기에 통장이 있습니다.
  Di sini ada buku tabungan.
- 카드는 다음 주에 댁으로 우송하겠습니다.
  Kartu akan diposkan ke rumah pada minggu depan.

입출금과 송금할 때

- 얼마를 입금하시겠습니까?
  Mau masukkan uang berapa banyaknya?
- 입금하고 싶습니다.
  Saya mau masukkan uang (ke dalam rekening saya).
- 저는 1,000달러를 입금하겠습니다.
  Saya mau masukkan uang 1.000 (seribu) dolar.
- 돈을 찾고 싶습니다.
  Saya mau menarik uang.
- ATM에 지폐를 입금할 수 있습니까?
  Bolehkah saya masukkan uang kertas ke dalam ATM?
- 저는 은행에 계좌를 가지고 있습니다.
  Saya mempunyai rekening di bank.
- 제 계좌에 잔고가 어떻게 되지요?
  Bagaimana saldo rekening giro saya?
- 은행이 제게 계좌조회(내역)을 알려주나요?
  Apa bisa beri tahu saya verifikasi rekening giro saya?
- 이체를 할 수 있습니까?
  Dapatkah saya mentransfer uang?
- 이완으로부터의 이체금액이 도착했는지 알 수 있을까요?
  Apa bisa beri tahu saya apakah uang transferan dari Iwan sudah sampai?

- 저는 한국으로 송금을 하고 싶습니다.
  Saya mau kirim uang ke Korea.
- 제 구좌로부터 송금을 하고자 합니다.
  Saya mau kirim uang dari rekening giro saya.
- 이체를 원하시는 금액이 얼마입니까?
  Mau kirim uang berapa banyaknya?
- 이 양식을 채워 주세요.
  Tolong isikan formulir ini.
- 여기에 고객님의 돈을 받을 수 있는 은행의 이름을 써 주세요.
  Tolong tuliskan nama bank yang bisa Bapak / Ibu terima uangnya.
- 여기에 수취인의 구좌번호를 써 주세요.
  Tolong tuliskan nomor rekening giro penerima di sini.
- 5일 후에 돈이 도착할 것입니다.
  Uangnya akan sampai 5 (lima) hari kemudian.

신용카드

- 신용카드를 신청할 수 있습니까?
  Dapatkah saya meminta kartu kredit?
- 신용 등급을 확인해도 되겠습니까?
  Dapatkah saya mengesahkan tingkat kredit saya?
- 이 양식지를 채워 주세요.
  Tolong isikan formulir ini.
- 여권이나 신분증을 보여 주십시오.
  Tolong lihatkan saya paspor atau KTP (kartu tanda pengenal).
- 여기 아래에 서명하십시오.
  Tolong tanda tangan di bawah ini.

- 카드는 어디로 받으시겠습니까?
  Mau menerima kartunya di mana?
- 카드는 댁으로 보내겠습니다.
  Kami akan mengirim kartu kreditnya ke rumah.
- 카드는 다음 주에 직장으로 우송하겠습니다.
  Kartu kredit akan diposkan ke kantor minggu depan.
- 카드 명세서는 어디로 보내드릴까요?
  Ke mana saya bisa kirim spesifikasi kartu?
- 이메일로 받으시겠습니까? 우편으로 받으시겠습니까?
  Mau menerima dengan e-mail atau dengan pos?

우체국을 찾을 때

- 우체국은 어디입니까?
  Di mana kantor pos?

- 우체국은 여기에서 버스로 5분 거리에 있습니다.
  Sampai kantor pos memakan waktu 5 (lima) menit dengan bus dari sini.

- 우체국에 영어를 말하는 직원이 있습니까?
  Apa ada pegawai yang bisa berbahasa Inggris di kantor pos?

우표를 살 때

- 어디에서 우표를 삽니까?
  Perangkonya dijual di mana?

- 2번 창구에서 팝니다.
  Perangkonya dijual di loket 2 (dua).

- 제게 100루삐아짜리 우표를 10장 주세요.
  Minta perangko ratusan rupiah 10 (sepuluh) buah.

- 이 편지에 붙인 우표는 이것으로 충분합니까?
  Apa perangko ini cukup untuk surat ini?

편지를 부칠 때

- 이 편지를 등기로 부쳐 주세요.
  Tolong kirimkan surat ini surat terdaftar.
- 이 편지는 외국으로 가는 것입니다.
  Surat ini ke luar negeri.
- 한국에 도착하는 데 며칠 걸립니까?
  Sampai ke Korea memakan waktu berapa hari?
- 이 편지를 항공[배]편으로 보내고 싶습니다.
  Saya mau kirim surat ini dengan surat udara.
- 얼마입니까?
  Berapa ongkosnya?

소포를 부칠 때

- 소포로 이것을 보내고 싶습니다.
  Saya mau kirim yang ini dengan pos paket.
- 이 소포를 등기로 부치려고 합니다.
  Saya mau kirim paket ini pos terdaftar.
- 이 소포는 얼마를 지불해야 합니까?
  Paket ini kena bayar berapa?
- 중량이 조금 초과됩니다. 돈을 더 지불하셔야 합니다.
  Paket ini beratnya kelebihan sedikit. Harus bayar lagi.
- 이 소포 안에는 무엇이 있습니까?
  Apa isi paket ini?
- 소포 안에는 20권의 책이 있습니다.
  Dalam paket ini ada 20 (dua puluh) buah buku.

08 이발과 미용

이발소에서

- 이발과 면도 부탁합니다.
  Saya mau gunting rambut dan cukur janggut.

- 면도해주세요.
  Tolong cukurkan kumis dan janggut saya.

- 면도할 때, 작은 상처 조심해 주세요.
  Hati-hati ada luka kecil, waktu cukur.

- 짧게 깎아 주세요.
  Guntinglah dengan pendek.

- 조금만 깎아 주세요.
  Gunting sedikit saja.

- 너무 짧지 않게 깎아 주세요.
  Jangan terlalu pendek, ya.

- 옆을 짧게 깎아주세요.
  Tolong guntingkan rambut di sebelahnya dengan pendek.

- 머리를 감겨 주세요.
  Tolong cucikan rambut.

- 머리를 감고 나서 잘 빗어 주세요.
  Tolong sisir dengan baik setelah cuci rambut.

- 가르마를 가운데로 잡아 주세요.
  Tolong sibakkan rambut di tengah saja.

미용실에서

- 약하게 파마를 해주세요.
  Tolong keritingkan rambut sedikit.
- 강하게 파마를 하고 싶습니다.
  Saya mau mengeriting rambut saya dengan lebat.
- 머리를 웨이브를 주고 싶습니다.
  Saya mau memberi kepang pada rambut.
- 머리에 컬을 해주세요.
  Minta kepang rambut.
- 얼마입니까?
  Berapa ongkosnya?

 세탁소

세탁을 맡길 때

- 언제 세탁이 다됩니까?
  Kapan pakaian ini selesai dicuci?
- 이것을 좀 다려주세요.
  Tolong seterika yang ini.
- 내일까지 세탁해 주세요.
  Tolong dicuci sampai besok.
- 내일까지 다 되겠습니까?
  Dapat selesai sampai besok?
- 이 옷은 드라이클리닝 되어야 합니다.
  Pakaian ini diminta pencucian kering.
- 단추가 떨어졌습니다. 달아주실 수 있지요.
  Kancing bajunya terjatuh. Dapatkah jahitkan kancingnya?
- 찢어진 곳을 수선해 주실 수 있지요?
  Dapatkah memperbaiki tempat sobek?
- 이 얼룩을 없애 주실 수 있지요?
  Dapatkah hilangkan noda ini?
- 옷감이 상하지 않게 얼룩을 빼주세요.
  Tolong hilangkan noda tanpa merusak kainnya.
- 새로운 지퍼 다는 것은 얼마입니까?
  Berapa harganya untuk mengganti resleting yang baru?

세탁물을 찾을 때

- 물품명세서[영수증]를 보여 주세요.
  Tolong tunjukkan daftar barang / kuitansinya.
- 명세서 없이는 옷을 인계할 수 없습니다.
  Tidak bisa serahkan pakaian tanpa kuitansi.
- 제 세탁물이 아직 나오지 않았습니까?
  Apa pakaian cucian saya belum keluar?
- 고객님의 옷은 이미 다 되었습니다.
  Pakaian Bapak sudah selesai.
- 이 얼룩은 없앨 수 가 없습니다.
  Noda ini tidak bisa dihilangkan.
- 새 단추 가격을 지불하셔야 합니다.
  Harga kancing baru harus dibayar.
- 없어진 단추에 대한 것은 저희가 책임을 집니다.
  Kancing yang hilang ditanggung kami.

⑩ 부동산과 관공서

부동산 중개소에서

- 저는 방 3개짜리 아파트를 원합니다.
  Saya memerlukan apartemen yang kamarnya 3 (tiga).
- 저는 욕실이 두 개인 아파트를 원합니다.
  Saya ingin apartemen yang ada dua kamar mandi.
- 욕실이 딸린 작은 방을 원합니다.
  Saya ingin kamar yang kecil dengan kamar mandi.
- 집기가 완비된 원룸을 얻고자 합니다.
  Saya mau menyewa satu ruangan yang dilengkapi fasilitasnya.
- 저는 호수가 보이는 집을 원합니다.
  Saya ingin rumah yang dapat melihat danau.
- 해가 잘 드는 방을 원합니다.
  Saya mau kamar yang kena sinar matahari.
- 지금 방을 볼 수 있습니까?
  Dapatkah saya melihat kamarnya sekarang?
- 언제 들어가 볼 수 있지요?
  Kapan saya bisa masuk kamar itu untuk melihat?
- 아파트의 도면을 볼 수 있나요?
  Dapatkah saya melihat denah apartemen ini?
- 이 건물은 안전장치가 있습니까?
  Apakah ada sistem keselamatan / keamanan di dalam gedung ini?

- 그 아파트는 몇 층입니까?
  Apartemen itu berapa tingkat tingginya?

- 아파트의 크기는 어떻게 됩니까?
  Apartemen itu ukurannya bagaimana?

- 그 건물은 애완견을 키울 수 있습니까?
  Dapatkah saya memelihara anjing di dalam gedung ini?

- 어느 가격을 원하십니까?
  Mau berapa harganya?

- 임대는 얼마입니까?
  Uang / biaya sewanya berapa?

- 임대료에 공공요금은 포함되어 있습니까?
  Apakah tarif umum termasuk dalam uang sewa?

- 전기료와 난방비는 포함되어 있습니까?
  Apakah tarif listrik dan pemanasannya termasuk?

- 언제 임대료를 지불해야 합니까?
  Kapan uang sewanya dibayar?

- 지불해야 하는 보증금은 얼마입니까?
  Uang mukanya (yang harus dibayar) berapa?

- 사용하신 전기료는 지불하셔야 합니다.
  Tarif listrik yang sudah dipakai harus bayar dulu.

- 물은 무료입니다.
  Airnya gratis.

- 가스와 전기료는 지불하셔야 합니다.
  Tarif gas dan listrik harus bayar.

- 전기료는 포함되어 있으나, 난방비는 안 되어 있습니다.
  Tarif listrik termasuk tetapi tarif pemanasannya tidak.

PART VIII
긴급 표현

01 난처한 상황
02 분실과 도난
03 교통사고
04 자연재해와 화재
05 병원
06 약국

01 난처한 상황

난처할 때

- 무슨 일인가요?
  Ada masalah apa?
- 무슨 일이 있었나요?
  Apa yang terjadi?
- 여권을 분실했습니다.
  Paspornya hilang.
- 카메라를 도난당했습니다.
  Kamera saya kecurian.
- 제 신용카드를 분실했습니다.
  Kartu kredit saya hilang.
- 제 카드를 중지시켜 주세요.
  Tolong blokir kartu kredit saya.
- 저는 술이 취했습니다.
  Saya mabuk.
- 저는 이미 술이 취했습니다.
  Saya sudah mabuk.
- 제 차가 길 한가운데서 고장이 났습니다.
  Mobil saya rusak di jalan.
- 저는 엘리베이터 안에서 갇혀서 나갈 수가 없습니다.
  Saya tidak bisa keluar karena liftnya rusak.
- 저희 건물에 전기가 나갔습니다.
  Listrik mati di gedung kami.

말이 통하지 않을 때

- 영어 하니?
  Bisa bicara bahasa Inggris?
- 한국어 하는 사람을 불러주세요.
  Tolong panggil orang yang bisa berbahasa Korea.
- 누가 영어 할 수 있나요?
  Siapa yang bisa berbahasa Inggris?
- 저는 인도네시아어를 거의 못합니다.
  Saya hampir tidak bisa berbahasa Indonesia.
- 이것을 인도네시아어로 뭐라고 합니까?
  Yang ini, apa dalam bahasa Indonesianya?
- 미안한데, 네 말을 이해 못했어.
  Maaf, saya tidak mengerti maksud Anda.
- 미안한데, 나는 인도네시아어를 못해.
  Maaf, saya tidak bisa berbahasa Indonesia.
- 내 인도네시아어는 매우 형편없다.
  Bahasa Indonesia saya jelek.
- 단지 아주 조금의 인도네시아어만 한다.
  Saya bisa bicara bahasa Indonesia sedikit.
- 그것을 다시 말해줄 수 있니?
  Bisa katakan yang itu sekali lagi?
- 나는 네 말을 이해 못한다.
  Saya tidak bisa mengerti apa yang Anda katakan.
- 네가 뭐라고 말하는지 나는 모른다.
  Saya tidak bisa mengerti apa yang Anda maksudkan.
- 천천히 말씀해 주세요.
  Tolong bicara pelan-pelan.

- 그것을 써 주실 수 있습니까?
  Apa bisa menulis yang itu?

위급한 상황일 때

- 급해요, 급해!
  Kita harus segera!
- 문 좀 열어주세요!
  Tolong buka pintu!
- 나가요!
  Keluar!
- 위험해요!
  Awas! / Berbahaya!
- 조심해요!
  Hati-hati!
- 부상자들은 어떻습니까?
  Bagaimana keadaan para korban yang terluka?
- 부상자들은 괜찮니?
  Apa korban yang terluka tidak apa-apa?
- 의사 좀 불러주세요.
  Tolong panggil dokter.
- 경찰 좀 불러주세요.
  Tolong panggil polisi.
- 구급차 좀 불러주세요.
  Tolong panggil ambulans.
- 저 사람을 잡아 주세요!
  Tangkap orang itu!
- 도둑이야! 도둑 잡아요!
  Maling! Tangkap maling itu!

도움을 요청할 때

- 이 근처에 경찰서가 어디에 있습니까?
  Di mana kantor polisi di sekitar sini?

- 분실물 센터는 어디에 있습니까?
  Di mana tempat penyimpanan barang-barang hilang?

- 저는 차 안에 열쇠를 두고 잠갔습니다.
  Saya mengunci mobil tanpa mengambil kunci yang ada di dalam mobil saya.

- 죄송한데 이 양식 채우는 것을 도와주실 수 있나요?
  Maaf, dapatkah menolong saya untuk mengisi formulir ini?

- 정말 송구스럽습니다만, 휴대폰을 좀 빌릴 수 있을까요?
  Maaf, dapatkah saya pinjam telepon genggam?

- 제 휴대폰이 여기에서 터지지 않습니다.
  Telepon genggam saya tidak ada sinyal di kawasan ini.

- 차안에서 열쇠를 꺼내줄 수 있습니까?
  Dapatkah (Anda) mengeluarkan kunci dari mobil?

- 실례하지만, 소금을 건네주실 수 있습니까?
  Maaf, dapatkah memberi garam?

- 제게 소금을 건네주시기 바랍니다.
  Tolong beri saya garam.

- 제게 다른 치즈를 가져다 주시겠습니까?
  Apa bisa membawakan saya keju yang lain?

- 부탁을 들어주시겠습니까?
  Apa bisa menerima permintaan saya?

- 도움을 줄 수 있겠습니까?
  Boleh tolong saya?

- 도와주세요!
  Tolong!

- 함께 와 주세요!
  Silakan datang bersama-sama!
- 의사가 있나요?
  Apa ada dokter?
- 누가 지혈을 어떻게 하는지 아나요?
  Apa ada yang tahu bagaimana caranya menghentikan pendarahan?
- 누가 심폐소생술을 할 줄 아나요?
  Siapa yang tahu cara memulihkan fungsi kardiopulmonari?

응급치료

- 움직이지 마라.
  Jangan bergerak!
- 팔을 올리세요.
  Tolong angkat tangan ke atas.
- 다리를 올려보세요.
  Tolong angkat kaki ke atas.
- 제게 모포를 주세요.
  Berikan saya selimut.
- 저희는 붕대가 필요합니다.
  Kami memerlukan pembalut.
- 손의 지혈을 해라.
  Hentikan pendarahannya di tangan.
- 구급상자를 줘라.
  Serahkan kotak obat / perawatan pertolongan pertama.

02 분실과 도난

분실했을 때

- 가방을 잃어 버렸어요.
  Tasnya hilang.
- 버스에 배낭을 두고 내렸습니다.
  Ranselnya tertinggal dalam bus.
- 누구에게 알리는 것이 좋습니까?
  Sebaiknya saya melaporkan kepada siapa?
- 분실물 센터는 어디입니까?
  Di mana tempat penyimpanan barang-barang hilang?
- 여행자 수표를 잃어 버렸습니다.
  Cek wisata hilang.
- 재 발행해 주시겠습니까?
  Dapatkah menarik cek wisata lagi?

도난 당했을 때

- 여권을 도난당했어요.
  Saya kecurian paspor.
- 제 지갑이 없어졌어요.
  Dompet saya tidak ada.
- 지갑을 도난당했습니다.
  Saya kecurian dompet.

- 도난당했습니다.
  Kecurian.

도난 신고를 할 때

- 경찰에 알리고 싶습니다.
  Saya mau lapor polisi.
- 한 남자가 짐을 훔치고 있습니다.
  Seorang lelaki mencuri bagasinya.
- 도난 증명서를 만들어 주세요.
  Buatkan saya surat keterangan kecurian.

 교통사고

교통사고를 당했을 때

- 사고 증명서를 만들어 주세요.
  Buatkan saya surat keterangan kecelakaan.
- 저는 교통사고를 당했습니다.
  Saya mengalami kecelakaan lalu lintas.
- 트럭이 우리 차를 들이받았습니다. 그리고 손상되었습니다.
  Sebuah truk menabrak mobil kami. Mobil kami rusak.
- 저는 상처를 입어, 움직일 수 없습니다.
  Saya terluka, jadi tidak bisa bergerak.

교통사고를 냈을 때

- 제 자동차가 다른 자동차를 들이받았습니다.
  Mobil saya menabrak mobil yang lain.

교통사고 경위를 묻고, 설명할 때

- 언제 사고가 발생했습니까?
  Kapan kecelakaan itu terjadi?
- 몇 명이 부상입니까?
  Berapa korban yang terluka?
- 몇 명이 사망했습니까?
  Berapa korban yang mati?

- 종로 3가에서 교통사고가 있었습니다.
  Kecelakaan itu terjadi di Jalan Chongro 3 (tiga).
- 제가 증인입니다.
  Saya, saksi.
- 저는 증언할 수 있습니다.
  Saya bisa memberikan bukti.
- 모든 과정을 보았습니다.
  Saya melihat semua prosesnya.
- 자동차가 여자를 치었고, 그녀가 척추에 상처를 입었습니다.
  Mobil itu menabrak seorang perempuan, akibatnya terluka tulang belakangnya.
- 트럭이 우리 차를 치었고, 부서졌다.
  Sebuah truk menabrak mobil kami, dan mobil kami rusak.
- 그가 차에 깔렸다.
  Ia terlindas mobil.
- 저는 그 차를 묘사할 수 있습니다.
  Saya bisa menceritakan mobil itu.
- 저는 가해자에 대해 묘사할 수 있습니다.
  Saya bisa menggambarkan orang yang menabrak itu.
- 저는 그 차량 번호판을 기억합니다.
  Saya masih ingat pelat nomor mobilnya.

 **자연재해와 화재**

자연재해에 대해서

- 비가 많이 온다.
  Hujan lebat.
- 태풍이 분다.
  Ada angin kencang.
- 폭풍이 친다.
  Ada badai.
- 우리는 폭우로 경황이 없다.
  Kami di dalam keadaan kacau-balau ketika hujan lebat.
- 허리케인은 시속 500킬로미터로 불 수 있는 바람이다.
  Hurricane adalah jenis angin topan yang bergerak 500 (lima ratus) kilometer per jam.

 병원

예약 또는 병원에 갈 때

- 내일 오후에 의사 선생님과 약속을 잡을 수 있습니까?
  Dapatkah saya membuat janji dengan dokter besok sore?

- 오늘은 그 의사 선생님께서 시간이 없습니다.
  Dokter itu tidak ada waktu untuk bertemu hari ini.

- 언제 갈 수 있습니까?
  Kapan saya bisa datang?

- 약속보다 미리 갈 수 있나요?
  Dapat saya pergi lebih awal dari janji semula?

- 저는 마르조노 의사 선생님과 10시 반에 예약이 되어 있습니다. 지금 갈 수 있습니까?
  Saya ada janji dengan Dokter Marjono pada jam setengah sebelas. Bolehkah saya datang sekarang?

- 병원에 데려다 주세요.
  Tolong antarkan saya ke rumah sakit.

병원 접수 창구에서

- 무엇을 도와드릴까요?
  Apa yang bisa saya bantu?

- 누구를 찾아오셨습니까?
  Mau bertemu dengan siapa?

- 담당 의사가 누구시지요?
  Siapakah dokter spesialis Anda?
- 몇 시에 약속[예약]을 하셨습니까?
  Jam berapa menekankan ada janji?
- 처음 오셨나요?
  Apakah ini yang pertama kali?
- 누가 아프신 것입니까?
  Siapakah yang sakit?
- 환자의 성함이 어떻게 되시지요?
  Siapa nama pasiennya?
- 건강 보험은 가지고 계신가요?
  Apa ada asuransi kesehatan?
- 보험카드는 가지고 계신가요?
  Apa ada kartu asuransi kesehatan?
- 저희가 (카드를) 복사를 해야 합니다.
  Kami harus membuat salinan kartu asuransi kesehatan itu.
- 고객님의 보험회사는 어디입니까?
  Perusahaan mana asuransi Bapak?
- 이 양식에 사인이 필요합니다.
  Tolong tandatangani formulir ini.
- 이 양식들을 채워주시고, 되돌려 주세요.
  Tolong isikan formulir ini dan kembalikan kepada saya.
- 입원해야만 합니까?
  Apakah saya harus masuk rumah sakit?
- 간호사와 힘께 기시지요.
  Pergilah dengan perawat.

증상을 물을 때

- 어디가 아픈가요?
  Bapak / Ibu, mana yang sakit?
- 무슨 일이 있나요?
  Ada apa?
- 무슨 문제가 있나요?
  Ada apa dengan Bapak / Ibu?
- 증상이 어떠시지요?
  Gejalanya bagaimana?
- 어떤 다른 증상이 있나요?
  Apa ada gejala yang lain?
- 당신의 병에 대해서 제게 말씀해 주시겠습니까?
  Bisakah ceritakan / jelaskan mengenai penyakit Anda kepada saya?
- 어지러우세요?
  Apakah pusing kepalanya?
- 여기를 두드리면 통증이 있나요?
  Apakah sakit kalau ditekan / diketuk di sini?
- 이것이 얼마나 오래 되었나요?
  Yang ini sudah berapa lamanya?
- 얼마 동안 그러한 상태였나요?
  Keadaan begitu berapa lamanya?

증상을 말할 때

- 기분[컨디션이]이 좋지 않습니다.
  Perasaannya tidak begitu baik.
- 몸 상태가 좋지 않습니다.
  Keadaan badannya tidak baik.

- 기운이 하나도 없습니다.
  Kekuatannya tidak ada sama sekali.

- 무기력한 듯합니다.
  Merasa lemas.

- 힘이 없습니다.
  Tidak ada kekuatannya.

- 식욕이 없습니다.
  Tidak ada nafsu makan.

- 설사와 구토 증세가 있습니다.
  Ada gejala diare dan muntah.

- 어지럽습니다.
  Kepalanya pusing.

- 현기증이 있습니다.
  Ada gejala pusing.

- 피부에 발진이 있습니다.
  Ada erupsi / pemekaran pada kulit.

- 피부에 습진이 있습니다.
  Ada eksem pada kulit.

- 머리가 아픕니다.
  Sakit kepala.

- 편두통이 있습니다.
  Sakit kepala sebelah.

- 머리가 욱신거린다.
  Kepalanya berdenyut-denyut.

- 배가 아픕니다.
  Perutnya sakit.

- 설사를 했습니다.
  Kena diare.

- 감기에 걸렸어요.
  Kena flu / masuk angin.
- 열과 기침이 납니다.
  Ada demam dan batuk.
- 편도선이 부었습니다.
  Amandelnya bengkak.
- 오한이 납니다.
  Ada gejala panas dingin.
- 피곤해 죽을 것 같습니다
  Hampir mati karena letih.

병력이나 발병 시기를 물을 때

- 알레르기성 체질입니다.
  Keadaan jasmani yang berhubungan dengan alergi.
- 전에 이런 증상이 있었나요?
  Apa ada gejala seperti ini dulu?
- 당신의 어머니는 살아 계시나요?
  Apa ibu Anda masih hidup?
- 당신의 아버지는 살아 계시나요?
  Apa ayah Anda masih hidup?
- 당신의 어머니는 어떻게 돌아가셨나요?
  Bagaimana ibu Anda meninggal dunia?
- 당신의 아버지는 어떤 질병으로 돌아가셨나요?
  Ayah Anda meninggal dunia karena penyakit apa?
- 당신의 가족에서 심장 질환이 있던 선조가 있습니까?
  Apa ada anggota keluarga yang mempunyai penyakit jantung?

- 당신의 가족 중에 관상동맥질환을 앓고 있는 사람이 있습니까?
  Apa ada orang yang kena penyakit arteri jantung di antara anggota keluarga Anda?

- 당신의 가족 중에 간염을 알았던 사람이 있습니까?
  Apa ada orang yang kena penyakit radang hati / hepatitis di antara anggota keluarga Anda?

- 어떤 약에 부작용이 있습니까?
  Obat mana yang menimbulkan efek samping?

- 항생제에 대한 부작용이 있습니까?
  Apa ada efek samping terhadap obat antibiotik?

- 항생제에 알레르기가 있나요?
  Adakah alergi terhadap obat antibiotik?

통증을 호소할 때

- 의사를 불러 주세요.
  Tolong panggil dokter.

- 열이 납니다.
  Ada demam.

- 머리[배]가 아파요.
  Sakit kepala / perut.

- 현기증이 납니다.
  Merasa pusing.

- 설사가 납니다.
  Kena diare.

- 손목이 삐었습니다.
  Pergelangan tangannya keseleo.

- 발목에 고통이 있습니다.
  Merasa kesakitan pada (pergelangan) kakinya.

- 목에 경련[쥐]이 났다.
  Kejang leher.
- 발목이 부었습니다.
  Pergelangan kakinya bengkak.
- 머리에 종기로 아프다.
  Merasa sakit karena tumor di kepala.
- (머리를) 숙일 수가 없습니다.
  Tidak bisa menundukkan kepala.
- 어깨가 뭉쳤어요.
  Ada gumpalan otot pada bahunya.
- 여기가 따끔따끔합니다.
  Sering merasa nyeri di sini.
- 숨 쉴 때, 여기가 아픕니다.
  Sakit di sini waktu bernapas.
- 걸을 때, 여기가 아픕니다.
  Sakit di sini waktu berjalan kaki.
- 일어설 때, 왼쪽 다리가 아픕니다.
  Sakit kaki di sebelah kiri waktu berdiri.
- 계단에서 넘어졌습니다.
  Terjatuh dari tangga.
- 축구공에 맞았습니다.
  Kena tendangan bola.
- 병으로 머리에 맞았습니다.
  Kepalanya kena botol.
- 기계에 손가락이 잘렸어요.
  Jari tangannya terpotong mesin.

검사할 때

- 저를 따라 오시지요.
  Ikuti saya.
- 체중계에 올라가시지요.
  Silakan naik ke atas timbangan (berat) badan ini.
- 체중을 재도록 하겠습니다.
  Saya akan menimbang berat badan Anda.
- 체중은 72Kg입니다.
  Berat badannya 72 (tujuh puluh dua) kilogram.
- 최근에 몸무게가 올라[내려]갔습니까?
  Apa ada kenaikan / penurunan berat badan?
- 체온을 재도록 하겠습니다.
  Saya akan mengukur suhu badan Anda.
- 입을 벌려보세요.
  Tolong coba buka mulutnya.
- 혀를 내밀어 보세요.
  Tolong coba keluarkan lidahnya.
- 편도선을 보고자 합니다.
  Saya mau memeriksa amandel.
- 숨을 깊게 내쉬세요.
  Coba keluarkan nafasnya yang panjang.
- 가슴이 아픕니까?
  Apakah dadanya sakit?
- 청진을 해보겠습니다.
  Saya akan coba memeriksa dengan stetoskop.
- 체온을 재려고 합니다.
  Saya akan mengukur suhu badannya.

- 당신의 체온은 37도입니다.
  Suhu badan Anda 37 (tiga puluh tujuh) derajat.
- 소매를 걷어 올리세요.
  Tolong gulungkan / naikkan lengan bajunya.
- 혈압을 재도록 하겠습니다.
  Saya akan mengukur tekanan darah.
- 당신의 혈압은 조금 높[낮]습니다.
  Tekanan darah Bapak / Ibu agak tinggi / rendah.
- 당신의 맥박을 재도록 하겠습니다.
  Saya akan mengukur denyut nadi.
- 주사를 놓겠습니다.
  Saya akan menyuntik Anda.
- 허리까지 옷을 벗으세요.
  Tolong buka bajunya sampai di pinggang.
- 얼마 전부터 팔이 아프셨나요?
  Sejak kapan Bapak / Ibu lengannya sakit?
- 엑스레이를 찍으셔야 합니다.
  Bapak / Ibu harus mengambil pemeriksaan Rontgen.
- 심전도 검사를 하시는 것이 더 좋을 듯합니다.
  Bapak / Ibu lebih baik mengambil pemeriksaan elektrodiagram / grafik debar jantung.
- 피[혈액 샘플]를 뽑겠습니다.
  Saya akan mengambil sampel darah.
- 소변[대변]을 채취해야겠습니다.
  Harus mengambil sampel urine / kotoran.
- 일주일 후에 결과를 받을 수 있습니다.
  Anda bisa mendapat hasilnya setelah satu minggu.
- 여기가 아파요.
  Sakit di siini.

- 제 혈액형은 A입니다.
  Saya golongan darah A.
- 입원해야 합니까?
  Apa saya harus masuk rumah sakit?
- 며칠 정도면 완쾌하겠습니까?
  Kalau sembuh memakan waktu berapa lama?
- 여행을 계속해도 됩니까?
  Bolehkah saya meneruskan perjalanan?

내과에서

- 저는 열이 있습니다.
  Ada demam.
- 저는 열이 조금 있습니다.
  Saya ada demam sedikit.
- 저는 열이 높습니다.
  Saya demam tinggi.
- 온 몸에서 열이 납니다.
  Ada demam di seluruh badan.
- 식욕이 없습니다.
  Tidak ada selera makan.
- 식욕을 잃었습니다.
  Selera makannya hilang.
- 빈혈이 있습니다.
  Ada anemia.
- 고피기 납니다.
  Hidungnya berdarah.
- 저는 고혈압입니다.
  Saya ada tekanan darah tinggi.

- 배[위]가 아픕니다.
  Perutnya / Lambungnya sakit.
- 최근 이틀 동안 토할 것 같았습니다.
  Selama 2 (dua) hari ini saya hampir mau muntah.

정형 외과에서

- 상처에 피가 납니다.
  Lukanya berdarah.
- 다리에 피가 흐릅니다.
  Kakinya berlumuran darah.
- 피가 멈추지 않습니다.
  Darahnya mengucur tidak mau berhenti.
- 팔이 부러졌습니다.
  Lengannya patah.
- 왼쪽 손이 탈골되었습니다.
  Persendian tulang tangan kirinya terlepas.
- 뛸 때, 여기가 아픕니다.
  Sakit di sini waktu lari.
- 자려고 할 때, 여기가 아픕니다.
  Sakit di sini waktu mau tidur.
- 상처를 꿰맬 것입니다.
  Lukanya akan dijahit.
- 1주일 후에 실을 뽑겠습니다.
  Jahitannya akan diambil setelah satu minggu.
- 환자는 목발을 짚어야 합니다.
  Pasien harus memakai penopang kaki / tongkat ketiak.
- 접골을 해야 합니다.
  Harus mengembalikan letak tulang di tempat semula.

- 그는 깁스를 해야 합니다.
  Dia terpaksa memakai gips.
- 몇 주 동안 목발로 걸어야 합니다.
  Untuk beberapa minggu Anda harus berjalan menggunakan penopang kaki / tongkat ketiak?

피부과에서

- 씻으러 갔을 때, 데였습니다.
  Terkena panas pada waktu mandi.
- 상처가 감염되었습니다.
  Lukanya terinfeksi.
- 상처가 조금 덧났습니다.
  Lukanya kambuh lagi.

치과에서

- 이가 아픕니다.
  Sakit gigi.
- 며칠 전부터 이쪽 이가 매우 아픕니다.
  Sakit gigi di sebelah sini sejak beberapa hari yang lalu.
- 이가 썩었습니다. 썩은 부분을 도려내고 씌워야 합니다.
  Giginya berlubang. Bagian yang berlubang itu harus ditambal.
- 어금니가 충치이군요.
  Gigi gerahamnya bolong.
- 이 어금니를 씌워줄 수 있습니까?
  Apakah geraham ini bisa ditambal?
- 이를 뽑아야 합니다. 그리고, 의치를 해 넣어야 합니다.
  Giginya hendak dicabut. Maka, memasang gigi palsu.

- 내 아들의 이가 흔들린다.
  Gigi anak saya tergoyang-goyang.
- 치주염(齒周炎)이 있습니다.
  Ada radang gusinya.
- 마취하나요?
  Apakah akan dibius?

안과에서

- 눈이 아파요.
  Matanya sakit.
- 해가 비칠 때, 눈이 아픕니다.
  Matanya sakit pada waktu kena sinar matahari.

이비인후과에서

- 저는 감기입니다.
  Saya kena flu.
- 심하지 않습니다.
  Tidak begitu parah.
- 저는 감기에 걸렸습니다.
  Saya kena flu.
- 저는 코감기가 있습니다.
  Saya kena pilek.
- 저는 독감에 걸렸습니다.
  Saya kena influenza.
- 심한 감기입니다.
  Flu berat.
- 저는 열이 있습니다.
  Saya ada demam.

- 목이 아픕니다.
  Sakit kerongkongan.
- 저는 목이 부었습니다.
  Kerongkongan saya bengkak.
- 편도선이 부었습니다.
  Amandelnya bengkak.
- 코가 막혔습니다.
  Hidungnya tersumbat.
- 눈물 콧물이 나옵니다.
  Air mata dan ingusnya keluar.
- 며칠 동안 누워 계셔야 합니다.
  Harus istirahat beberapa hari.
- 귀에서 윙 소리가 납니다.
  Telinga rasanya berdengung.

신경외과에서

- 일어설 수가 없습니다.
  Tidak bisa berdiri.
- 어깨가 마비되었습니다.
  Bahunya lemas.
- 손이 마비가 되었습니다.
  Tangannya lemas.

산부인과에서

- 밥을 먹으려 할 때, 토할 것 같습니다.
  Mau muntah waktu makan.
- 제 집사람이 임신 중 입니다.
  Istri saya sedang hamil.

- 그녀는 분만실에 있습니다.
  Dia di dalam kamar bersalin.
- 그녀는 분만 중입니다.
  Ia sedang melahirkan.
- 집 사람이 5시간 동안의 진통을 겪고 있습니다.
  Istri saya merasakan kesakitan selama 5 (lima) jam saat akan melahirkan.
- 집 사람이 딸을 낳습니다.
  Istri saya melahirkan anak perempunan.

응급실에서

- 구급차가 도착했다.
  Ambulansnya sudah sampai.
- 환자가 침상에 있다.
  Pasien ada di atas tempat tidur.
- 그는 휠체어에 있지 않다.
  Ia tidak ada di kursi roda.
- 환자를 들것에 눕히거나 휠체어에 앉힙니다.
  Pasiennya dibaringkan di atas tandu atau didudukkan di kursi roda.
- 그를 응급실로 옮깁니다.
  Pindahkan dia ke UGD (Unit Gawat Darurat).
- 의사들이 그를 진찰합니다.
  Para dokter memeriksa dia.
- 바로 간호사가 맥박을 잰다.
  Perawat langsung mengukur denyut nadi.
- 혈압을 잰다.
  Mengukur tekanan darah.

- 레지던트[인턴] 의사가 응급실에서 환자를 진찰한다.
  Dokter jaga memeriksa pasien di UGD (Unit Gawat Darurat).
- 환자는 복통을 앓고 있다.
  Pasien sedang menderita sakit perut.
- 환자를 엑스레이실로 데리고 간다.
  Mengantar pasien ke ruang Rontgen.

환자의 상태를 물을 때

- 얼마나 안정을 취해야 합니까?
  Berapa lama harus beristrahat?
- 조금 좋아졌습니다.
  Sudah agak membaik.
- 상당히 좋아졌습니다.
  Sudah mulai membaik.
- 여전히 좋지 않습니다.
  Masih tidak baik.
- 회복이 되려면 얼마나 걸릴까요?
  Berapa lama lagi sembuh?

의사 처방

- 제가 두 대의 주사와 하나의 약을 처방하겠습니다.
  Saya akan memberikan resep untuk disuntik dua kali dan satu obat.
- 이 약을 드시지요.
  Minum obat ini.

- 식사 전에 이 시럽 두 스푼을 드십시오.
  Minum sirup ini dua sendok teh sebelum makan.
- 약을 식전에 먹어야 합니까? 식후에 먹어야 합니까?
  Apakah minum obat sebelum makan atau sesudah makan?
- 식전에 드셔야 합니다.
  Harus minum sebelum makan.
- 식후에 드셔야 합니다.
  Harus minum sesudah makan.
- 식사 전 30분에 드셔야 합니다.
  Harus minum 30 (tiga puluh) menit sebelum makan.
- 제가 항생제 처방을 하겠습니다.
  Saya memberi resep obat antiradang.
- 하루 약을 3번 먹어야 합니다.
  Harus minum obat ini 3 (tiga) kali sehari.
- 몇 알을 먹어야 합니까?
  Harus minum berapa butir pil?
- 두 알을 먹어야 합니다.
  Harus minum dua butir pil.
- 오늘 아무것도 먹어서는 안 됩니다.
  Tidak boleh makan apa-apa hari ini.
- 물 많이 드세요.
  Minumlah banyak air.
- 많이 쉬세요.
  Istirahatlah secukupnya.
- 다시 와야 합니까?
  Apa harus datang lagi?
- 일주일 내로 한 번 더 오셔야 합니다.
  Harus datang sekali lagi dalam seminggu.

 약국

약국을 찾을 때

- 가장 가까운 약국이 어디 있습니까?
  Di mana apotek terdekat (dari sini)?
- 이 근처에 약국이 있나요?
  Apa ada apotek di sekitar sini?

처방전을 보이며 약을 달라고 할 때

- 이 처방전으로 약을 주십시오.
  Minta obat dengan resep ini.
- 의사 처방전이 없다면 이 약을 드릴 수 없습니다.
  Kalau tidak ada resep dokter, obat ini tidak bisa diberikan.

증상을 말하며 약을 달라고 할 때

- 처방전은 없습니다만, 감기약을 주세요.
  Tidak ada resep, tetapi minta obat flu.
- 식욕이 없습니다. 저는 식욕을 돋우기 위해 약을 사고 싶습니다.
  Saya tidak punya selera makan. Saya ingin beli obat nafsu makan.
- 기침에 좋은 약 있나요?
  Apakah ada obat yang bagus untuk batuk?

- 치통을 가라앉히는 약을 제게 주실 수 있나요?
Apakah Anda bisa memberi saya obat penghilang sakit gigi?

- 불면증입니다. 수면제를 사고 싶습니다.
Saya insomnia / sulit untuk tidur. Ingin membeli obat tidur.

약의 복용법에 대해서

- 약은 몇 회나 복용합니까?
Obat ini harus diminum berapa kali?

- 하루 세 번 식사 전에, 두 알의 약을 드셔야 합니다.
Tiga kali sehari sebelum makan, dua butir pil setiap kali minum.

PART IX
여행 표현

01 비행기
02 공항
03 숙박
04 길안내
05 관광
06 쇼핑
07 귀국

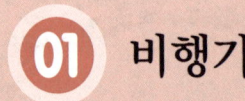
비행기

항공권을 구할 때

- 저는 다음 주에 자까르따 행 항공편을 예약하고 싶습니다.
  Saya ingin pesan penerbangan ke Jakarta untuk minggu depan.

- 저는 7월 14일 발리 행 표를 예약하고 싶습니다.
  Saya mau pesan tiket ke Bali pada tanggal 14 (empat belas) Juli.

- 수라바야로 가는 다음 비행기는 언제 떠납니까?
  Kapan pesawat terbang ke Surabaya yang berikutnya akan berangkat?

- 5월 20일에 자까르따로 가는 비행 편과 6월 7일에 돌아오는 편이 있습니까?
  Apa ada penerbangan ke Jakarta pada tanggal 20 (dua puluh) Mei dan pulangnya pada tanggal 7 (tujuh) Juni?

- 아직 좌석이 남아 있습니까?
  Apa masih ada tempat duduk yang kosong?

- 네, 표를 예약해 드렸습니다.
  Ya, tiketnya sudah dipesan, Pak.

- 수라바야 행 다른 비행 편을 알아봐 주세요.
  Coba lihat apakah ada penerbangan yang lain ke Surabaya.

- 메단으로 갈 수 있는 가장 이른 비행기 표를 제게 주세요.
  Berikan saya tiket ke Medan yang paling awal.

- 당신은 어떤 항공사를 선호하십니까?
  Bapak / Ibu suka penerbangan yang mana?

- 편도입니까? 아니면 왕복권입니까?
  Tiket untuk sekali jalan atau PP (pulang pergi)?

- 언제 출발을 원하십니까?
  Kapan mau berangkat?

- 어떤 등급의 좌석을 원하십니까?
  Tempat duduk yang kelas apa Bapak / Ibu mau?

- 일등석을 원하십니까? 비즈니스 석을 원하십니까?
  Apa mau tempat duduk eksekutif atau bisnis?

- 수라바야 행 표 한 장을 구매하고 싶습니다.
  Saya ingin beli satu tiket ke Surabaya.

- 죄송합니다. 오늘의 모든 항공권이 예약되었습니다.
  Maaf, tiket untuk hari ini sudah dipesan semuanya.

- 아쩨 행 왕복표를 구매하고 싶습니다.
  Saya mau beli tiket pulang pergi ke Aceh.

- 수라바야 행 편도 표 한 장을 구매하고자 합니다.
  Saya mau beli tiket sekali jalan ke Surabaya.

- 지금 발권을 할 수 있습니까?
  Apakah tiketnya dapat dibeli sekarang?

- 죄송합니다. 대기자 14 번으로 넣어드릴까요? 취소가 있다면 연락 드리겠습니다.
  Maaf, dapat saya masukkan nama Bapak dalam daftar penunggu yang ke-14 (empat belas)? Saya akan hubungi kalau ada pembatalan.

- 저는 발리로 가는 비행기 왕복표 2 매를 예매하고 싶습니다.
  Saya mau membeli di muka dua tiket pesawat ke Bali.

- 환승을 해야 합니까?
  Apakah harus saya ganti pesawat?

- 어디에서 공항세를 지불해야 합니까?
  Di mana dapat saya membayar pajak bandara / airport tax?

- 어디에 대기실이 있습니까?
  Kamar tunggunya di mana?

- 인천공항에서 체크인을 해야만 합니다.
  Bapak / Ibu harus check-in di Bandara Incheon.

- 비지니스 클래스의 가격은 얼마입니까?
  Berapa harganya tiket untuk kelas bisnis?

- 퍼스트클래스[1등석]의 가격은 얼마입니까?
  Berapa ongkosnya untuk kelas eksekutif / first class?

- 창가 쪽으로 앉고 싶습니다.
  Saya mau tempat duduk di pinggir jendela.

- 복도 쪽으로 앉고 싶습니다.
  Saya mau tempat duduk di pinggir lorong.

- 맨 앞좌석[중간 좌석]으로 부탁합니다.
  Minta tempat duduk paling depan / tengah.

- 예매를 취소하고 싶습니다.
  Saya mau batalkan tiket pembelian.

- 이 표를 구매[취소]하고 싶습니다.
  Saya mau beli / batalkan tiket ini.

- 이 항공권들은 환불이 되지 않습니다.
  Tiket pesawat terbang ini tidak bisa dikembalikan uangnya.

- 제 비행 편을 확인하고 싶습니다.
  Saya mau memastikan jadwal pesawat terbang saya.

- 고객님의 비행 편을 확인했습니다.
  Saya sudah memastikan jadwal pesawat udara Bapak / Ibu.

- 3일 내로 고객님께서는 저희 사무실 어디서든지 구입하실 수 있습니다.

  Bapak / Ibu dapat membeli tiket di perwakilan kantor kami dalam 3 (tiga) hari.

- 제가 표를 예약했습니다만, 좌석을 확인하고 싶습니다.

  Saya sudah pesan tiket, tetapi ingin memastikan tempat duduknya.

- 고객님의 좌석을 확인했습니다.

  Tempat duduk Bapak / Ibu sudah ada.

- 비행기 표를 바꿀 수 있나요?

  Dapatkah saya menukar tiket pesawat terbang?

- 표를 변경하고 싶습니다.

  Saya mau tukar / mengubah tiketnya.

- 이 표는 취소하고, 가루다항공 870편으로 바꿔주세요.

  Tolong batalkan tiket ini, dan ganti dengan tiket Garuda Nomor 870 (delapan ratus tujuh puluh).

- 가능하다면, 1월 11일 일요일로 바꾸고 싶습니다.

  Kalau bisa, saya ingin ganti pada hari Minggu tanggal 11 (sebelas) Januari.

- 태국항공사는 값이 싸다. 그래서 방콕에서 하룻밤을 머물러야 한다.

  Tiket Thai Air Lines murah, maka terpaksa menginap satu malam di Bangkok.

- 항공사는 숙박과 아침 식사를 무료로 제공합니다.

  Perusahaan penerbangan menyediakan penginapan dan sarapan gratis.

- 비즈니스 좌석은 남아 있지 않습니다.

  Tempat duduk untuk kelas bisnis tidak ada lagi.

- 죄송합니다. 저희에게 퍼스트 클래스 좌석만 남아 있습니다.

  Maaf, tempat duduk untuk kelas eksekutif saja yang masih ada.

- 이번 주 일요일의 티켓은 모두 매진되었습니다.
  Tiket untuk hari Minggu ini semuanya habis terjual.

- 당신에게 가장 빨리 예매해드릴 수 있는 것은 다음 주 수요일입니다.
  Tiket yang dapat dipesan secepatnya untuk Bapak / Ibu adalah tiket untuk Rabu depan.

- 고객(카드) 번호를 가지고 계십니까?
  Apa ada nomor kartu langganan, Bapak / Ibu?

- 고객님의 마일리지를 사용하시겠습니까?
  Apa mau pakai mileage Bapak / Ibu?

- 지금은 특별 고객을 위한 특별 프로그램 시행 중입니다.
  Sekarang ada program istimewa untuk pelanggan khusus.

- 고객[마일리지] 카드를 만드시겠습니까?
  Apa ingin membuat kartu langganan / mileage?

- 우수(이용)고객을 위한 저희 프로그램에 참여하시겠습니까?
  Apa mau ikut serta program kami untuk pelanggan tetap?

- 우수(이용)고객을 위한 저희의 프로그램이 어떤지 알고 싶으십니까?
  Apa ingin tahu bagaimana program kami untuk pelanggan tetap?

- 아마도 이 비행기를 원하지 않으실 듯합니다. 왜냐하면 도착 현지 시각은 새벽 2 시입니다.
  Mungkin Bapak / Ibu tidak mau pesawat terbang ini karena pesawat ini akan sampai di tempat tujuan pada jam 2 (dua) pagi.

- 비행기는 몇 시에 출발합니까?
  Jam berapa pesawat terbang berangkat?

- 오전 비행기는 몇 시에 출발합니까?
  Kalau pesawat terbang pagi berangkatnya jam berapa?

- 비행은 몇 시간이 걸립니까?
  Penerbangannya berapa jam?
- 몇 시에 도착합니까?
  Jam berapa (akan) sampai?
- 도착시간은 어떻게 되지요?
  Jam berapa pesawat tiba?
- 비행기가 제 시간에 도착할까요?
  Apakah pesawat akan sampai tepat waktu?
- 직항입니까?
  Apakah pesawat ini penerbangan langsung?
- 직항입니다.
  Yang ini penerbangan langsung.
- 경유 시간이 긴가요?
  Apa waktu transitnya lama?
- 이 비행기는 어디를 경유합니까?
  Pesawat terbang ini transit di mana?
- 싱가포르에서 경유합니다.
  Transit di Singapura.
- 경유 시간은 얼마나 됩니까?
  Waktu transitnya berapa lama?
- 자까르따에서 한 시간 경유시간이 있습니다.
  Transit di Jakarta selama satu jam.
- 공항에 몇 시에 도착해야 합니까?
  Harus sampai di bandara jam berapa?
- 어느 만큼의 짐을 비행기 내로 들고 갈 수 있습니까?
  Berapa kilogram bagasi kabin untuk satu orang?
- 어느 만큼의 짐을 제가 가지고 갈 수 있지요?
  Berapa banyak bagasinya bisa saya bawa?

- 어느 만큼의 짐이 허용됩니까?
  Berapa banyak bagasinya diperbolehkan?
- 비행기를 갈아 타야합니까?
  Apa harus ganti pesawatnya?
- 비행기를 싱가포르에서 갈아 타셔야 합니다.
  Harus ganti pesawatnya di Singapura.
- 식사를 제공하지요?
  Apakah akan disediakan makanan?
- 비행기에서 간식을 제공합니다.
  Makanan ringannya akan diberi di dalam pesawat terbang.
- 식사가 있습니까?
  Apa ada makanan?
- 이 비행기는 먹을 것을 제공하지 않습니다.
  Makanan tidak diberi di dalam pesawat terbang ini.
- 특별식을 주문할 수 있습니까?
  Apa bisa memesan makanan yang istimewa?

탑승 수속할 때

- 목적지가 어디십니까?
  Tempat tujuannya ke mana?
- 짐을 부치시겠습니까?
  Apa mau kirim bagasinya dengan pesawat?
- 고객님의 이름은 이 비행기의 탑승자 명단에 있지 않습니다.
  Nama Bapak / Ibu tidak ada dalam daftar penumpang pesawat terbang ini.
- 대기자 명단에 올릴 수 있습니다.
  Bisa masukkan di dalam daftar tunggu.

- 테이프로 고객님의 짐을 붙여 놓으세요.
  Tolong tempelkan pita pada bagasi Bapak / Ibu.

- 기내 반입 짐은 무게를 잴 필요가 없습니다.
  Barang-barang yang mau dibawa ke dalam kabin (pesawat) tidak perlu ditimbang.

- 안타깝게도 무게 초과입니다.
  Sayang sekali, beratnya melewati batas.

- 10 킬로 무게 초과입니다.
  Beratnya kelebihan 10 (sepuluh) kilogram.

- 고객님의 짐은 부치셔야 합니다. 나머지 것은 들고 가실[타실] 수 있습니다.
  Bagasi Bapak harus dikirim. Yang lainnya bisa dibawa masuk ke kabin pesawat terbang.

- 짐에 라벨을 붙이셔야 합니다.
  Bapak harus menempel label pada bagasinya.

- 가방들을 저울 위에 올려 놓아주십시오.
  Tolong taruh bagasi-bagasinya di atas timbangan.

- 체크인을 하시고, 출발 대기 장소에서 기다리세요.
  Check-in dulu, kemudian tunggu di ruang tunggu pemberangkatan.

- 올라서세요. 그리고 안전 점검[물품검색]대쪽으로 가세요..
  Tolong berdiri, kemudian pergi ke tempat pemeriksaan barang-barang.

- 탑승권 제시 부탁합니다.
  Perlihatkan tiket tumpang.

- 비행기 표를 제게 보여주십시오.
  Perlihatkan saya tiketnya.

- 제게 당신의 티켓[비행기 표]을 보여주실 수 있습니까?
  Bolehkah Bapak memperlihatkan saya tiketnya?

- 당신의 핸드폰, 열쇠, 동전을 쟁반에 올려놓으세요. 그리고 검색대를 지나가 주세요.

  Taruhlah hp, kunci, uang logam di atas nampan, kemudian lewatlah tempat pemeriksaan.

탑승할 때

- 빨리 비행기에 타자.

  Mari kita segera naik di pesawat terbang.

- 우선 아이와 동승하시는 승객과 특별한 도움을 필요로 하는 승객들이 먼저 탑승하시기 바랍니다.

  Para penumpang yang membawa anak-anak dan memerlukan bantuan dipersilakan naik lebih dahulu.

- 이제[지금] 탑승 수속을 시작합니다.

  Prosedur naik pesawat terbang akan dimulai.

- 자까르따 행 KE-627 편에 탑승하시기 바랍니다.

  Para penumpang dipersilakan masuk pesawat KE-627 (enam dua tujuh).

- 탑승권과 여권 부탁합니다.

  Perlihatkan tiket naik dan paspornya.

- 두 개의 가방을 가지고 탑승하는 것이 허용됩니다.

  Dua buah tas boleh dibawa naik.

- 이 짐을 검색[체크]하셔야 합니다.

  Kopor ini harus diperiksa dulu.

- 다른 짐을 검색[체크]하셔야 합니다.

  Kopor yang lain harus diperiksa.

비행기 시간 변경 및 연착 안내할 때

- 이번 비행기는 연착되었습니다.
  Pesawat terbang ini diundur.
- 이번 비행기는 악천후로 연착되었습니다.
  Pesawat terbang ini tertunda, karena cuaca buruk.
- 이 비행기 편은 연착되어 출발하지만, 다른 모든 환승 편은 상황이 좋습니다.
  Pesawat terbang ini terlambat berangkat karena ada kerusakan mesin, tetapi pesawat pengganti lainnya dalam keadaan baik.
- 이 비행기는 비행이 취소되었습니다.
  Pesawat terbang ini dibatalkan penerbangannya.
- 이 비행기 편은 A1 게이트[문]로 환승 편이 연결되었습니다.
  Gerbang menuju pesawat ini mempunyai sambungan ke pesawat lain melalui A1 (satu).

좌석을 찾고 앉을 때

- 이 좌석 번호는 어디쯤 됩니까?
  Di mana nomor tempat duduk ini?
- 따라 오십시오.
  Ikuti saja.
- 이쪽입니다.
  Di sebelah sini.
- 제 좌석을 제게 알려 주세요.
  Tolong tunjukkan tempat duduk saya.
- 좌석을 바꿀 수 있습니까?
  Bolehkah saya tukar tempat duduk?

- 고객님은 26A 좌석입니다.
  Nomor tempat duduk Bapak adalah 26 (dua puluh enam)A.
- 짐을 좀 위로 올려 주시겠어요?
  Bisakah menaikkan barang-barang ke kabin atas?
- 고객님의 재킷을 걸어 놓으실 수 있고, 머리 위쪽의 짐칸에 작은 것들은 넣을 실 수 있습니다.
  Bapak boleh menggantung jasnya dan barang-barang kecil bisa dimasukkan di kabin di atas.
- 이 무거운 가방은 발 아래쪽에 놓으실 수 있습니다.
  Tas yang berat ini boleh taruh di bawah kaki.
- 이것은 호출 버튼입니다. 누르시면서 저희를 호출하실 수 있습니다.
  Yang ini tombol untuk memanggil. Kalau ditekan, bisa untuk memanggil kami.
- 안전벨트를 매어 주시기 바랍니다.
  Tolong pasang sabuk pengaman.
- 이것이 의자 각도 조절 버튼입니다.
  Yang ini tombol untuk mengontrol posisi kursi.
- 세면장[화장실]은 비행기의 중간과 뒤편에 있습니다.
  Toilet ada di sebelah tengah dan belakang pesawat terbang.
- 비상 출구는 비행기의 날개 쪽 위의 양옆으로 있습니다.
  Pintu keluar darurat ada di sebelah atas kedua sayap pesawat terbang.
- 승무원이 안전 수칙을 설명할 때, 승객께서는 주의를 기울여 주십시오.
  Waktu pramugari menerangkan peraturan keamanan penerbangan, penumpang dipersilakan memperhatikannya.

- 안전벨트를 착용하기를 원하신다면, 안전벨트의 양끝을 연결하십시오.

  Kalau ingin memasang sabuk pengaman, sambungkanlah kedua ujung sabuk.

- 안전벨트를 풀기 원하신다면, 커버를 위쪽으로 당기세요.

  Kalau mau buka sabuk pengaman, tarik saja tutupnya ke atas.

- 고객님과 가장 가까이 출구가 위치해 있습니다.

  Pintu keluar terletak di tempat yang paling dekat dengan Anda.

- 신호(등)이 꺼질 때까지 안전벨트를 착용한 채로 계속 계십시오.

  Pasanglah sabuk pengaman sampai lampu darurat dipadamkan.

기내 방송을 할 때

- 저희 KAL 항공기를 이용해주셔서 감사합니다.

  Terima kasih atas kepercayaan Anda menggunakan KAL kami.

- 모든 짐은 고객님의 앞쪽 좌석 밑 또는 머리 위쪽의 짐칸에 넣어 주셔야 합니다.

  Semua barang harap disimpan di depan tempat duduk penumpang atau di kabin atas.

- 비행기가 곧 이륙할 것입니다.

  Pesawat terbang akan lepas landas sebentar lagi.

- 비행기가 이륙합니다. 안전벨트를 착용하십시오.

  Pesawat terbang sedang take off / lepas landas. Para penumpang diminta untuk memasang sabuk pengaman.

- 저희는 12 킬로미터 상공을 비행하고 있습니다.

  Kita sedang terbang di ketinggian 12 (dua belas) kilometer.

- 우리의 비행시간은 약 8 시간이 될 것입니다.
 Waktu penerbangan kita kira-kira 8 (delapan) jam (lamanya).
- 우리는 시속 1,200 킬로미터로 비행하고 있습니다.
 Kita sedang terbang dengan kecepatan 1.200 (seribu dua ratus) km per jam.
- 필요한 것이 있다면, 의자 팔걸이의 버튼을 눌러주십시오.
 Kalau ada sesuatu yang diperlukan, silakan tekan tombol di atas sandaran tangan.
- 비행기가 속도를 줄이고 있습니다. 저희는 착륙할 것입니다.
 Kecepatan pesawat terbang dikurangi. Kita akan mendarat.
- 고객님의 안전벨트가 잘 채워져 있는지 확인하시고, (뉘어진) 좌석을 원위치 시켜 주십시오.
 Tolong periksa kembali sabuk pengaman dan tegakkan kembali tempat duduk (yang ditidurkan).
- 비행기가 완전히 멈출 때까지 자리에서 일어나지 마십시오.
 Penumpang diminta jangan berdiri sampai saat pesawat terbang berhenti dengan sempurna.
- 긴급 상황 시에는 고객님의 좌석 아래에 구명조끼가 있습니다.
 Tersedia baju pelampung untuk digunakan dalam keadaan darurat di bawah tempat duduk penumpang.
- 물위에 불시착하는 상황에서는 고객님의 좌석의 방석[쿠션]이 튜브처럼 여러분께 도움이 될 것입니다.
 Waktu pendaratan darurat di atas air bantal kursi akan dipakai sebagai tube.
- 긴급 상황에서 산소마스크가 천장에서 떨어질 것입니다.
 Masker oksigen akan terjatuh dari atap pada waktu darurat.

- 이 비행기는 대기의 불안정한 상황 때문에 천천히 운항되고 있습니다.
  Kecepatan pesawat terbang akan dikurangi karena udara tidak stabil.

기내 서비스를 받을 때

- 비행하는 동안 저녁 식사가 제공될 것입니다.
  Makan malam disajikan dalam penerbangan.
- 저는 멀미가 납니다.
  Saya merasa mabuk udara.
- 멀미약이 있습니까?
  Apa ada obat mabuk udara?
- 물 한 잔 주세요.
  Minta segelas air.
- 한국과 인도네시아의 시차는 어떻습니까?
  Bagaimana perbedaan waktu antara Korea dan Indonesia?
- 지금 싱가포르의 시간은 어떻게 됩니까?
  Jam berapa waktu Singapura sekarang?
- 한국 잡지나 신문이 있습니까?
  Apa ada majalah atau surat kabar Korea?
- 종이와 펜을 좀 빌려 주시겠습니까?
  Bolehkah saya pinjam kertas dan pulpen?
- 지금 안전벨트를 풀 수 있습니까?
  Bolehkah saya melepaskan sabuk pengaman sekarang?
- 비행기에 아이들을 위한 장난감이 있나요?
  Apa ada permainan untuk anak-anak di dalam pesawat ini?

- 식사가 나오면 깨워주세요.
  Tolong bangunkan saya waktu makanan tersedia.

기내식을 먹을 때

- 기내에서는 식사가 제공됩니까?
  Apakah di pesawat disajikan makanan?
- 점심 제공 시간입니다.
  Sekarang waktu makan siang disajikan.
- (앞) 테이블을 내려 주십시오.
  Tolong buka meja depan.
- 무슨 음료를 드시겠습니까?
  Mau minum apa?
- 식사와 무슨 음료를 선호하십니까? 위스키, 와인, 맥주, 주스 또는 음료수가 있습니다.
  Suka minuman dan makanan apa? Ada wiski, anggur, bir, jus atau minuman yang lain.
- 커피와 차 중에 어떤 것을 드시겠습니까?
  Mau minum apa, kopi atau teh?
- 견과류는 어떠세요?
  Bagaimana kacang dan sebagainya?
- 전채요리[에피타이저]를 드릴까요?
  Apakah mau makanan pembuka?
- 무슨 종류를 원하십니까? 닭고기 아니면 소고기?
  Ingin makan apa? Daging ayam atau sapi?

비행기 내에서 대화할 때

- 비행기로 자까르따에 여행을 가 보셨어요?
  Apa pernah ke Jakarta dengan pesawat terbang?

- 비행기에서 잠을 편히 잘 수 있나요?
  Apa bisa tidur nyenyak di dalam pesawat terbang?

- 비행기로 여행하는 것에 익숙해지셨어요?
  Apakah sudah biasa bepergian dengan pesawat terbang?

- 복도 쪽 자리가 제게 딱 맞는 것 같습니다.
  Tempat duduk di sebelah lorong sangat cocok buat saya.

- 저와 자리를 바꾸어 주실 수 있습니까?
  Apa bisa tukar tempat duduk dengan saya?

- 비행기가 활주로 위에서 미끄러져 들어가고 있다.
  Pesawat terbang sedang meluncur di atas landasan untuk lepas landas.

- 우리는 편안한[조용한] 비행을 했다.
  Kami terbang dengan tenang.

기내 면세품을 구입할 때

- 기내에서 면세 제품을 파나요?
  Apa barang-barang bebas pajak dijual di dalam pesawat terbang?

- 면세 위스키를 조금 구매하고 싶습니다.
  Saya ingin beli beberapa botol wiski bebas pajak.

- 저는 나폴레옹을 살지 발렌타인을 살지 고민하고 있습니다.
  Saya ragu apakah saya akan beli Napoleon atau Balentain.

- 200 개비 담배 이상의 것은 돈[세금]을 내야 합니다.
  Lebih dari 200 (dua ratus) batang rokok harus bayar denda.

입국카드를 작성할 때

- 이 양식을 기재하는 방법을 가르쳐 주세요.
  Tolong terangkan saya bagaimana mengisi formulir ini.

통과·환승할 때

- 이용객 안내소가 어디에 있습니까?
  Di mana tempat informasi untuk para penumpang?

- 공중전화는 어디에 있지요?
  Di mana telepon umum?

- 세면대[화장실]가 어디에 있습니까?
  Di mana kamar kecilnya?

- 세면대[화장실]는 복도 끝의 왼쪽이 있습니다.
  Kamar kecilnya ada di sebelah kiri ujung lorong.

- 저는 오스트레일리아로 가는 통과 여행객입니다.
  Saya penumpang transit ke Australia.

- 저는 미국으로 가는 편으로 갈아타려고 합니다.
  Saya ingin berganti pesawat yang ke Amerika.

- 가루다 항공의 GA870 편을 타려고 합니다.
  Saya ingin naik Garuda Indonesian Airway GA870 (delapan tujuh kosong).

- 예약은 서울에서 확인했습니다.
  Saya telah memeriksa pesanannya di Seoul.

- 수하물 보관소는 어디입니까?
  Di mana tempat menyimpan bagasinya?

- 탑승 수속을 하는 곳은 어디입니까?
  Di mana tempat untuk naik pesawat terbang?

- 욕야까르따 행 환승을 위해 어디로 가야만 합니까?

  Ke mana saya bisa pergi untuk berganti pesawat terbang ke Yogyakarta?

- 이 비행기는 수라바야로 가는 직항입니까?

  Apa pesawat terbang ini langsung ke Surabaya?

- 저는 KE670 편의 환승객입니다. 어디서 환승 비행기를 타지요?

  Saya penumpang transit KE-670 (enam tujuh kosong). Di mana saya bisa naik pesawat transit?

- 저는 싱가포르를 경유하여 인천에서 자까르따로 갑니다.

  Saya ke Jakarta dari Incheon lewat Singapura.

- 발리로 가는 연결[환승] 편은 언제 이륙합니까?

  Kapan pesawat terbang transit ke Bali berangkat / take off?

- 악천후로 인해 발리로 가는 연결 편 비행기를 놓쳤습니다.

  Saya ketinggalan pesawat terbang transit ke Bali karena cuaca buruk.

- 환승 고객님들께서는 (탑승) 대기 장소로 들어가실 수 있습니다.

  Para penumpang transit bisa masuk ke ruang tunggu untuk naik pesawat terbang.

- 환승 고객님들께서는 입국심사대를 통과하셔서는 안 됩니다.

  Para penumpang transit tidak usah lewat konter pemeriksaan imigrasi.

Kata-kata yang digunakan (유용한 어휘)

- 탑승 장소   tempat naik pesawat terbang
- 비행기   pesawat terbang
- 항공회사   perusahaan penerbangan
- 시내 항공터미널   terminal penerbangan kota
- 국내선   pelayanan penerbangan dalam negeri
- 국제선   pelayanan penerbangan luar negeri
- 대합실   ruang tunggu
- 정기편   pesawat terbang reguler
- 특별기편   pesawat terbang istimewa
- 운임   ongkos penerbangan
- 들고 타는 짐   bagasi yang dibawa
- 짐표(확인용)   kartu bagasi
- 공항세[이용료]   pajak bandara
- 면세품점   toko barang-barang bebas pajak

공항

입국심사를 받을 때

- 저는 관광객입니다.
  Saya turis / wisatawan.
- 저는 비즈니스로 온 관광객입니다.
  Saya wisatawan dengan tujuan bisnis
- 저는 5일 동안 머무를 예정입니다.
  Saya akan tinggal selama 5 (lima) hari.
- 저는 물리아호텔에 투숙을 할 것입니다.
  Saya akan menginap di Hotel Mulia.
- 저는 두 번째[세 번째] 방문입니다.
  Ini kunjungan yang kedua / yang ketiga buat saya.
- 국적은 어디십니까?
  Bapak / Ibu warganegara mana?
- 인도네시아에 오신 동기는 무엇입니까?
  Apa tujuannya ke Indonesia?
- 저는 여행자로 일주일 동안 여기서 머물 것입니다.
  Saya akan di sini selama satu minggu sebagai turis.
- 얼마나 체류하실 것입니까?
  Ingin tinggal berapa lama?
- 저는 한 달 동안 어기에서 체류할 것입니다.
  Saya akan tinggal di sini selama satu bulan.
- 어떤 타입의 여행을 하고 계십니까?
  Apa tujuan bepergian?

- 저는 인도네시아대학교에서 한국어를 가르치기 위해 초청된 교수입니다.
  Saya dosen tamu untuk mengajar bahasa Korea di Universitas Indonesia.
- 당신의 여행 목적이 무엇입니까?
  Apa tujuan wisata Bapak / Ibu?
- 저는 사업차 여기에 있을 것입니다.
  Saya akan di sini untuk bisnis.
- 저는 비행기 환승 편 여행객입니다.
  Saya penumpang pesawat terbang transit.
- 저는 단지 당신의 나라를 거쳐 가고 있습니다.
  Saya cuma sedang lewat saja di negeri Bapak.
- 저는 학생 비자를 가지고 여기에 머물고 있습니다.
  Saya sedang berada di sini dengan visa pelajar.
- 당신의 여권을 볼 수 있을까요?
  Bolehkah saya melihat paspor Bapak / Ibu?
- 죄송합니다만, 당신의 여권의 기한이 끝났습니다.
  Maaf, masa berlaku paspor Bapak / Ibu sudah habis.
- 당신과 동행하는 누가 있습니까?
  Apa ada orang lain yang bersama Bapak / Ibu?
- 당신이 여행하고자 하는 다른 나라들이 있습니까?
  Apa ada negeri lain tujuan Bapak / Ibu ingin berwisata?
- 우리는 당신에게 48 시간의 환승 허가를 제공합니다.
  Kami mengizinkan Bapak / Ibu untuk transit selama 48 (empat puluh delapan) jam.

짐을 찾을 때

- 짐을 어디서 찾아야 하나요?
  Di mana bisa saya mengambil bagasinya?

- 대한민국에서 온 짐은 어느 수하물 찾는 곳에 있습니까?
  Di mana tempat mencari bagasi-bagasi dari Korea?

- 짐 나르는 카트는 돈을 지불해야 합니까?
  Apa troli untuk membawa bagasi bayar juga?

- 제 짐을 찾지 못하겠습니다.
  Saya tidak bisa mencari bagasi saya.

- 제 짐이 없어졌습니다.
  Saya kehilangan barang-barang.

- 제 가방 중에 한 개가 없어진 것 같습니다.
  Barangkali salah satu bagasi saya hilang.

- 제 짐이 어디에 있는지 확인해 줄 수 있습니까?
  Apa boleh mengecek di mana bagasi saya?

- 공항에서 잘못이 있었군요. 그래서 단지 제 가방 중에 하나만 비행기에 있었어요.
  Mungkin ada kesalahan di bandara. Oleh karena itu cuma ada satu bagasi di antara bagasi-bagasi saya yang ada di dalam pesawat terbang.

- 아마도 제 가방은 도쿄로 가 있겠군요.
  Mungkin bagasi saya terbawa ke Tokyo.

- 제 생각에는 제 짐이 제가 타고 온 비행기로 온 것 같지 않습니다.
  Saya kira mungkin bagasi saya tidak dibawa dalam pesawat terbang saya.

- 짐들 속에서 제 것은 나타나지 않습니다.
  Bagasi saya tidak ada di antara bagasi-bagasinya.

- 제 짐이 도착할 지를 언제 기다려야 하나요?
  Kapan saya harus menunggu bagasi saya sampai?

- 제 짐이 다음 비행기로 도착할까요?
  Apakah bagasi saya akan sampai dengan pesawat terbang berikut?

- 여기, 수하물 표가 있습니다.
  Ini kartu bagasi saya.

- 저는 GA 870 편으로 도착했습니다.
  Saya sampai di sini dengan pesawat terbang GA-870 (delapan tujuh kosong).

- 깨지기 쉽습니다. 조심해주세요.
  Hati-hati, mudah pecah.

- 저는 이틀 동안 짐을 여기에 맡기고 싶습니다.
  Saya mau simpan bagasi saya di sini selama dua hari.

- 제 짐이 손상되었습니다. 어디에서 항의를 해야 하지요?
  Bagasi saya telah rusak. Ke mana saya harus mengadu?

세관을 통과할 때

- 신고할 것이 없습니다.
  Tidak ada barang yang perlu dilaporkan.

- 이 신고서를 채워 넣으세요.
  Tolong isikan formulir laporan ini.

- 신고서를 잘 준비하세요.
  Siapkan surat laporan dengan baik.

- 세관 신고 카드 여기에 있습니다.
  Ini kartu laporan pajak.

- 신고할 무엇을 가지고 계시나요?
  Apa ada sesuatu untuk dilaporkan?

- 금지된 무엇을 가지고 계신가요?
  Apa ada barang terlarang dibawa masuk?

- 당신이 소지한 외국 돈을 등록하세요.
  Tolong daftar uang devisa yang Bapak / Ibu punya.

- 개인 소지품에 대한 세금을 지불할 필요는 없습니다.
  Barang-barang milik pribadi tidak kena pajak.

- 이것들은 모두 개인 소지품입니다.
  Yang ini semuanya barang-barang milik pribadi.
- 이것은 제 친구를 위한 선물입니다.
  Yang ini oleh-oleh untuk teman saya.
- 이것은 한국에 가져갈 기념품입니다.
  Yang ini oleh-oleh yang akan saya bawa ke Korea.
- 저는 위스키 한 병을 가지고 있습니다.
  Saya punya satu botol wiski.
- 이 짐들을 수하물 보관소에 맡겨 주세요.
  Tolong titip bagasi-bagasi ini di tempat penitipan barang.
- 수하물 보관증을 받을 수 있지요?
  Dapatkah saya menerima bukti penitipan barang?
- 이 디지털 카메라[노트북]는 제가 사용하는 것입니다.
  Saya yang memakai kamera digital / laptop ini.
- 이 가방 속에 반입 금지품이 없지요?
  Di dalam tas ini tidak ada barang-barang yang tidak bisa dibawa, kan?
- 액체는 기내로 반입이 될 수 없습니다.
  Barang cair tidak bisa dibawa masuk ke dalam pesawat terbang.
- 대한민국으로 얼마만큼의 향수를 들여올 수 있습니까?
  Berapa banyak minyak wangi yang dapat dibawa masuk ke Korea?
- 영수증을 제게 주시겠습니까?
  Bolehkah kuitansinya diberiakan kepada saya?
- 여기 고객님의 영수증[물품 명세서]이 있습니다.
  Ini kuitansi / daftar barang-barang Bapak / Ibu.
- 이제 세관의 수속은 마치셨습니다.
  Sekarang prosedur di kantor pajak bandara sudah selesai.

- 고객님의 예방[백신] 접종 확인서는 어디에 있지요?
  Mana sertifikat vaksinasi Bapak / Ibu?
- 이 귀중품들 때문에 많은 세금을 지불하셔야 합니다.
  Karena banyak barang mahal, Anda harus membayar pajak yang besar.

공항 안내소에서

- 관광 안내소는 어디에 있습니까?
  Di mana tempat informasi wisata?
- 게이트 번호를 가르쳐 주세요.
  Tolong tunjukkan saya nomor pintunya.
- 47 번 게이트는 어디입니까?
  Pintu nomor 47 (empat puluh tujuh) di mana?
- 탑승 수속은 어디서 합니까?
  Di mana tempat informasi untuk naik pesawat?
- ~항공 카운터는 어디입니까?
  Di mana pusat informasi bandara perusahaan penerbangan ~?
- 대한항공의 카운터는 모퉁이에 있습니다.
  Konter Perusahaan Penerbangan Korea / KAL ada di sudut itu.
- 어디서 환전을 할 수 있습니까?
  Di mana saya dapat menukar uang?
- 어디를 통해 나갈 수 있는지 제게 말씀해 주실 수 있습니까?
  Bisakah Anda menjelaskan caranya untuk keluar?

마중을 나올 때

- 짐꾼을 불러 주세요.
  Tolong panggilkan kuli bandara.

- 어디에서 짐꾼을 찾을 수 있습니까?
  Di mana dapat saya mencari kuli bandara?

- 이 짐을 택시 정류장까지 운반해 주세요.
  Tolong bawa bagasi ini ke pangkalan taksi.

- 인천에서 온 KAL 627 편이 도착했습니까?
  Apa KAL-627 (enam dua tujuh) dari Incheon sudah sampai?

 숙박

숙소를 찾을 때

- 여기서 호텔 예약이 가능합니까?
  Apa bisa saya pesan hotel di sini?

숙박을 예약할 때

- 객실 비용은 얼마입니까?
  Berapa tarifnya kamar untuk menginap?

- 며칠 계실 것입니까?
  Bapak / Ibu menginap berapa hari?

- 몇 분이시지요?
  Berapa orang?

- 싱글 룸을 원하십니까? 더블 룸을 원하십니까?
  Apa Bapak / Ibu mau tempat tidur untuk seorang atau dua orang?

- 싱글 룸을 원합니다.
  Saya mau tempat tidur untuk seorang.

- 2 인 실을 원합니다.
  Saya mau kamar untuk dua orang.

- 세금과 봉사료가 포함된 요금인가요?
  Apakah pajak dan biaya layanan sudah termasuk dalam keseluruhan biaya?

- 아침 식사도 포함되어 있습니까?
  Apakah sarapan juga termasuk?

- 선[예약]금이 필요합니까?
  Apa perlu uang mukanya?

체크인할 때

- 예약하셨습니까?
  Apa sudah pesan?
- 예약했습니다.
  Sudah (pesan).
- 어떤 분의 이름으로 예약이 있으시지요?
  Pesan atas nama siapa?
- 예약은 서울에서 했습니다. 여기 확인증이 있습니다.
  Saya memesan di Seoul. Ini tanda buktinya.
- 신분증 가지고 계시지요, 부탁합니다.
  Apa ada surat keterangan, boleh saya lihat?
- 개인 신상을 이 카드에 채워주십시오.
  Tolong isi informasi pribadi Anda di kartu ini.
- 여기에 서명을 해 주십시오.
  Tolong tanda tangan sini.
- 오늘 밤부터 3 일간 머물겠습니다.
  Saya menginap selama 3 (tiga) malam dari malam ini.
- 오늘 밤 머무를 수 있습니까?
  Bolehkah saya menginap malam ini?
- 객실 비용은 얼마입니까?
  Berapa tarifnya satu kamar?
- 하루에 1,200,000 루삐아입니다.
  Satu malam 1.200.000 (satu juta dua ratus ribu) rupiah.
- 요금은 아침 식사 포함입니까?
  Apa sarapan termasuk dalam tarifnya?

- 아침 식사는 포함되어 있습니다.
  Sarapan termasuk.
- 좀 더 싼 방은 없습니까?
  Apa tidak ada kamar yang lebih murah?
- 욕실[샤워 실]이 있는 방을 원합니다.
  Saya mau kamar yang ada kamar mandinya.
- 지금 곧 방에 들어갈 수 있습니까?
  Apa ada kamar kosong yang bisa ditempati sekarang juga?
- 방을 지금 사용할 수 있습니까?
  Apa bisa pakai kamar sekarang?
- 방을 비워야 되는 시간은 언제입니까?
  Kapan saya harus kosongkan kamar?
- 하루 더 묵고 싶습니다.
  Saya mau menginap satu malam lagi.
- 하루 앞당겨서 떠나고 싶습니다.
  Saya mau berangkat satu hari lebih awal.
- 정오까지 체크아웃입니다.
  Check-outnya sampai tengah hari / jam 12 (duabelas) siang.

체크인에 문제가 있을 때

- 저희 빈방이 없습니다.
  Kami tidak punya kamar yang kosong.
- 다른 호텔을 소개해 주실 수 있습니까?
  Apa bisa merekomendasi hotel yang lain?
- 고객님의 여권을 보여주시겠습니까?
  Bolehkah saya melihat paspor Bapak / Ibu?

- 제게 당신의 신분증을 제시해 주시겠습니까?

  Apa bisa tunjukkan kartu identitas Bapak / Ibu kepada saya?

방을 확인할 때

- 엘리베이터를 타시고, 내리셔서 오른쪽으로 돌아가세요.

  Naik lift, kemudian setelah keluar dari lift belok ke kanan.

- 비누[수건]가 없습니다.

  Sabun / Handuknya tidak ada.

- 변기가 고장입니다.

  Toiletnya rusak.

- 화장실의 물이 내려지지 않습니다.

  Air di toilet tidak mau turun.

- 온수가 나오지 않습니다.

  Air panasnya tidak keluar.

- 욕조의 물마개가 닫히지 않습니다.

  Sumbat bak tidak bisa ditutup.

- 텔레비전이 켜지지 않습니다.

  Televisinya mati.

룸서비스를 이용할 때

- 내일 아침 7시에 깨워주세요.

  Minta bangunkan saya pada pukul 7 (tujuh) pagi.

- 방에서 아침 식사를 하고 싶습니다.

  Saya mau makan pagi di kamar.

- 따뜻한 마실 물 좀 가져다주세요.
  Minta (bawa) air panas.
- 얼음과 물을 좀 가져다주세요.
  Minta es dan air.
- 이 옷을 세탁 좀 부탁합니다.
  Tolong cucikan pakaian ini.

숙박 시설물을 이용할 때

- 식당은 어디에 있습니까?
  Restoran di mana?
- 스낵바는 없나요?
  Apa tidak ada warung makanan?
- 식당은 몇 시부터입니까?
  Tempat makan buka jam berapa?
- 비상구는 어디에 있습니까?
  Di mana pintu darurat?
- 영어를 할 줄 아는 사람은 없습니까?
  Apa tidak ada yang bisa berbahasa Inggris?
- 여기 미용실이 있나요?
  Apa ada salon?
- 상점은 지하에 있으며, 엘리베이터 왼쪽입니다.
  Toko-tokonya ada di ruang bawah tanah, di sebelah kiri lift.
- 아침 식사는 오전 7시부터 9시 반까지 됩니다.
  Makan pagi mulai dari jam 7 (tujuh) sampai jam setengah 10 (sepuluh).

외출할 때 및 카운터에서

- 이 짐을 맡아 주실 수 있습니까?
  Apa bagasi ini bisa disimpan di sini?

- 맡긴 짐을 찾고 싶습니다.
  Saya mau mengambil kembali bagasi yang disimpan di sini.

- 제게 메시지 온 것이 있나요?
  Apa ada memo untuk saya?

- 제게 온 편지는 없나요?
  Apa tidak ada surat untuk saya?

- 귀중품을 맡아 주실 수 있나요?
  Apakah saya bisa menyimpan barang (berharga) di sini?

- 이 호텔의 주소가 적힌 카드 한 장 주세요.
  Saya minta kartu alamat hotel ini.

- 여기서 가장 가까운 지하철역이 어디입니까?
  Di mana stasiun kereta api bawah tanah yang terdekat dari sini?

- 여기서 관광버스 티켓을 구입할 수 있습니까?
  Apakah bisa membeli karcis bus wisata di sini?

숙박 이용에 문제가 있을 때

- 방을 바꾸었으면 좋겠습니다.
  Saya ingin pindah kamar.

- 뜨거운 물이 나오지 않습니다.
  Air panasnya tidak keluar.

- 화장실 물이 나오지 않습니다.
  Air di kamar mandi tidak keluar.

- 자물쇠가 고장입니다.
  Kuncinya rusak.
- 서비스 맨 한 명 올려 보내주세요.
  Tolong panggil seorang pelayan ke atas.
- 이 방은 너무 시끄럽습니다.
  Kamar ini terlalu bising.
- 열쇠를 방안에 두고 나왔습니다.
  Saya tinggalkan kuncinya di kamar.
- 주문한 아침 식사가 아직도 도착하지 않았습니다.
  Sarapan yang saya pesan belum sampai.

체크아웃을 준비할 때

- 체크아웃 시간은 몇 시입니까?
  Check outnya jam berapa?
- 내일 오전 9시에 떠나겠습니다.
  Saya akan berangkat pada jam 9 (sembilan) pagi besok.
- 지금 방을 비우겠습니다.
  Saya akan keluar kamar sekarang.
- 짐을 가지고 내려갈 사람을 보내주세요.
  Tolong panggil pelayan untuk membawa bagasinya.
- 택시 좀 불러 주세요.
  Tolong panggil taksi.

체크아웃을 할 때

- 지금 체크아웃 하겠습니다.
  Saya ingin check out sekarang.

- 국제공항까지 택시로 얼마나 걸립니까?
  Sampai ke bandara internasional memakan waktu berapa lama dengan taksi?
- 맡겨둔 귀중품을 다시 찾고 싶습니다.
  Saya ingin memgambil kembali barang-barang (berharga) yang disimpan.
- 이 짐을 5 시까지만 좀 보관해 주세요.
  Tolong simpan bagasi ini sampai jam 5 (lima).

숙박비를 계산할 때

- 계산서 부탁합니다.
  Minta bon.
- 여행자 수표를 받습니까?
  Apa terima cek turis?
- 호텔 서비스가 아주 좋았습니다.
  Pelayanan hotel sangat bagus.

04 길안내

길을 물을 때

- 실례하지만, 여기가 어디입니까?
  Maaf, ini di mana?
- 길 좀 알려줄 수 있습니까?
  Apa bisa tunjukkan jalan?
- 미안합니다만, 시내로 가는 길을 가르쳐 주세요.
  Maaf, tolong terangkan jalan untuk pergi ke kota.
- 여기에 약도를 그려주시겠습니까?
  Apa bisa gambarkan peta jalan di sini?
- 이 지도에서 제가 있는 곳을 알려주시겠습니까?
  Bisakah Anda memberi tahu posisi saya pada peta ini?
- ~호스텔은 여기서 멉니까?
  Apa hostel … jauh dari sini?
- 가는 도중에 있는 이정표들을 말씀해 주세요.
  Tolong beri tahu saya petunjuk jalan selama dalam perjalanan.

• 오른쪽으로	ke kanan
• 왼쪽으로	ke kiri
• 5분 거리	jarak dalam 5 (lima) menit
• 10Km의 거리	jarak 10 (sepuluh) kilometer
• 걸어서	dengan jalan kaki
• 버스를 타고	dengan bus

- 곧장 가야합니까?
  Apakah harus pergi terus?

장소를 물을 때

- 이 거리의 이름이 무엇입니까?
  Apa nama jalan ini?
- 저 건물은 무엇입니까?
  Itu gedung apa?
- 이 근처에 우체국이 있습니까?
  Apa ada kantor pos di sekitar sini?
- 이 근처에 공중 화장실이 있습니까?
  Apa ada toilet umum di sekitar sini?
- 이곳에서 얼마나 멉니까?
  Berapa jauh dari sini?
- 화장실은 어디입니까?
  Di mana toiletnya?
- 물리아호텔은 여기서 멉니까?
  Apa Hotel Mulia jauh dari sini?

시간과 거리를 물을 때

- 전철역에 도착하는데 얼마나 걸립니까?
  Sampai stasiun kereta api bawah tanah memerlukan waktu berapa lama?
- 저것은 무슨 건물이지요?
  Yang itu gedung apa?
- 똑바로 가면 됩니까?
  Apa bisa kalau saya pergi terus?

길을 가리켜줄 때

- 그곳은 가똣수브로또 거리에 있는 것으로 압니다.
  Mungkin tempat itu di Jalan Gatot Subroto.
- 곧장 가세요.
  Ikuti saja terus.
- 좌[우]회전하세요.
  Belok ke kiri / kanan.
- 걸어서 저쪽에 갈 수 있습니다.
  Bisa ke sana dengan jalan kaki.
- 걸어서 10 분 걸립니다.
  Memakan waktu 10 (sepuluh) menit dengan jalan kaki.
- 버스로 갈 수 있습니다.
  Bisa pergi dengan bus.
- 우체국 옆에 있습니다.
  Ada di sebelah kantor pos.

자신도 길을 모를 때

- 죄송합니다. 잘 모릅니다.
  Maaf, tidak tahu.
- 죄송합니다. 저도 초행 길 이라서.
  Maaf, saya juga baru pertama kali.
- 경찰관에게 물으세요.
  Coba tanya kepada polisi.

길을 잃었을 때

- 길을 잃었습니다.
  Saya kesasar.

- 여기는 어디입니까?
  Di mana ini?
- 북쪽은 어느 쪽입니까?
  Arah utara ke mana?
- 이 거리를 무엇이라고 부르지요?
  Jalan ini disebut jalan apa?
- 현재 위치를 가르쳐 주세요.
  Tolong beri tahu letaknya sekarang.
- 여기에 약도를 그려 주십시오.
  Tolong gambarkan peta jalan di sini.
- 관광 안내소는 어디에 있습니까?
  Di mana tempat informasi wisata?

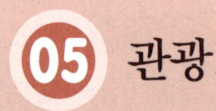 관광

관광 안내소에서

- 이 도시의 지도를 얻을 수 있습니까?
  Apa bisa mendapat peta kota ini?
- 시내 관광을 위한 책자를 얻고 싶습니다.
  Saya ingin mendapat buku panduan wisata kota.
- 무료 시내 지도는 없습니까?
  Apa tidak ada peta kota gratis?
- 저는 '모나스'를 보고 싶습니다.
  Saya ingin melihat 'Monas'.
- 저는 자까르따 박물관에 가보고 싶습니다.
  Saya ingin mengunjungi Museum Jakarta.
- 시내로 들어가는 버스[택시]는 있습니까?
  Apa ada bus / taksi ke dalam kota?
- 버스[택시] 정류장은 어디에 있습니까?
  Di mana halte bus / taksi?
- 여기서 렌터카 예약이 가능합니까?
  Apa boleh pesan mobil sewaan di sini?
- 시내의 한 호텔을 예약해 주세요.
  Tolong pesankan saya sebuah kamar hotel di kota.
- 영어를 할 줄 아는 가이드가 필요합니다.
  Saya memerlukan (seorang) pemandu yang bisa berbahasa Inggris.

- (가이드 비용이) 하루에 얼마입니까?
  (Untuk pemandu biayanya) berapa sehari?
- 제게 인기 있는 관광지를 알려주실 수 있습니까?
  Apa bisa beri tahu saya tempat wisata yang terkenal?
- 보고르 식물원을 하루 안에 갔다 올 수 있습니까?
  Apa bisa pulang pergi ke Kebun Raya Bogor dalam sehari?
- 욕야까르따를 갈 수 있는 가장 편안한 방법을 알려줄 수 있나요?
  Apa bisa beri tahu cara yang paling mudah ke Yogyakarta?

투어를 이용할 때

- 투어 버스가 있습니까?
  Apa ada bus untuk tur?
- 연극이나 축제를 볼 수 있는 코스가 있습니까?
  Apakah ada kesempatan / acara untuk menyaksikan drama atau pesta?
- 쇼나 연극을 관람하는 관광 코스는 없나요?
  Apa tidak ada acara tur untuk menyaksikan pertunjukan atau drama?
- 입장료가 관광 코스에 포함되어 있나요?
  Apa biaya masuk termasuk dalam acara tur?

입장권을 살 때

- 표는 어디서 구입하지요?
  Di mana karcis masuk dapat dibeli?
- 공연 시작[종료]은 몇 시이지요?
  Jam berapa pertunjukan dimulai / selesai?

- 언제까지 공연이 계속되지요?
  Sampai kapan pertunjukan dilangsungkan?
- 좌석을 예약하고 싶습니다.
  Saya mau pesan tempat duduk.
- 입장료는 얼마입니까?
  Biaya masuknya berapa?
- 학생증이 있으면 할인이 됩니까?
  Kalau ada kartu pelajar apakah mendapat potongan harga?
- 입장료는 포함돼 있습니까?
  Apa biaya masuk sudah termasuk?

관광지에서

- 입장료는 얼마입니까?
  Biaya masuknya berapa?
- 일요일에 왕궁을 방문하는 것은 무료입니까?
  Kalau mengunjungi keraton pada hari Minggu tidak bayar?
- 자까르따박물관 개관 시간은 어떻게 되지요?
  Jam berapa Museum Jakarta dibuka?
- 이 지방의 민속 음악[춤]이 무엇이지요?
  Apa nama nyanyian / tarian tradisi di daerah ini?
- 이 지역은 상업지역입니다.
  Daerah ini daerah perdagangan.
- 와! 거리에 사람들이 엄청 많다.
  Wah, ramai orang di jalan!
- 오늘은 일요일이고, 방금 전에 예배가 끝났다.
  Hari ini hari Minggu, baru selesai sembahyangnya.

- 저것은 무슨 사원입니까?
  Yang itu masjid apa?

- 레스토랑에 사람이 많은 것이 보입니까?
  Kelihatankah keramaian di restoran?

- 저기, 길들이 너무 좁다[넓다].
  Di sana, jalan-jalannya terlalu sempit / luas.

- 여기서 사진을 찍을 수 있습니까?
  Apa bisa mengambil foto di sini?

관람할 때

- 지금 무엇이 인기가 있습니까?
  Yang sedang trend / terkenal apa?

- 요즘 인기 있는 프로그램은 무엇이지요?
  Program apa yang sedang populer / trend akhir-akhir ini?

- 그림자극 공연을 보고 싶어요.
  Saya ingin melihat pertunjukan wayang kulit.

- 쇼는 어디서 볼 수 있습니까?
  Di mana dapat menyaksikan pertunjukan?

- 누가 출연하고 있습니까?
  Pemainnya siapa?

- 제 좌석으로 안내해 주세요.
  Tolong antarkan ke tempat duduk saya.

- 개막[종막]은 몇 시입니까?
  Kapan waktu membuka / menutup layarnya?

- 지금 무엇을 하고 있습니까?
  Kerja apakah sekarang?

- 지금은 무엇을 공연하고 있습니까?
  Sekarang mempertunjukkan apa?

- 여기 기념품 상점이 있습니까?
  Apa ada toko oleh-oleh di sini?

기념 촬영할 때

- 여기서 사진을 찍어도 됩니까?
  Bisa ambil foto di sini?
- 사진 좀 찍어 주시겠어요?
  Apa bisa ambilkan foto?
- 미안합니다만, 셔터 좀 눌러 주시지요!
  Maaf, tolong tekankan tombol kamera!
- 저와 함께 사진을 찍어 주시겠습니까?
  Apa boleh ambil foto dengan saya?
- 플래시를 사용해도 됩니까?
  Apa bisa (saya) pakai blitz / lampu?
- 당신 사진을 찍어도 됩니까?
  Boleh (saya) ambil foto Bapak / Ibu?
- 사진을 보내 드리겠습니다.
  Akan saya kirimkan fotonya.
- 집 주소를 여기에 써 주세요.
  Tolong tulis alamat rumah di sini.
- 이메일을 여기에 써주세요.
  Tolong tulis alamat e-mail / surel.

카메라 상점에서

- 35mm 칼라 필름을 주세요.
  Minta film berwarna 35 (tiga puluh lima) mm.

- 디지털 카메라 5 G(기가) 메모리카드 주세요.
  Minta kartu memori 5 (lima) G (gigabytes).
- 셔터가 제대로 움직이지 않습니다.
  Tombol kameranya tidak berjalan dengan lancar.
- 이것을 점검해 주시겠어요?
  Tolong periksa ini.
- 이 카메라에 맞는 건전지 2 개 주세요.
  Minta 2 (dua) batere yang sesuai dengan kamera ini.

06 쇼핑

쇼핑센터를 찾을 때

- 이 도시의 상가가 어디에 있지요?
  Di mana pasar raya di kota ini?

- 백화점이 이 근처에 있습니까?
  Apa ada toserba (toko serba ada) / pasar swalayan di sekitar sini?

- 면세점은 어디입니까?
  Di mana toko (barang-barang) bebas pajak?

- 이 지역은 상업지구입니다.
  Kawasan ini pusat perdagangan.

- 여기에 이 도시에서 가장 좋은 상점들이 있습니다.
  Toko-toko yang terbaik di kota ini ada si sini.

매장을 찾을 때

- 이 동네의 꽃집은 어디입니까?
  Mana toko bunga di kawasan ini?

- 그것을 어디서 살 수 있습니까?
  Yang itu dapat dibeli di mana?

- ~파는 곳은 어디입니까?
  Di mana tempat yang menjual …?

가게로 가고자 할 때

- 여기서 가까운 빵집은 어디입니까?
 Di mana toko roti yang dekat dari sini?
- 속옷 매장은 어디에 있습니까?
 Di mana toko pakaian dalam?

가게에 들어설 때

- 무엇을 도와드릴까요?
 Apa bisa saya bantu?
- 도움이 필요하십니까?
 Apa perlu bantuan?
- 쇼핑을 하고 싶습니다.
 Saya mau berbelanja.
- 무엇을 원하십니까?
 Apa yang Anda mau?
- 무엇을 찾고 있으신가요?
 Sedang mencari apa?
- 영업시간은 몇 시부터 몇 시까지입니까?
 Waktu kerja dari jam berapa sampai jam berapa?

물건을 찾을 때

- 누구의 안내를 받고 계십니까?
 Sedang diantar siapa?
- 이 동네 특산물은 무엇입니까?
 Barang apa yang istimewa di desa ini?
- 가죽 가방을 사고 싶어요.
 Ingin membeli tas kulit.

> ### 기념품 (Oleh-oleh)
>
> - 과자　　kue
> - 엽서　　kartu pos
> - 열쇠고리　gelang kunci
> - 향수　　parfum / minyak wangi
> - 와인　　anggur
> - 전통술　arak tradisional
> - 스카프　syal / selendang
> - 넥타이　dasi
> - 지갑　　dompet
> - 가방　　tas
> - 초콜릿　cokelat
> - T-셔츠　kemeja
> - 꿀　　　madu
> - 차　　　teh

- 그저 구경만 하는 것뿐입니다.
  Saya ingin lihat-lihat saja.

- 저 시계 좀 보여주시겠습니까?
  Apa bisa tunjukkan arloji itu kepada saya?

- 죄송합니다. 다 팔렸습니다.
  Maaf, sudah dijual semuanya.

- 제 것을 주문해 주실 수 있나요?
  Apa bisa pesan untuk saya?

- 시간이 얼마나 걸릴까요?
  Memakan waktu berapa lama?

물건을 보여 달라고 할 때

- 저 지갑을 보여 주세요.
  Coba lihat dompet itu.

- 이것과 같은 것이 있습니까?
  Apa ada yang sama dengan ini?

- 다른 것을 보여주십시오.
  Coba lihat yang lain.

- 그 브로치 좀 보여주세요.
  Coba lihat bros itu.

색상을 고를 때

- 어떤 색을 원하십니까?
  Mau warna apa?
- 이 색은 마음에 들지 않습니다.
  Saya tidak suka warna ini.
- 같은 것으로 다른 색깔은 없습니까?
  Apakah ada yang sama, tetapi beda warna?
- 저희는 원하시는 색을 가지고 있지 않습니다.
  Kami tidak punya warna yang Bapak / Ibu mau.
- 이 색이 잘 어울리십니다.
  Warna yang ini sangat cocok untuk Bapak / Ibu.

색 (Warna)

한국어	Warna	한국어	Warna
적색	merah	진갈색	cokelat tua
진홍색	merah darah / merah hati	연갈색	cokelat muda
		파란색	biru
분홍색	merah muda	하늘색	biru langit
녹색	hijau	진청색	biru laut
진녹색	hijau daun	곤색	biru benhur
연두색	hijau muda	노란색	kuning
흰색	putih	황금색	kuning emas
우유색	putih susu	연노랑색	kuning muda
검정	hitam	회색	abu-abu
갈색	cokelat		

사이즈를 고를 때

- 사이즈가 어떻게 되나요?(1)
  Ukurannya bagaimana?

- 사이즈가 어떻게 되나요?(2)
  Berapa ukurannya?

- 신발 사이즈가 어떻게 되지요?
  Ukuran sepatu Bapak / Ibu berapa?

- 이 치수로 하나 골라 주세요.
  Tolong pilih satu dengan ukuran ini.

- 더 큰[작은] 것이 있습니까?
  Apa ada yang lebih besar / kecil?

- 더 작은 것은 없나요?
  Apa tidak ada yang lebih kecil?

- 죄송합니다, 저희는 원하시는 치수를 보유하고 있지 않습니다.
  Maaf, kami tidak punya ukuran yang Bapak / Ibu mau.

- 입어 보아도 되나요?
  Apa bisa coba pakai?

- (이 신발을) 신어 보아도 되나요?
  Apa bisa coba pakai (sepatu ini)?

- (구두) 굽이 너무 높습니다.
  Hak (sepatu)nya terlalu tinggi.

- 이 신발은 잘 맞지 않습니다.
  Sepatu ini tidak sesuai (dengan kaki saya).

- 너무 꽉 끼입니다[큽니다].
  Kesempitan / Kebesaran.

- 너무[조금] 헐렁합니다[좁습니다].
  Terlalu / Agak longgar / sempit.

- 폭이 너무 좁[넓]습니다.
  Terlalu kecil / besar.

신발 (Sepatu)

- 구두　　sepatu
- 운동화　sepatu olahraga
- 부츠　　(sepatu) lars
- 샌들　　sandal
- 슬리퍼　sepatu sandal

디자인을 고를 때

- 최신 유행하는 것입니다.
  Ini yang mode terakhir.
- 이 타입이 좋습니다.
  Tipe ini bagus.
- 너무 요란[칙칙]합니다.
  Terlalu mencolok warnanya.
- 이 디자인이 수수하고 멋집니다.
  Model ini bagus.
- 저는 이 줄무늬 블라우스가 좋습니다.
  Saya suka blus yang coraknya bergaris ini.
- 저는 체크무늬 와이셔츠를 좋아하지 않습니다.
  Saya tidak suka kemeja yang coraknya kotak-kotak.
- 이 넥타이와 와이셔츠가 잘 어울립니다.
  Dasi dan kemeja ini serasi.

품질을 물을 때

- 품질이 매우 좋습니다.
  Mutunya sangat baik.

물건 값을 물을 때

- 좀 더 싼 것이 있습니까?
  Apa ada yang lebih murah?

- 할인되지 않습니까?
  Apa tidak bisa diskon?

- 비싼 것을 원하지 않습니다.
  Tidak mau yang mahal.

- 정찰제입니다.
  Ini harga pas.

물건 값을 흥정할 때

- 제게는 너무 비쌉니다.
  Itu terlalu mahal bagi saya.

- 싸게 살 수 없습니까?
  Apa tidak bisa beli dengan harga murah?

- 얼마 정도를 예상하십니까?
  Ingin berapa harganya?

- 할인 좀 해주세요.
  Boleh diskon sedikit.

- 이 카드[쿠폰]로 10% 정도 할인을 받을 수 있나요?
  Apa dapat diskon dengan kartu / kupon ini?

- 만약 100,000 루삐아라면 제가 사겠습니다.
  Kalau 100.000 (seratus ribu) rupiah saya beli.

- 가장 싸게 부르는 가격은 얼마입니까?
  Kalau harga paling murah berapa?

- 할인을 해준다면, 모두 사겠습니다.
  Kalau ada diskon, saya akan beli semuanya.

물건 값을 계산할 때

- 이것을 사겠습니다.
  Saya mau beli yang ini.

- 전부 얼마입니까?
  Semuanya berapa (harganya)?

- 계산이 틀리지 않나요?
  Apa tidak salah hitungan?

- 거스름돈이 잘못 되었습니다.
  Uang kembaliannya salah.

- 다시 한 번 확인해 주세요.
  Coba pastikan sekali lagi.

- 현금으로 지불하겠습니다.
  Saya bayar dengan uang kontan.

- 신용카드도 받으십니까?
  Apa bisa membayar dengan kartu kredit?

- 할부로 가능합니까?
  Apa bisa bayar secara angsuran?

- 3 개월 할부로 해주세요.
  Minta angsuran selama 3 (tiga) bulan.

- 여행자 수표[신용카드]로 지불해도 됩니까?
  Bolehkah saya membayar dengan cek / kartu kredit?

- 달러로 지불 할 수 있나요?
  Bolehkah (saya) membayar dengan dolar?

- 돈은 이미 지불했습니다.
  Uangnya sudah dibayar.

- 영수증 좀 주세요.
  Minta kuitansinya.

- 이미 돈을 지불했습니다.
  Uangnya sudah dibayar.
- AS가 됩니까?
  Apa boleh buat pelayanan lanjutan?

포장을 부탁할 때

- 포장을 좀 잘 해주세요.
  Tolong bungkus rapi.

배달과 배송을 부탁할 때

- 이 옷들을 저희 집으로 배송해 줄 수 있지요?
  Apa bisa kirimkan pakaian-pakaian ini ke rumah saya?
- 물리아호텔로 배달해 주세요.
  Tolong kirimkan ke Hotel Mulia.
- 내일까지 집으로 배송해 주세요.
  Tolong kirimkan ke rumah sampai besok.
- 선편[항공편]으로 배송 부탁합니다.
  Tolong kirimkan dengan kapal / pesawat terbang.
- 이 서류 좀 작성해 주시겠습니까?
  Apa bisa isikan dokumen ini?

교환 · 반품 · 환불을 원할 때

- 어제 여기에서 이 카세트를 샀는데, 고장이 났습니다.
  Saya beli kaset ini di sini, tetapi sudah rusak.
- 핸드폰 작동이 되지 않습니다.
  Handphonenya tidak dijalankan.

- 이것을 교환할 수 있나요?
  Apa bisa ganti yang ini?

- 이것을 다른 것으로 바꿀 수 있습니까?
  Apa yang ini bisa diganti dengan (yang) lain?

- 이것은 파손되어 있습니다.
  Yang ini sudah rusak.

- 이것은 고장입니다.
  (Yang) Ini rusak.

- 교환이나 환불 됩니까?
  Apa bisa ganti atau uangnya bisa dikembalikan?

- 환불하고 싶습니다.
  Saya mau ambil uang kembaliannya.

면세품을 구입할 때

- 면세점은 있습니까?
  Apa ada toko bebas pajak?

- 어디에 면세점이 있습니까?
  Di mana toko bebas pajak?

- 어느 제품을 원하십니까?
  Cari barang apa?

- 위스키 한 병 주세요.
  Minta satu botol wiski.

- 탑승권을 보여 주시겠습니까?
  Bolehkah perlihatkan karcis naik pesawat terbang?

- 면세 술은 몇 병 살 수 있습니까?
  Berapa botol anggur bebas pajak bisa saya beli?

- 몇 갑의 면세 담배를 가져갈 수 있습니까?
  Berapa bungkus rokok yang bisa dibawa?

- 담배는 12 갑을 가져가실 수 있습니다.
  Bisa membawa 12 (dua belas) bungkus rokok.

면세품 (Barang-barang bebas cukai)

• 시계	arloji		digital
• 향수	parfum	• 보석	batu permata
• 술	arak / minuman alkohol	• 진주	mutiara
		• 콤팩트	bedak padat
• 위스키	wiski	• 립스틱	lipstik
• 꼬냑	konyak	• 초콜릿	cokelat
• 담배	rokok	• 볼펜	bolpoin
• 목거리	kalung	• 만년필	pulpen
• 디지털카메라	kamera		

- 이 만년필을 보여주세요.
  Coba perlihatkan pulpen ini.

- 여기에 써 봐도 됩니까?
  Saya mau coba menulis di sini, boleh?

- 매우 잘 써지네요.
  Bisa menulis dengan baik.

- 한 다스에 얼마입니까?
  Berapa harganya selusin?

매장의 열고, 닫을 때를 물을 때

- 가게 영업시간은 몇 시부터입니까?
  Tokonya jam berapa dibuka?

- 언제부터 언제까지 문을 엽니까?
  Pintunya dibuka dari jam berapa sampai jam berapa?

- 몇 시에 문을 엽니까?
  Tokonya dibuka jam berapa?
- 오전 9 시 반에 문을 엽니다.
  Tokonya dibuka jam setengah sepuluh.
- 몇 시에 닫습니까?
  Jam berapa Bapak tutup?
- 몇 시까지 문을 엽니까?
  Tokonya dibuka sampai jam berapa?
- 오후 8 시에 문을 닫습니다.
  Tokonya ditutup jam 8 (delapan) sore.
- 토요일에도 문을 엽니까?
  Apa buka pada hari Sabtu juga?

 귀국

귀국 편을 예약할 때

- 서울까지 표 두 장이요.
  Minta dua tiket ke Seoul.
- 창문 쪽[복도 쪽] 좌석을 부탁합니다.
  Minta tempat duduk di sebelah jendela / lorong.

예약을 재확인할 때

- 비행기 예약을 다시 확인하고 싶습니다.
  Saya ingin memastikan pesanan pesawat terbang lagi.
- 5월 10일에 떠나는 KAL 671편입니다.
  KAL-671 (enam tujuh satu) yang berangkat pada tanggal 10 (sepuluh) Mei.

항공편을 변경하거나 취소할 때

- 이 비행기는 정시에 이륙합니까?
  Apa pesawat terbang ini akan take-off pada waktu yang tepat?
- 얼마나 지연됩니까?
  Terlambat berapa lama?
- 다른 항공편을 알아봐 주십시오.
  Coba cari pesawat terbang yang lain.

- 예약을 변경하고 싶습니다.
  Saya ingin mengubah pemesanan.
- 이 예약을 취소해 주십시오.
  Tolong batalkan pemesanan.

공항에서

- 이 공항에서 쇼핑을 할 수 있습니까?
  Apa bisa berbelanja di bandara ini?
- 이 공항에서 얼마나 체류하게 됩니까?
  Berapa lama akan berhenti di bandara ini?
- 몇 시부터 탑승합니까?
  Dari jam berapa naik pesawat terbang?
- 몇 번 게이트입니까?
  Pintu (masuk) nomor berapa?
- 46 번 게이트는 어디에 있습니까?
  Di mana pintu nomor 46 (empat puluh enam)?

탑승 수속을 할 때

- 이 양식을 기재하는 방법을 가르쳐 주세요.
  Tolong beri tahu saya bagaimana mengisi formulir ini.
- 이 짐을 부치고 싶습니다.
  Saya mau kirim bagasi ini.
- 짐은 모두 3 개입니다.
  Bagasi semuanya 3 (tiga).
- 이 짐은 분리해서 보내주세요.
  Tolong kirim bagasi ini secara terpisah.
- 초과 요금이 얼마입니까?
  Berapa biaya kelebihannya?

비행기 안에서

- 미안합니다만, 잠깐 지나가겠습니다.
  Permisi, saya mau lewat sebentar.
- 물[주스] 한 잔 주세요.
  Minta segelas air / jus.
- 의자를 뒤로 젖혀도 되겠습니까?
  Bolehkah kursinya dibaringkan?
- 한국어[인도네시아어] 신문이 있습니까?
  Apa ada koran bahasa Korea / Indonesia?
- 지금 어디 근방을 날고 있는 중입니까?
  Sekarang kami sedang terbang di wilayah mana?
- 비행기에서 면세품을 판매합니까?
  Apa jual barang-barang bebas pajak dalam pesawat terbang?

PART
비즈니스 관련 표현

- **01** 구인과 취직
- **02** 사무실
- **03** 회사 방문
- **04** 회의
- **05** 상담
- **06** 납품과 클레임

01 구인과 취직

구직 서류를 작성할 때

- 이름?
  Nama siapa?
- 주소?
  Alamat?
- 전화번호?
  Nomor teleponnya?
- 직업?
  Pekerjaan?
- 수입수준?
  Bagaimana keadaan gajinya?
- 교육수준?
  Bagaimana pelajarannya?
- 성별?
  Jenis kelaminnya?
- 종교?
  Agamanya?
- 나이?
  Umurnya?
- 인종?
  Suku bangsanya?
- 결혼 날짜?
  Tanggal menikah?

- 출생지?

  Tempat lahir?

- 결혼 유무?

  Apa sudah menikah atau belum?

일자리를 찾을 때

- 일자리를 찾으세요?

  Apa mau mencari pekerjaan?

- 일자리를 찾습니다.

  Saya sedang mencari pekerjaan.

- 요즘 일자리 구하기가 어떻게 어렵다고 생각하십니까?

  Apa pendapat Anda mengenai betapa susahnya mendapat pekerjaan akhir-akhir ini?

- 아르바이트 일자리 찾기가 쉽지 않아요.

  Tidak mudah mencari pekerjaan sambilan.

- 그는 드디어 그 회사에 일자리를 구했어.

  Akhirnya ia mendapat pekerjaan di perusahaan itu.

- 그가 그 일자리를 얻게 될 가능성은 충분히 있어.

  Ada kemungkinan besar, ia mendapat pekerjaan.

- 그는 취직면접을 준비했어.

  Dia mempersiapkan wawancara untuk mendapat pekerjaan.

- 제게 추천서를 써주세요.

  Tolong tulis surat rekomendasi untuk saya.

- 나는 일자리를 잃었어요.

  Saya kehilangan pekerjaan.

- 어슬렁거리지 말고 일자리나 잡도록 애쓰세요.

  Cobalah untuk mencari pekerjaan, jangan keluyuran saja.

- 취직만 되면 좋겠습니다.
  Alangkah baiknya kalau dapat pekerjaan.

- 올해는 취직을 할 것입니다.
  Mudah-mudahan saya mendapat pekerjaan pada tahun ini.

면접에 응할 때

- 귀사에 일자리가 있습니까?
  Apa ada lowongan untuk bekerja di perusahaan Bapak?

- 귀사에 지원하고 싶은데요.
  Saya ingin melamar pekerjaan di perusahaan Bapak.

- 우리 회사를 어떻게 아셨습니까?
  Bagaimana tahu perusahaan kami?

- 전단지에서 구인광고를 보았습니다.
  Saya membaca iklan lowongan pekerjaan dalam surat edaran.

- 내일 면접 보러 오실 수 있습니까?
  Apa bisa datang untuk wawancara besok?

- 어떻게 하면 제가 면접을 볼 수 있습니까?
  Bagaimana caranya saya bisa diwawancarai?

- 이력서를 보내 주십시오.
  Kirimkan daftar riwayat hidup.

- 당신의 이력서를 보여주십시오.
  Perlihatkan daftar riwayat hidup Bapak / Ibu.

- 인도네시아어[영어] 이력서를 접수받습니까?
  Apa bisa menerima daftar riwayat hidup bahasa Indonesia / Inggris?

- 오늘 오셔서 면접을 받을 수 있습니까?
  Apa bisa datang untuk wawancara hari ini?

- 어떻게 지원하면 되지요?
  Bagaimana caranya melamar pekerjaan?

- 면접 날짜와 시간이 정해졌나요?
  Apa tanggal dan jam wawancaranya sudah ditetapkan?

- 지금 긴장되지요?
  Apa Anda merasa tegang sekarang?

- 취직 면접 때문에 아주 초조해요.
  Saya merasa gelisah karena wawancara lamaran pekerjaan.

- 언제쯤 면접 결과를 알 수 있을까요?
  Kapan bisa hasil wawancaranya diberi tahu?

- 저는 이것을 면접으로 알고 있었습니다.
  Saya tahu bahwa yang ini adalah wawancara.

- 오늘 면접이 있었어요.
  Ada wawancara hari ini.

면접을 할 때

- 어디 대학에서 수학했습니까?
  Anda belajar di universitas mana?

- 당신은 대학에서의 전공이 무엇입니까?
  Apa mata kuliah utamanya di universitas?

- 대학 때 성적은 어떻지요?
  Bagaimana hasil nilainya pada masa kuliah?

- 최고의 학력은 어떻게 되지요?
  Bagaimana latar belakang pendidikan terakhirnya?

- 왜 우리 회사에 지원했나요?
  Mengapa Anda melamar pekerjaan di perusahaan kami?

- 왜 이 일에 관심이 있으시지요?
  Kenapa Anda berminat terhadap pekerjaan ini?
- 이 일에서 가장 관심이 가는 것은 무엇이지요?
  Apa yang paling minati dalam pekerjaan ini?
- 어떤 외국회사에서 일을 했었나요?
  Yang mana perusahaan asing tempat Anda bekerja?
- 어떤 자격증을 가지고 계십니까?
  Apa Anda punya surat keterangan kualifikasi?
- 어떤 자격들을 취득했습니까?
  Apa kapasitas Anda?
- 어떤 경력을 가지고 계십니까?
  Apa Anda punya pengalaman?
- 어떤 전문적인 경험을 가지고 있습니까?
  Apa Anda punya pengalaman profesional?
- 이 직종에 경력이 좀 있으십니까?
  Apa ada pengalaman dalam jenis / bidang pekerjaan ini?
- 당신이 왜 이 일에 적임이라고 생각합니까?
  Mengapa Anda merasa sesuai dengan pekerjaan ini?
- 행정에서 어떤 경력이 있습니까?
  Jabatan apa yang pernah Anda jalani dalam bidang tata usaha?
- 아르바이트를 해보았나요?
  Apa Anda pernah kerja sampingan?
- 어떤 아르바이트를 하고 있습니까?
  Anda kerja sampingan apa sekarang?
- 전에 무슨 보직을 가졌었습니까?
  Jabatan apa yang pernah Anda jalankan dulu?
- 이전 직장에 대해 일반적인 묘사를 제게 해주실 수 있나요?
  Dapatkah Anda jelaskan gambaran umum perusahaan yang dulu?

- 왜 이전 직장을 그만두셨지요?
  Mengapa berhenti bekerja dari perusahaan yang dulu?

- 저희 회사의 일원이 되기를 원하시나요?
  Apa Bapak / Ibu ingin menjadi karyawan di perusahaan kami?

- 어떤 일을 하고 싶나요?
  Ingin bekerja di bidang apa?

- 언제부터 일을 할 수 있습니까?
  Dari kapan Anda bisa bekerja?

- 당신의 장점은 무엇입니까?
  Apa keahlian Bapak / Ibu?

- 어떤 일이 자신에게 맞는다고 생각하십니까?
  Anda merasa pekerjaan apa yang paling cocok?

- 정규직을 원하십니까? 아니면 계약직을 원하십니까?
  Apa Bapak / Ibu ingin karyawan tetap atau karyawan kontrak?

- 1 주일에 며칠 일할 수 있습니까?
  Berapa hari (Anda) bisa bekerja dalam seminggu?

- 어느 시간에 일할 수 있습니까?
  Pada jam berapa (Anda) bisa bekerja?

- 얼마의 급여를 원하십니까?
  Mau mendapat gaji berapa?

- 급료를 어느 정도 생각하십니까?
  Bagaimana pendapat Bapak / Ibu menenai gaji?

- 그러면, 근무 조건을 설명 드리겠습니다.
  Kalau begitu, saya jelaskan syarat-syaratnya.

- 연락드리겠습니다.
  Saya akan menghubungi Anda lagi.

면접을 받을 때

- 취업비자가 없는데 일할 수 있습니까?
  Apa bisa bekerja walaupun tidak ada visa kerja?

- 1 주일에 몇 시간 일합니까?
  Berapa jam bekerja dalam seminggu?

- 1 주일에 몇 시간 일해야만 합니까?
  Berapa jam harus bekerja dalam seminggu?

- 잔업을 해야만 하지요?
  Apa harus kerja lembur?

- 잔업수당은 있습니까?
  Apa ada uang lembur?

- 고정 급여가 있지요?
  Apa ada gaji tetap?

- 보수[급여]는 얼마나 됩니까?
  Gaji bulanannya berapa?

- 출산휴가가 있습니까?
  Adakah cuti melahirkan?

- 직원 복지제도가 있습니까?
  Apa ada sistem kesejahteraan karyawan?

- 여기 정년은 몇 살까지입니까?
  Pensiunnya sampai umur berapa di perusahaan sini?

- 귀하의 지원에 깊이 감사드립니다.
  Terima kasih banyak atas lamaran pekerjaan Bapak / Ibu.

- 회사를 위해서라면 무엇이든 하겠습니다.
  Saya akan berusaha apa saja kalau untuk perusahaan.

취직을 했을 때

- 저는 1 년간 취업 교육을 받았습니다.
  Saya belajar untuk pekerjaan ini selama 1 (satu) tahun.

- 그녀는 즉석에서 그 회사에 취직되었어요.
  Ia diangkat perusahaan itu sebagai karyawan tetap.

- 그는 연줄로 취직했습니다.
  Dia mendapat pekerjaan melalui koneksi.

- 비서로 취직했어요.
  (Saya) Mendapat pekerjaan sebagai sekretaris.

- 저는 취직하지 못할 수도 있습니다.
  Mungkin saya tidak mendapat pekerjaan.

- 보험 서류를 작성하겠습니다.
  Saya akan mengisi dokumen asuransi.

02 사무실

업무를 부탁할 때

- 제 업무를 맡아 주시겠어요?
  Apa bisa mengurus pekerjaan saya?

- 당신이 해야 할 일이 좀 있어요.
  Ada pekerjaan yang Bapak / Ibu selesaikan.

- 지금 무슨 일을 하고 계세요?
  Sedang kerja apa sekarang?

- 오늘은 아주 바빠요.
  Hari ini sangat sibuk.

- 밀린 일이 많아요.
  Ada kerja banyak yang harus saya selesaikan.

- 너무 바빠서 그것을 할 시간이 없어요.
  Tidak ada waktu untuk pekerjaan itu, karena sibuk.

- 할 일이 많아요.
  Ada banyak kerja.

- 왜 그렇게 일이 밀렸습니까?
  Mengapa begitu banyak pekerjaan yang harus diselesaikan?

- 그에게 업무를 맡깁시다.
  Lebih baik kita serahkan urusan ini kepada dia.

업무를 시작할 때

- 시작합시다.
  Mari kita mulai.

- 어느 것을 먼저 할까요?
  Apa yang kita kerjakan lebih dulu?

- 금방 할게요.
  Saya akan kerjakan segera.

- 처음부터 다시 합시다.
  Mari kita kerjakan dari permulaan lagi.

- 이 일을 어떻게 시작해야 할지 모르겠어요.
  Saya tidak tahu bagaimana mulai pekerjaan ini.

업무 진행과 확인

- 그 일은 어떻게 되고 있나요?
  Bagaimana prosedurnya pekerjaan itu?

- 그것이 얼마나 있으면 끝날까요?
  Berapa lama lagi pekerjaan yang itu selesai?

- 그것은 이미 처리했어요.
  Saya sudah membereskan pekerjaan yang itu.

- 아직 반도 안 끝났어요.
  Setengah pun belum selesai.

- 일이 아직 안 끝났어요.
  Pekerjaan belum selesai.

- 그 일을 어서 끝냅시다.
  Mari kita selesaikan pekerjaannya.

- 마감 시간에 맞춰야 해요.
  Kita harus selesaikan sebelum pada jam pulang.

Ⅹ. 비즈니스 관련 표현

- 내일까지 이 보고서를 끝내세요.
  Selesaikan laporan ini sampai besok.
- 마감일이 얼마 남지 않았어요.
  Tanggal batas akhir pemesanan barang tidak lama lagi.
- 그 일은 당신이 맡으세요.
  Masalah itu Anda selesaikan.
- 제가 알아서 하겠습니다.
  Saya akan bereskan.
- 그 일은 제가 하겠습니다.
  Masalah itu akan saya selesaikan.
- 잠깐 점심 먹고 일합시다.
  Mari kita kerjakan sebentar setelah makan siang.
- 한숨 돌립시다.
  Mari kita beristirahat sebentar.
- 드디어 끝났어요.
  Akhirnya sudah selesai.
- 우선 그 서류 좀 봅시다.
  Coba lihat dokumen itu dulu.
- 이것 좀 설명해 주세요.
  Coba jelaskan yang ini.
- 이것 좀 서명해 주십시오.
  Minta terangkan yang ini.
- 다음 할 일이 무엇이지요?
  Pekerjaan apa yang dapat saya lakukan kemudian?

팩스와 복사

- 이 서류를 팩시밀리[이메일]로 보내 줄 수 있습니까?
  Apa bisa kirimkan dokumen ini melalui faks / e-mail?

- 팩스가 깨끗하게 잘 나왔습니까?
  Faksnya keluar dengan jelas?
- 팩스로 받아 보고 있는 중이에요.
  Sedang menerima faks.
- 제게 다시 팩스를 보내 주세요.
  Kirimkan dengan faks lagi kepada saya.
- 전화를 팩스로 바꿔주세요.
  Tolong ganti telepon ini dengan faks.
- 가능한 한 빨리 팩스로 보내주세요.
  Tolong kirimkan dengan faks secepat mungkin.
- 이것을 복사 좀 해주실 수 있나요?
  Apa bisa buat fotokopi ini?
- 복사가 번졌어요.
  Fotokopinya tidak jelas.
- 복사가 흐리게 나왔군요.
  Fotokopinya tidak jelas.
- 종이가 복사기에 끼었어요.
  Kertasnya macet pada mesin fotokopi.
- 10 부를 복사해 주겠어요?
  Tolong buat fotokopi 10 (sepuluh) lembar.
- 이쪽 면을 30 장만 복사해 주세요.
  Tolong buat fotokopi halaman ini 30 (tiga puluh) lembar.
- 복사기를 독점하지 마세요.
  Jangan seorang saja pakai mesin fotokopi.

컴퓨터

- 이 자료를 컴퓨터에 입력해 주세요.
  Tolong masukkan bahan ini ke dalam komputer.
- 파일 이름을 뭐라고 지정했지요?
  Failnya dinamakan apa? / Apa nama failnya?
- 데이터가 다 없어졌어요.
  Datanya hilang semua.
- 제 컴퓨터는 고장이 났습니다.
  Komputer saya rusak.
- 저는 컴퓨터를 어떻게 작동시키는지 몰라요.
  Saya tidak tahu cara memakainya komputer.
- 컴퓨터에 대해서 잘 아세요?
  Apa Bapak / Ibu tahu tentang komputer dengan baik?
- 제 컴퓨터가 바이러스에 감염되었어요.
  Komputer saya kena virus.

인터넷과 이메일

- 인터넷에 접속되어 있어요?
  Apa komputer ini sudah dipasang jaringan internet?
- 당신은 인터넷을 할 수 있습니까?
  Apa Bapak / Ibu bisa menggunakan internet?
- 인터넷에 접속하는 데 시간이 많이 걸려요.
  Untuk koneksi dengan internet memakan waktu lama.
- 인터넷에 접속하는 법을 가르쳐줄래요?
  Apa bisa beri tahu saya cara koneksi dengan internet?
- 이메일[홈페이지] 주소가 어떻게 되세요?
  Bagaimana alamat e-mail / situs?

- 제가 쓴 이메일을 교정해 주시겠습니까?

  Apa bisa mengoreksi e-mail yang saya tulis?

- 이메일 글씨가 깨졌어요.

  Tulisan e-mail tidak jelas.

- 최근에 보내 주신 이메일에 감사드립니다.

  Terima kasih atas e-mail yang dikirimkan akhir-akhir ini.

 회사 방문

방문객을 접수할 때

- 안녕하십니까, 선생님.
  Apa kabar, Pak / Bu.

- 누구십니까?
  Siapa ini?

- 어느 회사에서 오셨습니까?
  Dari perusahaan mana (Bapak / Ibu) datang?

- 무슨 용건이십니까?
  Apa keperluannya?

- 약속은 하셨습니까?
  Apa sudah janji?

- 잠시 기다려 주십시오.
  Tunggu sebentar.

- 앉으십시오?
  Silakan duduk.

- 기다려 주셔서 감사합니다. 그분은 곧 나오실 것입니다.
  Terima kasih atas kesediaannya menunggu. Beliau akan keluar sebentar lagi.

- 그분은 곧 이리 오실 것입니다.
  Beliau akan ke mari sebentar lagi.

- 네, 김 선생님, 방문하실 것이라는 연락을 받았습니다.
  Ya, Pak Kim. Kami sudah diberi tahu bahwa Bapak akan berkunjung tempat kami.

- 그와 약속을 하셨습니까?
  Apa sudah janji dengan dia?

- 그분의 사무실로 안내해 드리겠습니다.
  Saya akan mengantar ke kantornya.

- 이쪽으로 오십시오.
  Mari sini.

- 죄송합니다만, 외출 중입니다.
  Maaf, (ia) sedang keluar.

- 10 분 정도면 이리 오십니다.
  Dia akan ke sini dalam 10 (sepuluh) menit.

- 지금 중요한 회의 중입니다.
  Dia sedang dalam rapat penting.

- 바쁘시면 내일 다시 오겠습니다.
  Kalau (dia) sibuk saya akan datang lagi besok.

거래처를 방문했을 때

- 삼성의 이상길입니다.
  Saya Lee Sanggil dari Perusahaan Samsung.

- 미스터 무하지르 있습니까?
  Apa ada Bapak Muhajir?

- 5 시에 그 사람과 만나기로 약속이 되어 있습니다.
  Saya sudah janji untuk bertemu dia pada jam 5 (lima).

- 수출부를 방문하고 싶습니다.
  Saya ingin mengunjungi bagian ekspor.

- 수출부가 어디에 있습니까?
  Bagian ekspornya di mana?

- 책임자를 만날 수 있습니까?
  Dapatkah saya bertemu dengan penanggung jawab?

방문객과 인사를 나눌 때

- 처음 뵙겠습니다. 마르조노 씨.
  Selamat bertemu, Bapak Marjono.
- 한국에 잘 오셨습니다!
  Selamat datang di Korea.
- 명함을 주시겠습니까?
  Apa bisa saya ambil kartu nama Bapak?
- 당신 이름을 발음해 주시겠습니까?
  Tolong lafalkan nama Bapak?
- 이 전화번호로 저에게 연락이 가능합니다.
  Dengan nomor telepon ini Anda bisa menghubungi saya.
- 이것은 직통 번호입니다.
  Yang ini nomor (telepon) langsung.

회사를 안내할 때

- 저희 회사를 찾아주셔서 감사합니다.
  Terima kasih atas kunjungan (Bapak) di perusahaan kami.
- 제가 안내해 드릴까요?
  Bolehkah saya mengantar?
- 제가 회의실로 모시겠습니다.
  Saya akan mengantar ke ruang rapat.
- 이쪽으로 오십시오.
  Mari ke sini. / Datang ke sini.
- 화장실은 엘리베이터 옆에 있습니다.
  Kamar kecil ada di sebelah lift.

- 잠깐 쉴까요?

  Apa mau beristirahat sebentar?

- 여기가 저희 본사입니다.

  Ini kantor pusat perusahaan kami. / Ini induk kantor perusahaan kami.

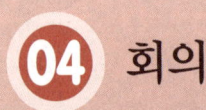
회의

회의 준비

- 회의는 언제입니까?
  Rapatnya kapan?
- 회의는 언제 열립니까?
  Kapan rapat diadakan?
- 몇 시에 회의합니까?
  Jam berapa rapat diadakan?
- 회의는 내일 오전 9 시에 있습니다.
  Rapatnya jam 9 (sembilan) pagi besok.
- 회의 시간이 오후 8 시에서 6 시로 앞당겨졌습니다.
  Rapatnya dimajukan dari jam 8 (delapan) ke 6 (enam) sore.
- 회의는 몇 시에 시작할까요?
  Jam berapa kita mulai rapat?
- 이 일을 마치고 곧 회의가 있습니다.
  Ada rapat sesudah masalah ini selesai.
- 회의에 늦지 말아 주십시오.
  Jangan terlambat rapat.

회의 진행

- 여기를 주목해 주시겠습니까?
  Apa bisa perhatikan pada sini?

- 지금부터 회의를 시작하려 합니다.
  Rapat akan dimulai sekarang.
- 오늘의 의제로 들어갈까요?
  Apa kita mulai judul hari ini?
- 그럼, 그 계획에 관해 최종 검토를 시작하겠습니다.
  Kalau begitu, mari kita mulai memeriksa tentang rencana itu.
- 미스터 조, 토의를 시작하도록 할까요?
  Apa kita mulai diskusi, Pak Jo?
- 미스터 수와소노, 당신에게 넘겨 드립니다.
  Saya serahkan kepada Bapak, Pak Swasono.
- 본 의제로 들어가겠습니다.
  Kita mulai pokok masalahnya.
- 다음 주제로 넘어가겠습니다.
  Kita beralih masalah yang berikut.
- 그의 설명에 대해 어떻게 생각하십니까?
  Bagaimana pendapat Bapak-Bapak mengenai penjelasan dia.
- 이 특정 문제에 대해 질문이 있습니까?
  Apa ada pertanyaan mengenai masalah yang tersebut?
- 그것에 대해 투표를 합시다.
  Mari kita menentukan pilihan mengenai hal ini.
- 이 일에 대한 최종 결정은 다수결로 정하겠습니다.
  Keputusan terakhir mengenai masalah ini akan ditentukan dengan suara terbanyak.
- 찬성하시는 분은 손을 들어 주신시오
  Yang setuju angkat tangan.
- 남은 문제는 다음 번 회의에서 토론하도록 합시다.
  Masalah yang lainnya kita rundingkan dalam rapat berikut.

- 내일 여기에서 계속합시다.
  Mari kita teruskan di sini besok.

회의 종료

- 회의가 끝났습니다.
  Rapatnya sudah selesai.
- 오늘은 그만 할까요?
  Apa mau kita selesai di sni?
- 회의 결과가 어떻게 됐어요?
  Bagaimana hasil rapatnya?

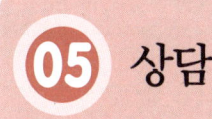 상담

바이어를 맞이할 때

- 처음 뵙겠습니다.
  Selamat jumpa.
- 만나서 반갑습니다.
  Senang bertemu dengan Bapak / Ibu.
- 다시 만나게 되어 기쁩니다.
  Senang bertemu dengan Bapak / Ibu lagi.
- 저희 회사에 와 주셔서 감사합니다.
  Terima kasih atas kedatangan Bapak / Ibu ke perusahaan kami.
- 어젯밤 비행기로 자까르따에 도착했습니다.
  Saya sampai di Jakarta dengan pesawat terbang semalam.
- 비행은 어떠했습니까?
  Bagaimana penerbangannya?
- 장시간의 비행으로 피곤하시겠습니다.
  Mungkin Bapak / Ibu capai karena perjalanan yang lama.
- 따뜻하게 맞아 주셔서 감사합니다.
  Terima kasih atas sambutan hangatnya.
- 찾아와 주셔서 감사합니다.
  Terima kasih atas kunjungan (Bapak / Ibu).
- 저는 LG사의 기술부에서 근무하고 있습니다.
  Saya bekerja di bagian teknik di PT LG.

- 명함을 받으십시오.
  Ini kartu nama (saya).
- 고맙습니다. 여기 있습니다.
  Terima kasih. Ini dia.
- 명함을 주시겠습니까?
  Apa bisa minta kartu nama Bapak / Ibu?
- 네, 여기에 있습니다.
  Ya, ini dia.

회사를 설명할 때

- 그러면, 그 일에 관한 이야기를 할까요?
  Kalau begitu, apa kita bisa bicarakan masalah itu?
- 저희 회사는 업무용 소프트웨어를 전문으로 하고 있습니다.
  Perusahaan kami menangani perangkat lunak / software untuk keperluan usaha.
- 저희 회사는 각종 혁신적인 서비스로 알려져 있습니다.
  Perusahaan kami terkenal dengan layanan yang mutakhir.

제품을 설명할 때

- 이것이 저희 회사의 신제품입니다.
  Inilah produk yang baru dari perusahaan kami.
- 아마 저희 제품에 대해 들어보셨으리라 생각됩니다.
  Mungkin Bapak / Ibu sudah mendengar barang produk kami.
- 이것과 비슷한 제품을 사용해본 적이 있으십니까?
  Apa pernah pakai barang produk seperti ini dulu?

- 지난주에 갓 발매되었습니다.
  Yang itu baru diproduksi minggu yang lalu.
- 이것이 제품 카탈로그입니다.
  Yang ini adalah katalog / daftar barang produk.

구입을 희망할 때

- 이 제품의 특징에 대해 설명해 드리겠습니다.
  Kami akan menjelaskan keistimewaan produk ini.
- 이것은 혁신적인 제품입니다.
  Inilah produk yang mutakhir.
- 이 제품은 상당한 수요가 예상됩니다.
  Produk ini ada kemungkinan besar untuk penawaran / keperluan yang besar.
- 많은 주목을 받고 있습니다.
  Produk ini mendapat perhatian banyak orang.
- 다양한 연령층이 사용할 수 있습니다.
  Boleh digunakan oleh masyarakat berbagai usia.
- 조작은 매우 간단합니다.
  Cara menjalankannya sangat mudah.
- 놀라울 정도로 효율이 높습니다.
  Pengaruhnya sangat besar.
- 분명 만족하실 겁니다.
  Tentu memuaskan.
- AS는 충실합니다.
  Jaminan cukup lengkap.

협상할 때

- 가격에 대해서 말씀드리고 싶은데요.
  Mau bicarakan harganya.
- 가격에 대해서 어느 정도 생각하십니까?
  Bagaimana pendapat Bapak / Ibu mengenai harganya?
- 귀사의 최저가격을 제시하십시오.
  Ajukan harga terendah dari perusahaan Bapak / Ibu.
- 견적을 내 주십시오.
  Berikan perkiraannya.
- 단가는 얼마입니까?
  Berapa harga satuannya?
- 그 가격으로는 받아들일 수 없습니다.
  Tidak bisa dengan harga semahal itu.
- 할인을 부탁합니다.
  Mohon potongan harganya.
- 지난번 주문과 같은 조건으로 해 주세요.
  Ajukan syarat yang sama dengan pesanan yang dulu.
- 배송료는 어느 쪽 부담입니까?
  Ongkos kirim ditanggung siapa?
- 납품은 언제가 되겠습니까?
  Kapan pengiriman barang-barang dilakukan?
- 납품은 어느 정도 시간이 걸립니까?
  Pengiriman barang-barang memakan waktu berapa lama?

결정을 유보할 때

- 죄송하지만 저는 결정할 수 없습니다.
  Maaf, saya tidak bisa menentukan.

- 그 문제는 다음 회의로 넘기기로 합시다.
  Mari kita serahkan masalah itu dalam pertemuan berikut.

- 남은 세부 사항들은 다음 회의에서 다루기로 합시다.
  Kita selesaikan masalah mendetailnya dalam pertemuan berikut.

- 확인을 받고 나서 다시 만납시다.
  Kita bertemu lagi setelah mendapat pengesahan.

- 다음 협상에서는 더 진전되리라고 믿습니다.
  Saya percaya (bahwa masalah itu) lebih berkembang dalam perundingan berikut.

- 좀 더 검토가 필요한 점이 있습니다.
  Ada hal yang perlu dirundingkan lagi.

- 그러면, 그것에 대해 생각해 봅시다.
  Kalau begitu, mari kita pikirkan itu.

- 부장님의 지시를 받을 때까지 기다려 주십시오.
  Tunggu sampai arahan direktur disampaikan.

- 가격을 검토하려면 좀 더 시간이 필요합니다.
  Kami memerlukan beberapa waktu lagi untuk mempertimbangkan harganya.

조건에 합의할 때

- 좋습니다.
  Baik.

- 좋을 것 같군요.
  Tampaknya baik.

- 저희에게는 좋습니다.
  Baik untuk kami.

- 동의합니다.
 Setuju.

- 우리는 몇 가지 조건을 받아들일 수 있다고 생각합니다.
 Kami kira, kami akan menerima beberapa syarat.

- 대충 합의가 되었군요.
 Keseluruhannya setuju.

- 모든 점에서 합의가 되었군요.
 Rupanya semua hal disetujui.

- 이 계약은 3 년간 유효합니다.
 Kontrak ini berlaku selama 3 (tiga) tahun.

- 이 조항에 몇 가지 첨가하고 싶은 것이 있는데요.
 Ada beberapa hal yang ingin ditambahkan dalam pasal ini.

- 이 조항은 합의한 내용과 다른 것 같습니다.
 Pasal ini agak berlainan dari isi yang disepakati.

- 이제 계약에 사인할 수 있을 것 같습니다.
 Sekarang mungkin bisa menandatangani kontrak.

- 귀사와 합의가 되어서 매우 기쁩니다.
 Senang sekali karena perusahaan Bapak / Ibu menyetujui.

조건을 거부할 때

- 그것은 동의할 수 없습니다.
 Tidak bisa setuju dengan itu.

- 미안하지만 할 수 없습니다.
 Maaf, tetapi tidak bisa.

- 할 수 없을 것 같습니다.
 Rupanya tidak bisa. / Mungkin tidak bisa.

- 유감입니다만, 그것은 불가능합니다.
  Maafkan saya, yang itu tidak bisa.
- 현 단계에서는 긍정적인 답을 드릴 수 없습니다.
  Pada tahap ini kami tidak bisa menjawab secara positif.
- 동의할 수 없는 몇 가지 점이 있습니다.
  Ada beberapa hal yang tidak bisa disetujui.
- 죄송하지만, 당신의 요구에 응할 수 없습니다.
  Maaf, tidak bisa setuju dengan permintaan Bapak / Ibu.
- 글쎄요, 그것은 어려운 문제입니다.
  Mungkin, hal itu yang menjadi berkeberatannya.
- 타협점을 찾도록 노력해 봅시다.
  Mari kita coba mencari titik temu.

06 납품과 클레임

납품할 때

- 귀사의 제품에 대해 여쭙고 싶은데요.
  Ingin tanya mengenai produk perusahaan Bapak / Ibu.
- MI-303은 재고가 있습니까?
  Apa ada persediaan produk MI-303 (tiga kosong tiga)?
- 금요일까지 10 대 납품해 줄 수 있습니까?
  Bolehkah kirimkan 10 (sepuluh) buah produknya sampai hari Jumat?
- 언제 납품받을 수 있나요?
  Kapan bisa menerima produknya?
- 가능하면 빨리 필요한데요.
  Kami memerlukan secepat mungkin.
- 다음 주에는 입하할 예정입니다.
  Akan memasukkan produknya paling lambat pada minggu depan.

클레임을 제기할 때

- 클레임이 있는데요.
  Ada tuntutan. / Ada klaim.
- 클레임 담당자는 누구입니까?
  Siapa yang memegang urusan klaim?

- 귀사의 제품에 문제가 있습니다.
  Ada masalah pada produk perusahaan Bapak / Ibu.

- 책임자와 이야기를 나누고 싶은데요.
  Saya mau bicarakan dengan penanggung jawab.

- 주문한 상품이 아직 도착하지 않았습니다.
  Produk yang dipesannya belum sampai.

- 우리는 이제까지 그 물품들을 인수하지 못했습니다.
  Kami belum menerima barang-barang itu sampai saat ini.

- 주문한 물건이 도착했는데, 1 케이스 부족합니다.
  Barang-barang yang dipesannya sudah sampai, tetapi kurang 1 (satu) kotak.

- 당장 알아봐 주세요.
  Tolong periksa sekarang juga.

- 왜 이런 일이 일어났는지 설명해 주세요.
  Tolong jelaskan mengapa masalah semacam ini terjadi.

- 이 일에 대해 우리의 고객들이 불평을 해 오고 있습니다.
  Pelanggan-pelanggan kami mengadukan masalah ini.

- 최근에 품질이 급격히 저하되었습니다.
  Kualitasnya menurun dengan cepat baru-baru ini.

클레임에 대응할 때

- 조사해서 즉시 연락드리겠습니다.
  Kami memeriksa secepat mungkin kemudian akan memberi tahu segera.

- 당장 조치하겠습니다.
  Kami segera akan mengambil tindakan.

- 당장 올바른 물건을 보내드리겠습니다.
  Kami akan mengirimkan segera barang yang sesuai.
- 그 문제는 저희들이 처리하겠습니다.
  Kami akan selesaikan masalah itu.
- 당장 부족분을 보내드리겠습니다.
  Kami akan mengirimkan segera barang yang kurang itu.
- 곧바로 대체(상)품을 보내드리겠습니다.
  Kami akan mengirim segera barang-barang / produk pengganti.
- 저희들의 착오였습니다.
  Yang itu kelalaian kami.
- 그 사고는 제 불찰입니다.
  Kejadian itu kelalaian saya.
- 선적이 지연되어 사과드립니다.
  Maaf karean terlambat pengirimannya.
- 폐를 끼쳐드려 죄송합니다.
  Maaf, karena menyusahkan Bapak / Ibu.
- 이제 모든 것을 해결했습니다.
  Sekarang semuanya selesai!
- 이것은 귀사의 잘못이지 저희 잘못은 아닙니다.
  Yang ini kesalahan perusahaan Bapak / Ibu, bukan kesalahan pihak kami.
- 그것은 귀사의 문제라고 생각합니다.
  Saya rasa yang itu masalah perusahaan Bapak / Ibu.

PART XI
학교생활

01 수업시간에
02 학교생활

01 수업시간에

질문

- 질문이 있습니다.
  Ada pertanyaan.
- 오늘은 몇 페이지부터입니까?
  Dari halaman berapa kita mulai hari ini?
- 지난주에 어디까지 하다 끝났지요?
  Kita selesai sampai mana minggu lalu?
- 조 군, 이 문단을 읽어보겠니?
  Saudara Cho, apa mau baca paragraf / alinea ini?
- "컴퓨터"를 인도네시아어로 뭐라고 하지요?
  'Computer' disebut apa dalam bahasa Indonesia?
- "싱가포르"를 인도네시아어로 어떻게 쓰지요?
  Bagaimana caranya menulis 'Singapore' dalam bahasa Indonesia?
- 선생님, 이 문장의 뜻을 모르겠습니다. 설명해 주시겠습니까?
  Pak guru, saya tidak tahu arti kalimat ini. Bolehkah jelaskan?
- 교수님, 칠판 글씨가 잘 보이지 않습니다.
  Profesor, tulisan di papan tulis tidak tampak dengan jelas.

대답

- 오늘은 10 페이지부터입니다.
  Kita mulai dari halaman 10 (sepuluh) hari ini.

- 이번 (학)과는 12 페이지 중간 부분부터입니다.
  Pelajaran ini dimulai dari bagian tengah, halaman 12 (dua belas).

- 이번 (학)과는 15 페이지 마지막 부분부터입니다.
  Pelajaran ini dimulai dari bagian akhir, halaman 15 (lima belas).

- 이번 (학)과는 82 페이지 처음 부분부터입니다.
  Pelajaran ini dimulai dari bagian awal, halaman 82 (delapan puluh dua).

- 22 페이지의 끝에서 10 줄부터 시작입니다.
  Dimulai dari baris 10 (sepuluh) dari bagian akhir pada halaman 22 (dua puluh dua).

- 컴퓨터는 인도네시아어로 "komputer"라고 한다.
  "Computer" disebut "komputer" dalam bahasa Indonesia.

- 싱가포르는 인도네시아어로 "Singapura"라고 쓴다.
  "Singapore" ditulis "Singapura" dalam bahasa Indonesia.

숙제를 못한 경우

- 죄송합니다. 오늘은 예습을 하지 못했습니다.
  Maaf. Saya tidak mempersiapkan diri untuk pelajaran hari ini.

- 다음 시간 숙제는 무엇입니까?
  Apa pekerjaan rumah untuk pelajaran berikut?

- 언제까지 저희 숙제를 제출해야 합니까?
  Sampai kapan kami serahkan pekerjaan rumah?

- 다음 수업까지 몇 페이지를 읽어야 합니까?
  Berapa halaman kami harus membaca untuk pelajaran berikut?

준비물을 가져오지 않은 경우

- 오늘은 깜빡하고 책을 가져오지 못했습니다.
  Hari ini saya tidak membawa buku karena lupa.

- 옆 친구와 책을 같이 봐도 되겠습니까?
  Bolehkah saya membaca buku bersama dengan teman sebelah?

 # 학교생활

소개

- 저는 3 학년입니다.
  Saya diploma 3 (tiga).
- 저는 인도네시아어과 학생입니다.
  Saya mahasiswa di jurusan bahasa Indonesia.
- 하루에 6 시간씩 수업이 있습니다.
  Kuliahnya 6 (enam) jam sehari.
- 그녀는 서울의 한 여자고등학교에서 교편을 잡고 계십니다.
  Dia bekerja sebagai guru di sebuah SMA (Sekolah Menengah Atas) perempuan di Seoul.
- 한국의 고등학교 과정은 3 년입니다.
  SMA (Sekolah Menebgah Atas) di Korea 3 (tiga) tahun.

교육과정

- 이번 학기는 매우 바쁘니?
  Apa sibuk sekali pada semester ini?
- 이번 학기에 많이 바쁘지 않아.
  Tidak begitu sibuk pada semester ini.
- 이번 학기에 힘든 과정이 있니?
  Apa ada mata kuliah yang susah pada semester ini?
- 지난 3 년 동안 너무 힘들었어.
  Sangat susah selama 3 (tiga) tahun yang lalu.

- 이번 학기에는 몇 과목을 선택했니?
  Mendaftar berapa mata kuliahnya pada semester ini?
- 필수과목이 몇 개니?
  Mata kuliah wajibnya berapa?
- 이번 학기에 선택과목이 있니?
  Apa ada mata kuliah pilihan pada semester ini?
- 3 개는 필수과목이고, 2 개는 선택과목이야.
  Tiga mata kuliahnya wajib dan yang dua mata kuliah pilihan.
- 너는 인도네시아어 작문수업 선택했니?
  Apa Anda memilih kuliah komposisi bahasa Indonesia?
- 인도네시아문화는 필수냐 선택이냐?
  Apakah mata kuliah kebudayaan Indonesia wajib atau pilihan?
- 너는 너무 수업이 많은 것 같다.
  Rupanya Anda terlalu banyak kuliahnya.
- 네가 이번 학기에는 수업이 많지 않은 것 같다.
  Rupanya Anda yang tidak banyak kuliahnya pada semester ini.
- 네 총 학점은 충분하니?
  Apa kredit Anda seluruhnya cukup?
- 너는 이번 학기에 많은 과목을 선택하지 않았더라, 왜?
  Anda tidak memilih banyak mata kuliah pada semester ini, mengapa?
- 나는 졸업을 위한 한 학기만 남았다.
  Saya akan lulus satu semester lagi untuk mempelajari kuliah.
- 나는 한국외국어대학교에서 인도네시아어 학사과정을 밟을 것이다.
  Saya akan ikut kuliah di jurusan bahasa Indonesia di Universitas Bahasa Asing Hankuk.

- 나는 내년에 인도네시아어 언어학 박사과정을 시작하고 싶다.
  Saya ingin mulai ikut kuliah strata 3 (tiga) di bidang linguistik Indonesia.
- 나는 스탠포드 대학에서 대학원과정을 밟을 것이다.
  Saya akan ikut kuliah strata 2 (dua) di Universitas Stanford.
- 나는 외국에서 공부하기 위해서 아마도 장학금을 받을 것이다.
  Mungkin saya akan menerima beasiswa untuk belajar di luar negeri.

학교생활 말하기

- 몇 학년이지?
  Tingkat berapa?
- 수업은 매일 몇 시간씩 있습니까?
  Kuliahnya ada berapa jam setiap hari?
- 제가 오늘 수업을 듣지 못할 수 있습니다.
  Barangkali saya tidak bisa ikut kuliah hari ini.
- 제가 오늘 수업에 빠질 수 있습니까?
  Apa bisa saya tidak ikut kuliah hari ini?
- 내일까지 (빠지는 것을) 허락해 주십시오.
  Izinkan saya tidak hadir sampai besok.
- 그녀는 저와 같은 학년입니다.
  Dia sekelas saya.
- 너희 대학교에서는 모든 과목이 필수과목이니?
  Apa semua mata kuliahnya wajib di universitas Anda?
- 아니 몇 과목은 선택과목이야.
  Tidak, beberapa mata kuliahnya pilihan.

- 수업시간들 사이에 10 분씩의 휴식시간이 있습니다.

  Ada waktu beristirahat selama 10 (sepuluh) menit di antara kuliah.

- 졸업장은 350 명 학생들에게 수여됩니다.

  Ijazah akan diberikan kepada 350 (tiga ratus lima puluh) orang mahasiswa.

- 4월 20일은 우리 대학교 창립 60 주년임으로 쉽니다.

  Tanggal 20 (dua puluh) April tidak ada kuliah karena ulang tahun ke-60 (enam puluh) universitas kami.

- 마만 선생님이 결근하셨기 때문에, 오늘은 휴강입니다.

  Hari ini tidak ada kuliah karena Pak Maman, dosennya tidak datang.

- 인도네시아어 담당 수랏노 선생님이 출장을 가셔야 하기 때문에, 6 교시 인도네시아어 수업을 4 교시로 앞당깁니다.

  Karena Pak Suratno, dosen Bahasa Indonesia akan pergi untuk perjalanan dinas, kuliah pada jam keemam dipindahkan ke jam keempat.

- 방학은 언제 시작합니까?

  Kapan libur panjang dimulai?

- 7월 1일부터입니다.

  Dari tanggal 1 (satu) Juli.

- 방학은 며칠간입니까?

  Libur panjangnya berapa hari?

- 한국의 방학은 55 일간입니다.

  Libur panjang di Korea selama 55 (lima puluh lima) hari.

성적관련 말하기

- 제 성적을 알고 싶습니다.
  Saya ingin tahu nilainya.
- 제게 성적을 말씀해 주실 수 있습니까?
  Apa bisa memberi tahu saya nilainya?
- 성적의 평균은 어떻게 됩니까?
  Bagaimana rata-rata nilainya?
- 제 성적에 관해 선생님과 상담을 할 수 있습니까?
  Apa saya bisa bicara dengan Bapak mengenai nilai saya?
- 반에서 성적 A를 받은 학생은 몇 명입니까?
  Berapa orang yang mendapat nilai A dalam kelas?
- 그는 반에서 공부를 가장 잘하는 학생입니다.
  Dia adalah pelajar yang paling pandai di kelasnya.
- 그는 학생들 중에 공부를 가장 못합니다.
  Dia paling jelek nilainya di antara temannya.
- 그녀는 일등을 했습니다.
  Ia menjadi nomor satu (di kelasnya).
- 그녀는 우등생입니다.
  Ia pelajar tingkat akhir.
- 그는 장학생이 되었습니다.
  Dia mendapat beasiswa. / Dia menjadi mahasiswa yang mendapat beasiswa.
- 그는 몇몇 과목의 학점을 따지 못했습니다.
  Dia tidak mendapat kredit dalam beberapa mata kuliahnya.
- 시험을 잘 쳤습니다.
  Saya mengikuti ujian dengan baik.

- 시험을 망쳤습니다.
  Saya gagal dalam ujian.

시험관련 말하기

- 언제 시험입니까?
  Kapan ujiannya?
- 시험에 무슨 과목이 들어갑니까?
  Mata kuliah apa yang termasuk dalam ujiannya?
- 저희가 시험을 위해 무엇을 공부[복습]해야 합니까?
  Apa yang harus kami pelajari / mengulangi pelajaran untuk ujiannya?
- 시험은 얼마 동안 봅니까?
  Berapa lama kami mengikuti ujiannya?
- 공부[복습]할 학과가 있습니까?
  Apa ada mata kuliah / ulangan pelajaran yang akan dipelajari?
- 공부를 해야겠다.
  Lebih baik belajar.
- 공부를 해야만 한다.
  Harus belajar.
- 영어를 복습해야 한다.
  Harus mengulangi mata kuliah bahasa Inggris.
- 나는 수학과 씨름을 해야 한다.
  Saya harus bergulat dengan matematika. / Saya harus belajar matematika.
- 나는 기말고사 바로 전에라도 도움을 필요하다.
  Saya memerlukan bantuan walaupun baru sebelum ujian terakhir.

- 기말고사 바로 전에는 원하지 않던 노력을 해야만 한다.

  Saya harus berusaha apa yang saya tidak mau sebelum ujian terakhir.

- 기말고사 잘 준비했니?

  Apa Anda siap dengan baik untuk ujian semester akhir?

- 나는 준비할 시간이 없었다.

  Saya tidak punya waktu untuk menyiapkannya.

- 이번 토요일의 영어시험 준비 다했니?

  Apa sudah siap untuk ujian bahasa Inggris pada hari Sabtu ini?

- 시험에 합격했습니까?

  Apa sudah lulus dalam ujiannya?

- 몇 점을 받았니?

  Anda dapat berapa nilainya?

- 어떻게 그렇게 좋은 학점을 받을 수 있었니?

  Bagaimana Anda bisa mendapat kredit yang begitu baik?

- 인도네시아어 시험의 학점은 어떻게 돼?

  Bagaimana kredit ujian bahasa Indonesia?

- 나는 이 시험에서 A를 받았다.

  Saya menerima A dalam ujian ini.

- 나는 이번 시험이 매우 어려웠다고 들었다.

  Saya dengar bahwa ujian kali ini sangat sukar.

- 나는 내가 왜 이 과목을 선택했는지 모르겠다.

  Saya tidak tahu, mengapa saya memilih mata pelajaran ini.

- 나는 이 시험에서 낙제를 했다.

  Saya gagal dalam ujian ini.

- 시험은 매우 어려웠고, 우리 그룹의 반 이상이 낙제를 했다.

  Ujiannya sangat sukar, dan lebih separuh kelompok kami gagal.

- 합격점은 몇 점입니까?
  Nilainya yang bisa lulus berapa?
- 이 시험 시간은 얼마나 줍니까?
  Waktu ujiannya berapa lama?

전공 말하기

- 네 전공이 무엇이니?
  Mata kuliah utama Anda Apa?
- 너는 무슨 전공을 공부하니?
  Mata kuliah utama apa yang Anda pelajari?
- 너는 전공분야가 무엇이니?
  Anda jurusan apa?
- 너는 무엇을 공부할 것이니?
  Anda ingin belajar apa?
- 네 졸업 논문의 제목은 무엇이니?
  Apa judul tesis Anda untuk lulus?
- 이 주제에 관해 네가 논문을 쓰는 것은 쉽지 않다.
  Anda menulis tesis tentang judul ini tidak mudah.
- 내 전공은 인도네시아 어학이다.
  Mata kuliah saya adalah linguistik Indonesia.
- 나는 인도네시아 문학을 공부하고 있다.
  Saya sedang belajar sastra Indonesia.
- 나의 전공은 고고학이다.
  Mata kuliah utama saya adalah arkeologi.

입학관련 말하기

- 이 학교는 필기시험에 따라 입학이 허가 됩니다.
  Universitas ini menerima mahasiswa menurut hasil ujian tulisan.

- 작년에는 지원자 3,000 명중에서 350 명만 합격하였습니다.
  Yang lulus 350 (tiga ratus lima puluh) orang saja di antara 3.000 (tiga ribu) pada tahun lalu.

- 이 고등학교에 입학하려면 중학교 과정을 이수해야 합니다.
  Kalau ingin masuk di SMA (Sekolah Menengah Atas) ini Anda harus lulus dan memperoleh ijazah SMP (Sekolah Menengah Pertama).

도서관

- 도서 대출카드를 신청하고 싶습니다.
  Ingin membuat kartu peminjaman buku.

- 도서관대출카드를 신청해야 합니까?
  Apa harus membuat kartu peminjaman buku?

- 도서 목록표를 어떻게 사용하는지 말씀해 주실 수 있습니까?
  Apa bisa menerangkan bagaimana menggunakan daftar buku?

- 이 잡지들을 빌릴 수 있습니까?
  Apa bisa meminjam majalah-majalah ini?

- 대출은 되지 않습니다. 그러나 원하는 기사를 복사할 수 있습니다.
  Tidak bisa dipinjamkan, tetapi bisa membuat fotokopi artikel yang diperlukan.

- 최근 출간된 것이 있습니까?
  Apa ada buku yang baru diterbitkan?

- 인도네시아 역사책을 빌릴 수 있습니까?
  Apa bisa meminjam buku sejarah Indonesia?

- 저는 과학에 관한 책을 찾고 싶습니다.
  Saya ingin mencari buku tentang sains / ilmu pengetahuan.

- 죄송합니다. 그 책은 이미 대출되었습니다.
  Maaf, buku itu sudah dipinjamkan.

- 죄송합니다. 당신이 원하는 책을 저희는 찾을 수 없습니다.
  Maaf, kami tidak bisa mencari buku yang Bapak / Ibu perlukan.

- 제게 "인도네시아 문화"에 관한 책을 한 권 추천해 주실 수 있나요?
  Apa bisa merekomendasi sebuah buku tentang "Kebudayaan Indonesia" kepada saya?

- 저에게 이 책장에서 책들을 어떻게 찾는지 알려주실 수 있습니까?
  Apa bisa terangkan bagaimana caranya mencari buku dari rak buku ini?

- 저는 책장에서 그 책을 찾을 수 없습니다.
  Saya tidak bisa mencari buku itu dari rak buku ini?

- 언제 이 책을 반납해야 합니까?
  Kapan saya harus mengembalikan buku ini?

- 제가 얼마 동안 이 책을 빌릴 수 있습니까?
  Berapa lama saya bisa meminjam buku ini?

- 오늘부터 한 달 기한입니다.
  Selama satu bulan sejak hari ini.

- 만약 기한 날짜 전에 반납을 하지 않는다면, 벌금을 내야만 한다.
  Kalau tidak mengembalikan dalam waktu yang ditentukan, Anda harus membayar denda.

- 한 번에 몇 권의 책을 빌릴 수 있습니까?
  Berapa buah buku bisa dipinjamkan sekaligus?

- 대학원생들은 한 번에 10 권을 빌릴 수 있습니다.
  Mahasiswa S2 (dua) bisa meminjamkan 10 (sepuluh) buah buku sekaligus.
- 저는 한 달 더 이 책을 빌리고 싶습니다.
  Saya mau pinjam buku ini satu bulan lagi.
- 날짜를 늘이기 위해서는 어떻게 해야 합니까?
  Bagaimana caranya untuk memperpanjangkan waktu peminjaman?
- 기한 날짜가 도달했을 때, 다시 재 대출을 할 수 있습니다.
  Bisa meminjam lagi sesudah jangka waktunya habis.

PART
부록

1. 안녕! Halo!

A: Halo, Sudirman! Apa kabar?
B: Baik, terima kasih, Dan Anda bagaimana?
A: Baik, terima kasih.
A: 안녕, 수디르만! 잘 지내지?
B: 잘 지내, 고맙네, 그런데 너는?
A: 잘 지내, 고맙네.

2. 잘 가[또 만나]! Sampai bertemu lagi!

A: Saya harus pulang sekarang, Kartini. Kita bertemu lagi besok.
B: Sampai bertemu lagi!
A: 나는 지금 가야만해, 까르띠니. 우리 내일 보자.
B: 잘 가!

3. 좋아! Bagus!

A: Saya akan menjemput Anda ke rumah. Bagaimana jam 9 (sembilan) pagi?
B: Bagus, terima kasih.
A: 내가 너희 집으로 데리러 갈게. 오전 9시 괜찮니?
B: 좋아. 고마워.

4. 충분해 Cukup.

A: Anda bangun jam 6 (enam). Setengah 7 (tujuh) kita harus mulai bekerja. Saya mau melihat piring yang bersih sebelum jam 11(sebelas).

B: Sudah cukup! Mari kita beristirahat.
A: 너는 아침 6시에 일어나, 6시 반에 일을 시작해야 한다. 11시가 되기 전에 나는 모든 접시가 깨끗한 것을 보길 원한다.
B: (그것으로) 충분해요! 우리 좀 쉬자!

5. 맙소사! Oh!

A: Seperti diketahui, suami Mutia meninggal dunia akibat kecelakaan pesawat terbang tahun lalu.
B: Aduh! Lebih baik jangan beri tahu kepada saya. Kasihan, bagaimana dia hidup bersama dengan dua anaknya untuk masa depan.
A: 알다시피, 무띠아의 남편이 작년에 비행기 사고로 죽었어.
B: 맙소사! 나에게 말하지 않았으면..
불쌍한 친구, 어떻게 두 아이를 데리고 살아갈까.

6. 제기랄! Celaka!

A: Celaka! Saya lupa saya tinggalkan kunci di dalam mobil.
B: Kalau begitu apa yang harus kita lakukan?
A: 제기랄! 차에다 열쇠를 둔 것을 잊었어.
B: 그러면 우리는 무엇을 해야 하지?

7. 됐거든! Sudahlah!

A: Saya tidak menyangka Mutia mengatakan begitu. Kalau dia berpendapat begitu, barangkali saya tidak menceritakan masalah itu.
B: Sudah!
A: 무띠아가 그랬을 것이라 생각하지 않았는데. 만약 그렇게 생각했었다만, 그에게 그 일을 말하지 않았을 것이야.
B: 됐네!

8. 서둘러! Cepat-cepat!

A: Cepat-cepat, kita akan terlambat.
B: Jangan khawatir, masih ada 15 (lima belas) menit.
A: 서둘러, 우리 늦게 도착하게 될 것이야.
B: 걱정하지 마라. 아직 15 분이 남았어.

9. 와라! Coba datang!

A: Nuri, coba datang ke sini!
B: Ya, ibu.
A: Mungkin akan hujan, tolong bantu ibu mengumpulkan pakaian.
A: 누리! 이리 와!
B: 네 엄마.
A: 비가 오려하니, 옷 거두는 것을 도와주렴.

10. 앉으세요! Silakan duduk!

A: Boleh saya menerangkan masalahnya kepada Bapak / Ibu?
B: Tentu saja, silakan duduk!
A: 당신과 잠시 담소를 나눌 수 있을까요?
B: 물론이지요. 앉으세요!

11. 들어오세요! Silakan masuk!

A: Boleh saya masuk?
B: Silakan (masuk)!
A: 들어가도 되나요?
B: 들어오세요!

12. 어쨌든 간에! Walaupun bagaimana!

A: Apa bisa pinjamkan saya sepuluh ribu won? Saya berjanji akan membayar dalam satu minggu.
B: Maaf belum bisa! Anda ingat bahwa Anda belum membayar uang pinjaman bulan yang lalu. Dulu juga Anda mengatakan yang sama.
A: 나한테 만원 꾸어 줄 수 있니? 일주일 내로 네게 돌려주도록 약속한다.
B: 안되겠어! 아직 너는 지난달에 네게 돈을 꾸어 준 것을 갚지 않았다는 것 기억하지. 어쨌든 간에, 너는 그때도 똑같이 내게 말했었어.

13. 절대로! Tentu saja!

A: Apa Anda tidak akan menyesal?
B: Dengan mutlak!
A: 너 후회하지 않을 것이지?
B: 절대로!

14. 당신이 해야 하는 것을 하세요.
Kerjakan apa yang harus Anda kerjakan.

A: Maaf, saya harus pulang karena ada hal yang penting.
B: Jangan khawatir. Anda kerjakan dulu apa yang harus Anda kerjakan.
A: 미안해요. 나는 이제 가야만해요. 왜냐하면 급한 일이 있거든요.
B: 걱정하지 마요. 당신이 하셔야 할 것은 하셔야지요.

15. 닥쳐! Diam!

A: Yang itu tidak adil. Kenapa Kartini bisa pergi masa saya

tidak bisa?
B: Diam!
A: 그것은 불공정해! 왜 까르띠니가 갈 수 있고, 나는 못하는 것이지?
B: 입 좀 다물어.

16. 나가! Keluar!

A: Rosli, minta maaf, saya salah.
B: Keluar dari sini! Saya tidak mau melihat Anda!
A: 로슬리, 미안해, 내가 잘못했어.
B: 여기서 나가! 너 보고 싶지 않아!

17. 파이팅! Ayo!

A: Kartini, Ayo! Buatkan tekad!
B: Sabarlah!
A: 까르띠니, 파이팅! 힘내!
B: 진정해!

18. 조용히(하세요)! Jangan bicara!

A: Jangan bicara, Dengarkan cerita saya!
A: 조용히 해주세요! 제 말 좀 들으세요!

19. 짜증나! Jengkel!

A: Sedikit marah! Dia datang lagi.
B: Jangan khawatir, saya akan beri tahu dia Anda tidak ada.
A: 짜증나! 그 사람이 또 왔네.
B: 걱정하지 마, 내가 너 없다고 그한테 말할게.

20. 건배! Toas!

A: Toas! Untuk persahabatan kita!
B: Toas!
A: 우리의 우정을 위해, 건배!
B: 건배!

21. 무슨 일이야? Ada apa?

A: Mat, ke sini.
B: Ada apa?
A: 맏, 이리와.
B: 무슨 일이야?

22. 지금 당장. Baru sekarang.

A: Marjono, Apa sudah siap?
B: Ya. Baru sekarang saya siap.
A: 마르조노, 준비됐니?
B: 응, 지금 바로 (됐어).

23. 실례합니다. Maaf!

A: Maaf, apa bisa beri tahu saya di mana E-Mart?
B: Ikuti saja jalan ini terus. Dan belok ke kiri dari lampu lalu lintas pertama.
A: 실례합니다. 이마트가 어디에 있는지 제게 알려주시겠습니까?
B: 앞쪽으로 쭉 가세요. 그리고 첫 번째 신호등에서 왼쪽으로 돌아가세요.

24. 죄송합니다. Maaf!

A: Maaf! Saya terlambat.
B: Tidak apa-apa, kami masih belum mulai.
A: 미안합니다! 매우 늦게 도착했어요.
B: 걱정하지 마, 아직은 우리 시작하지 않았어.

25. 이런! Celaka!

A: Celaka! datanya terhapus.
B: Ah, tidak mungkin.
A: 제기랄! 데이터들이 날아갔네.
B: 어, 말도 안 돼.

26. 쉬세요. Istirahat saja.

A: Apa yang dapat kita lakukan? Sebenarnya tidak ada uang sama sekali.
B: Istirahat saja. Apa-apa pun tidak akan terjadi. Kalau ada uang, pulang.
A: 우리가 무엇을 할 수 있지? 실은 한 푼도 더 없는데.
B: 쉬어라. 아무것도 일어나지 않을 것이야. 만약 돈이 있다면, 집으로 돌아가라.

27. 네? Ya?

A: Bagaimana foto ini? Apa cantik atau tidak?
B: Saya kira yang ini lebih baik.
A: Ya?
A: 이 사진 어때? 예쁘지? 아니니?

B: 내가 보기에는 이것이 더 좋은데.
A: 그래?

28. 뭐라고? Apa dia?

A: Mutia menikah dengan Marjono.
B: Apa dia? Tidak mungkin!
A: 무띠아는 마르조노와 결혼했다.
B: 뭐라고? 말도 안돼!

29. 당연하지! Pantas!

A: Apa bisa menggesel sedikit?
B: Pantas saja!
A: 조금 움직이게 해주시겠어요?
B: 당연하지.

30. 동의한다. Setuju.

A: Anda bertanggung jawab bagian awal. Saya menanggung yang lain. Tidak apa-apa, ya?
B: Setuju.
A: 너는 처음 부분을 책임져라. 나는 다른 것을 맡을게. 괜찮아?
B: 동의해.

31. 허풍떨다. Omong kosong.

A: Itu masalah (anak-anak) perempuan, saya tidak mau masuk dapur sama sekali.
B: Hai, jangan beromong kosong.

A: 그것은 여자 애들 일이고, 나는 결코 부엌에 들어가지 않아.
B: 이봐, 허세 떨지 말라고.

32. 바보 같은 소리. Mustahil.

A: Kemarin saya melihat Tuhan.
B: Jangan berkata seperti orang bodoh.
A: 어제 나는 신을 봤어.
B: 바보 같은 소리 말라고.

33. 조심해! Hati-hari.

A: Saya mau pulang.
B: Hati-hati di jalan!
A: 나 갈께.
B: 조심해서 가라!

34. 벌 받을 만하다. Patut dihukum.

A: Kata orang, dia sudah ditangkap dan sekarang di penjara.
B: Ya, dia penjahat.
A: 사람들이 그러는데 그가 붙잡혀서, 지금 감옥에 있다면서.
B: (그 놈은) 벌 받을 만했지.

35. 진정해! Tenang saja (hati)!

A: Sebenarnya saya tidak bisa. Saya tidak tahu sama sekali tentang postmodernisme.
B: Tenang saja hati. Jangan khawatir. Masih ada dua hari untuk mempelajarinya.

A: 실은 나 할 수 없어. 나는 포스트모더니즘에 관해 아무것도 몰라.
B: 진정해. 걱정하지 마. 아직 무엇인가를 준비하기 위해서는 이틀이나 있다고.

36. 귀 기울이세요! Dengarkan dengan teliti!

A: Dengarkanlah, teman-teman. Ceramah Prof. Kim penting untuk kita.
B: Wah, bagus!
A: 들어봐, 애들아. 김 교수님의 강연은 우리에게 매우 중요해.
B: 와 좋다!

37. 바보! Dasar bodoh!

A: Kemarin saya membeli sepatu. Harganya 100 (seratus) ribu Won.
B: Dasar bodoh. Sepatu ini 25 (dua puluh lima) ribu Won.
A: 어제 나는 구두를 샀어. 10만 원이야.
B: 바보! 이 구두는 2만 5천 원이야.

38. 정말로? Apa benar?

A: Untuk kursus BIPA, kita harus membayar 1.500 dolar.
B: Apa benar? Kalau begitu kita bisa ke Indonesia pada bulan September.
A: 비빠[외국인을 위한 인도네시아어] 과정을 위해 우리는 1,500 달러가 있어야 할 것이야.
B: 진짜? 그러면 우리 9월에 인도네시아에 갈 수 있겠다.

39. 도와주세요! Tolong!

A: Tolong! Tolong!
B: Ah, Pradopo kejebur air!
A: 도와주세요! 도와주세요!
B: 아! 쁘라도뽀가 물에 빠졌다.

40. 멍청이! Bodoh!

A: Kenapa Anda tidak membawa payung?
B: Rupanya tidak akan hujan, kan? Bodoh!
A: 왜 너는 우산을 안 가져가니?
B: 비가 올 것이라 보이지 않았지 않아? 멍청이!

41. 바보짓! Tindakan bodoh!

A: Lihat betapa lucunya, orang-orang melukis kumis dan kacamata pada potret profesor.
B: Itu tindakan bodoh! Saya sangat sibuk sekarang.
A: 얼마나 웃기는지 봐라, 사람들이 교수님 사진에 수염하고 안경을 그려 놓았다.
B: 바보짓거리야! 나는 지금 매우 바쁘다.

42. 말도 마! Jangan katakan!

A: Kata orang bahwa Anda paling kaya di antara kelompok Anda.
B: Omong kosong. Muhajir lebih kaya daripada saya.
A: 사람들이 그러는데 네가 너희들 그룹에서 가장 부유한 학생이라던데.
B: 말도 안 돼! 무하지르가 나보다 더 낫다.

43. 환상적이야! Fantastik!

A: Bagaimana film itu?
B: Takjub!
A: 그 영화 어때?
B: 환상적이야!

44. 내가 한 턱 낼게! Saya akan traktir!

A: Hari ini saya akan mentraktir.
B: Terima kasih!
A: 오늘 내가 한 턱 낸다!
B: 고마워!

45. 이것은 믿을 수 없어! Saya tidak bisa percaya ini!

A: Yang ini tidak dipercayakan. Saya ingat bahwa saya taruh dokumen-dokumen di atas meja, tetapi sekarang tidak ada.
B: Mungkin seseorang membawanya.
A: 이것은 믿을 수 없어! 나는 테이블 위에 서류들을 놓았던 것으로 기억하는데, 지금 그것을 볼 수 없네.
B: 아마도 누군가 그것들을 가져갔을 것이야.

46. 너무 어려워! Terlalu sukar!

A: Olahraga ini terlalu sukar!
    Saya kira saya tidak bisa melakukan itu.
B: Jangan putus asa. Anda tahu bahwa yang sukar bisa kerjakan juga.
A: 이 운동 너무 어렵다! 나는 그것을 할 수 없을 것 같아.

B: 힘내! 너는 어려운 것을 할 수 있다는 것을 알고 있지 않아.

47. 농담하지 마! Jangan bergurau!

A: Muhajir jangan bergurau, terangkan saya yang itu!
B: Saya tidak bergurau.
A: 무하지르, 더 이상 농담하지 말고, 내게 그것을 설명해 봐!
B: 나 농담하는 것 아닌데.

48. 아마도. Barangkali.

A: Rupanya Pradopo tidak datang hari ini. Katanya ibu dia sakit.
B: Barangkali.
A: 쁘라도뽀는 오늘 오지 않을 것으로 보여. 그의 엄마가 아프다고 하던데.
B: 아마도.

49. 다른 때와 똑같아. Sama saja seperti dulu.

A: Wah, lama kita tidak bertemu. Coba katakan apa-apa kepada saya.
B: Seperti biasa, tidak ada apa-apa yang baru.
A: 야, 이게 얼마만이야. 내게 뭐 말 좀 해봐?
B: 여느 때와 마찬가지야. 새로운 것은 없어.

50. 고집 세기는! Kepala batu!

A: Kerja ini sangat sukar! Sepanjang hari saya usahakan itu, tetapi masih tidak ada jalan untuk menyelesaikannya.

B: Kepala batu! Kenapa tidak menanyakan kepada Muhajir?
A: 이 업무는 매우 어렵다. 내게 하루 종일 걸렸고, 아직도 그것을 해결할 수가 없다.
B: 고집 세기는! 왜 무하지르에게 그것을 물어보지 않는 것이야?

51. 얼마나 피곤한지! Betapa capainya!

A: Betapa capainya!
B: Benar! Kami berjalan di taman sebesar Taman Mini Indonesia Indah.
A: 얼마나 피곤한지!
B: 사실이야. 우리는 미니 인도네시아 크기의 공원을 걸었다고.

52. 걱정 마세요! Jangan khawatir!

A: Saya memijak sepatu Bapak, bukan? Maaf, tak sengaja!
B: Tidak apa-apa.
A: 제가 당신 발을 밟았지요, 아닌가요. 죄송합니다. 고의가 아니었어요.
B: 걱정 마세요[괜찮습니다].

53. 얼마나 아픈지! Betapa sakitnya!

A: Aduh, Anda injak kaki saya. Aduh, sakit.
B: Maaf, maaf.
A: 아이고! 네가 내 발을 밟았어. 어휴, 아프다!
B: 미안, 미안.

54. 누가 그렇게 말했어? Siapa mengatakan begitu?

A: Kata orang Anda ke Indonesia untuk belajar. Kapan Anda

pergi?

B: Siapa mengatakan hal itu?

A: 사람들이 그러던데, 네가 인도네시아로 공부하러 간다고. 언제 가니?
B: 누가 그것을 말했어?

55. 제 정신이 아니다. Tidak sadar.

A: Ada apa dengan Pradopo? Dia tidak mengatakan apa-apa kepada saya kemarin.

B: Jangan perhatikan dia. Sebenarnya dia tidak sadar.

A: 쁘라도뽀에게 무슨 일이 있니? 어제 내게 아무 말도 하지 않았어.
B: 그에게 마음 쓰지 마라. 실은 그 사람 제정신이 아니야.

56. 별거 아니다. Tidak ada yang penting.

A: Oh, darah keluar dari hidung Anda!
B: Tidak apa-apa..

A: 앗! 너 코피 난다.
B: 아무것도 아니야.

57. 나쁘지 않다. Lumayan.

A: Kata orang Anda sudah menikah dengan anak perempuan ketua komisi. Lumayan.

B: Yang Anda pikir tidak benar. Sebenarnya kami belum menikah.

A: 사람들이 그러는데 네가 위원장의 딸과 결혼했다면서, 이봐. 나쁘지 않아.
B: 네가 생각하는 것이 사실이 아니야. 실은 우리 아직 결혼하지 않았어.

58. 나는 아니야! Bukan saya!

A: Siapa memecahkan pot bunga ini?
B: Bukan saya (mungkin tersenggol anjing)!
A: 누가 꽃병을 깼니?
B: 내가 그러지 않았어 (개가 건드렸겠지)!

59. 너는 매우 능력 있어! Anda punya kepandaian hebat!

A: Kemarin pelatih memuji saya. Dan dia mengatakan bahwa saya bisa menjalankan mesin sendiri.
B: Oh, ya? Memang Anda sangat pandai!
A: 어제 코치가 날 칭찬했어, 그리고 그는 이제 내가 혼자서 기계를 조종할 수 있다고 말했어.
B: 그래? 너는 매우 능력이 있다니까!

60. 죽음이야! Hampir mati!

A: Bagaimana hasil ujian Anda!
B: Setengah mati mengerjakannya!
A: 너 시험(결과) 어떻게 나왔어?
B: 죽음이야!

61. 너무 좋다! Bagus sekali!

A: Bagaimana filmnya?
B: Sangat bagus!
A: 영화 어땠어?
B: 너무 너무 좋았어!

62. 바보짓 하지 마! Jangan bertindak bodoh!

A: Ananta mengatakan bahwa ia mencintai saya.
　　Ya, Tuhan, saya merasa bahagia benar!
B: Ananta? Anda sadar. Dia buaya darat! Dia cinta kepada lebih seratus orang perempuan.
A: 아난따는 내게 사랑에 빠졌다고 말하는데, 아우! 정말 행복한 느낌이야!
B: 아난따가? 너 정신 차려라. 그 사람은 바람둥이야! 백 명 이상의 여자에게 사랑을 바쳤었다고.

63. 너무 빠르군! Terlalu cepat!

A: Apa Anda sudah selesai tesisnya! Cepat benar!
B: Saya di rumah saja selama liburan musim panas.
A: 논문 끝냈니? 정말 빠르다!
B: 여름 방학을 집에 처박혀서 보냈다고.

64. 훨씬 좋다. Jauh lebih baik.

A: Bagaimana perasaannya?
B: Lebih baik daripada dulu.
A: 기분은 어때?
B: 훨씬 좋아.

65. 졌다. Saya kalah.

A: Saya mengaku kalah. Saya tidak bisa mendapatkan dia.
B: Siapa tahu. Sekarang kita tunggu saja.
A: 진 것을 인정한다. 나는 그를 차지할 수 없어.
B: 누가 알겠어. 이제 기다려보자고.

66. 철면피! Tebal muka!

A: Apa Anda mengundang Suhadi?
B: Tidak. Dia datang tanpa diundang.
A: Dia betul-betul tebal muka!

A: 수하디를 초청했다고?
B: 아니. 그는 초청받지 않고 왔어.
A: 정말 철면피다.

67. 그래서? Dan seterusnya?

A: Suhadi melamar kepada saya semalam.
B: Bagaimana?
A: Tidak ada apa-apa. Saya menolak karena saya tidak suka dia.

A: 수하디가 어제 밤 내게 청혼했어.
B: 그래서?
A: 아무것도 아니지. 나는 거절했거든. 왜냐하면 나는 그를 좋아하지 않아.

68. 날 내버려둬!
Biarkan saya sebagaimana adanya!

A: Jangan minum lagi, Anda minum sebotol anggur semuanya.
B: Biarkan saya sebagaimana adanya!

A: 너 더 마시지 마라, 네가 술 한 병을 완전히 다 마셨다고.
B: 날 내버려둬!

69. 바보처럼 되다. Pura-pura bodoh.

A: Sebenarnya saya tidak tahu apa-apa tentang itu.

B: Jangan pura-pura bodoh. Anda lebih tahu tentang itu daripada siapa pun.
A: 사실 나는 그것에 대해 아무 것도 알지 못해.
B: 바보인 척하지 마. 너는 누구보다도 그것을 잘 알지 않아.

70. 공부벌레! Kutu buku!

A: Hai, kutu buku, ke sini!
B: Anda memanggil siapa?
A: 이봐, 공부벌레, 이리 와!
B: 너는 누구를 부른 것이냐?

71. 원하는 것을 해라!
Lakukan apa yang mau!

A: Saya tidak akan ikut campur dalam aktivitas yang begitu berbahaya.
B: Terserah Anda!
A: 나는 그렇게 위험한 활동에 참여하지 않을 것이다.
B: 네 마음대로 해.

72. 호들갑을 떨지 마라!
Jangan banyak omong!

A: Saya menegaskan kepada Anda bahwa saya minum 20 (dua puluh) botol bir semalam.
B: Jangan banyak omong.
A: 나는 어제 밤에 맥주 20 병을 마셨다는 것을 네게 확언한다.
B: 호들갑 떨지 마!

73. 네[알겠습니다]! Ya / Saya mengerti!

A: Tolong belikan saya kartu pos kalau kantor posnya buka.
B: Ya, saya mengerti.
A: 우체국 열었다면 내게 엽서 한 장 사다 줘!
B: 그래, 알았어.

74. 말도 안 된다! Omong kosong!

A: Apa Anda mau menipu saya! Jangan pikir begitu.
B: Tidak. sebenarnya saya mau bekerja dengan Anda.
A: 너는 나를 속이고 싶니? 그렇게 생각하면 안 돼!
B: 아니, 실은 나는 너와 함께 일하고 싶다.

75. 정말 운이 없어! Benar-benar bernasib buruk!

A: Anda beli apa kemarin?
B: Tidak beli apa-apa. Dompet saya dicopet.
A: 어제 무엇을 샀냐?
B: 아무것도 못 샀어. 지갑만 도난당했어.

76. 서둘러! Cepat!

A: Cepat! Kita tidak cukup waktunya.
B: Ya, saya pergi sekarang juga.
A: 서둘러! 이제 우리 시간 없다고.
B: 알았어, 이제 간다.

77. 너 혼자? Anda sedirian?

A: Saya ingin menyediakan makan malam untuk semua anggota kelarga saya `juga pada hari Minggu.
B: Anda sendirian? Jangan katakan begitu!
A: 일요일에 온가족을 위해 저녁을 준비하고 싶은데요.
B: 네가 혼자? (그런) 말 말아라!

78. 그렇게 하자. Mari kita lakukan begitu.

A: Kalau begitu kita janji seperti itu. Saya akan ke rumah Anda besok..
B: Baik. Kita bertemu besok.
A: 그러면 그렇게 우리 약속해. 내일 9시에 너희 집으로 간다.
B: 좋았어. 내일 보자.

79. 네게 무엇이 문제가 되나?
Apa masalahnya buat Anda?

A: Anda berdandan / make up terlalu tebal. Tidak apa-apa?
B: Bagaimana kelihatannya?
A: 너 화장을 너무 했네. 괜찮아?
B: 어떤데?

80. 아무 쓸 데 없이.
Tidak ada manfaatnya untuk apa saja.

A: Rencana kita tidak disetujui oleh panitia administrasi.
B: Kalau begitu kita berusaha sia-sia.
A: 우리의 계획이 행정위원회에서 승인되지 않았다.

B: 그러면 우리는 헛일을 했네.

81. 철면피! Muka badak!

A: Lelaki itu tentu pencuri. Saya melihat dia sering mencuri.
B: Muka badak!
A: 그 남자는 분명한 도둑이다. 나는 몇 차례 도둑질하는 것을 봤다.
B: 철면피 같으니!

82. 일은 이쯤에서 그만 두자.
Mari kita selesaikan masalahnya di sini.

A: Anda pulang dulu, saya juga begitu. Nanti kita selesaikan masalahnya di sini.
B: Ya, baik.
A: 너는 너희 집으로 가라, 나는 내 집으로 갈 터이니. 그리고 일은 이쯤에서 그만두자.
B: 알았어.

83. 믿을 수 없다! Mustahil!

A: Lihat, pintunya terbuka sendiri
B: Mustahil!
A: 봐라, 문이 저절로 열린다.
B: 믿을 수 없네!

84. 그것을 진지하게 여겨라!
Katakan itu dengan sungguh-sungguh.

A: Jangan bergurau lagi. Terimalah yang itu dengan sungguh-

sungguh.
A: 더 이상 농담하지 말고, 그것을 좀 진지하게 받아들여라!

85. 좋은 취향을 가지고 있다.
Mempunyai kegemaran yang baik.

A: Pakaian ini sangat cocok untuk Anda.
B: Terima kasih.
A: 이 옷은 네게 매우 잘 어울린다.
B: 고마워.

86. 천만예요. Tidak apa-apa.

A: Saya tidak tahu bagaimana saya mengucapkan terima kasih kepada Anda. Kalau tidak ada Anda saya tidak bisa mengerjakan itu dengan baik.
B: Tidak apa-apa.
A: 네게 그것을 어떻게 고마워해야할지 모르겠다. 너 없으면 그렇게 잘 그것을 했을 수가 없었을 것이다.
B: 별말씀을.

87. 당신이 원하는 대로! Terserah Bapak / Ibu!

A: Katanya ingin bertemu sebentar.
B: Terserah Bapak!
A: 단지 조금 보고자 합니다.
B: 당신이 원하는 대로(하세요)!

88. 걱정하지 마. Jangan khawatir.

A: Apa yang bisa saya kerjakan? Sekarang saya tidak punya

waktu.
B: Jangan khawatir. Saya bertanggung jawab mengantar Anda ke sana pada waktunya.
A: 제가 무엇을 할 수 있지요? 이제 제게는 시간이 없습니다.
B: 걱정하지 마라. 내가 너를 거기에 제시간에 데려다 줄 책임을 지고 있다.

89. 너무 안 좋아! Terlalu jelek!

A: Jalannya terlalu jelek. Banyak lubang.
B: Sebetulnya, yang itu harus diperbaiki.
A: 길은 너무 안 좋다. 구덩이로 가득해!
B: 사실, 그것을 고쳐야만 한다.

90. 아직 조금 남다. Masih ada lagi sedikit.

A: Sudah selesai pekerjaannya?
B: Belum, masih ada sedikit lagi.
A: 일을 끝냈니?
B: 아니, 아직 조금 남았어.

91. 매우 맛있다. Enak sekali.

A: Makanan ini enak sekali.
B: Tentu saja, makanan istimewa di restoran ini.
A: 이 음식은 매우 맛있다.
B: 분명, 이 식당의 특별 식이다.

92. 조금 더. Sedikit lagi.

A: Apa mau daging ayam lagi?

B: Ya. Sedikit lagi. Enak sekali.
A: 닭고기를 더 원해?
B: 네. 조금 더요. 매우 맛있습니다.

93. 나를 믿어, 너를 속이지 않아.
Percayalah saya, saya tidak berbohong Anda.

A: Percayalah saya, saya tidak berbohong. Makanan ini enak. Coba makan.
B: Ah, terlalu pedas!
A: 날 믿어, 나는 너를 속이지 않아. 이 음식은 맛있다. 먹어봐.
B: 아! 너무 맵다!

94. 다시 한 번! Sekali lagi!

A: Maaf, sebenarnya saya terlalu sibuk. Terlalu banyak kerja.
B: Sekali lagi! Saya tidak mau dengar alasannya. Apakah Anda mau datang atau tidak?
A: 미안해, 실은 내가 너무 바빠. 일이 너무 많아.
B: 한 번만 더! 나는 더 변명은 듣고 싶지 않아, 올 것이야 안 올 것이야?

95. 고백한다. Saya mengakui.

A: Jangan sembunyikan sesuatu kepada saya.
B: Saya mengerti. Saya mengakui bahwa sebenarnya saya sedang ke luar dengan seorang wanita.
A: 너는 내게 어떤 것도 숨기려 하지 마라.
B: 알았어. 고백하는데, 사실 나는 한 여자와 나가고 있다.

96. 그렇지 않아. Itu tidak betul.

A: Mahasiswa yang mata kuliah utamanya fisika dan ilmu alam lebih pintar daripada mahasiswa yang mata kuliah utamanya ilmu budaya.
B: Itu tidak betul juga.
A: 물리과학과 자연과학 전공의 학생들은 인문학 학생들보다 더 똑똑하다.
B: 그렇지도 않아..

97. 긴장하지 마! Jangan tegang!

A: Jangan khawatir, jangan tegang. Anda tidak akan sakit.
B: Ya, terima kasih.
A: 걱정하지 말고, 긴장을 풀어라. 아프지 않을 것이야.
B: 알았어, 고마워.

98. 긴장 풀어! Lepaskan ketegangan!

A: Ini bukan wawancara tentang pekerjaan. Lepaskan keteganan.
B: Aduh, tetapi tidak bisa begitu. Saya tidak bisa berkata apa-apa karena terlalu tegang.
A: 이것은 일에 관한 인터부가 아니다. 긴장 풀어라.
B: 하지만, 그럴 수 없어요. 어휴, 저는 너무 긴장해서 말을 할 수 도 없습니다.

99. 똑같아. Serupa / Sama saja.

A: Kita hendak makan apa, piza atau ayam panggang?
B: Apa yang Anda mau. Buat saya sama saja.

A: 우리 뭐 먹지, 피자 아니면 통닭?
B: 네가 원하는 것. 나는 똑같다.

100. 됐어! Sudahlah!

A: Saya percaya apa yang dia katakan.
B: Sudahlah! Jangan percaya dia.
A: 나는 그가 말했던 것이 사실이라고 믿는다.
B: 됐어! 그를 믿지 마!

101. 네가 말한 것. Yang Anda katakan.

A: Bagaimana cara kita membagi buku-buku? Masing-masing 1/4 (seperempat), ya?
B: Baiklah.
A: 우리가 책들을 어떻게 나누어주지? 각각 1/4씩?
B: 좋아.

102. 무엇을 말하는 것이지? Maksud Anda apa?

A: Menurut pendapat saya, kita harus tinggal di sini sambil menjaga pepohonan.
B: Saya juga setuju.
A: 내 생각에는, 우리는 나무를 보호하면서 여기서 머물러야 한다.
B: 나도 동의해.

103. 너무 쩨쩨해! Anda pelit!

A: Dulu saya traktir Anda, kali ini giliran Anda.
B: Anda pelit! Anda menerima bonus besar, bukan?

A: 전에 내가 한 턱 냈으니까, 이번은 네 차례야.
B: 너 너무 치사하다! 너 보너스 받았지 않아. 아니냐?

104. 날 그냥 내버려 둬!
Biarlah saya tinggal sendiri.

A: Anda jangan begitu. Di dunia bukan seorang perempuan saja yang ada...
B: Biarlah saya tinggal diam saja!
A: 너 그러지 마라. 세상에 한 여자만 있을 뿐만 아니라...
B: 나를 조용히 내버려 둬!

105. 너무 지루해! Terlalu membosankan!

A: Terlalu membosankan! Saya tidak mau mengerjakkan apa-apa.
B: Biar saya tinggal diam saja!
A: 너무 지루해! 나는 어떤 것도 하고 싶지 않다.
B: 나를 조용히 내버려 둬!

106. 우아하다. Anggun.

A: Anda perempuan, coba lebih anggun.
B: Saya tahu, memang mengerti.
A: 너는 여자라고, 좀 우아해 져야지.
B: 알았어, 알았다고.

107. 장난하지 마라. Jangan main-main.

A: Anda jangan main-main! Ayah pulang sebentar lagi.

B: Saya tahu, saya mengerti.
A: 너 장난치지 마라! 아빠가 이제 돌아오신다.
B: 알았어, 알았다고.

108. 아무 것도 아니다. Tidak ada apa-apa.

A: Ribut di luar. Ada apa?
B: Tidak ada apa-apa. Anak-anak lelaki berteriak-teriak.
A: 밖이 떠들썩하네. 무슨 일이야?
B: 아무것도 아니야. 남자애들이 떠들고 있어.

109. 그렇게 심각하지 않아. Tidak begitu serius.

A: Ada apa?
B: Sakit kepala sedikit, tetapi tidak begitu serius.
A: 무슨 일이니?
B: 머리가 조금 아파, 그리 심각하지는 않아.

110. 믿을 수 없어. Tidak bisa dipercaya.

A: Suhadi yang pemalas itu menang dalam lomba maraton.
B: Tidak bisa dipercaya.
A: 게름뱅이 수하디가 마라톤에서 우승했다.
B: 믿을 수 없어!

111. 내게 말해라. Bicaralah kepada saya.

A: Bicara kepada saya. Anda mengerjakan apa akhir-akhir ini?
B: Saya sedang menyelesaikan suatu masalah di Indonesia.

A: 내게 말해라, 요즘 너는 무엇을 하고 지내니?
B: 나는 인도네시아에서의 일을 해결하고 있다.

112. (일) 잘했어! Bagus (dalam pekerjaan).

A: Bagus, Lubis! Saya kira saya akan menaikkan gaji Anda.
B: Terima kasih, Pak Direktur.
A: 잘했어, 루비스! 나는 이제 자네 월급을 올려 주어야겠다고 생각하네.
B: 감사합니다. 사장님.

113. 좋은 생각이야! Itu ide bagus!

A: Untuk pelanggan yang membeli barang baru ini, kita berencana melakukan kegiatan yang dapat mendorong penjualan di E-mart sambil memberi hadiah.
B: Itu ide bagus!
A: 사람들이 이 새로운 상품을 알게 하기 위해 우리는 그것을 사는 사람들에게 선물을 주면서, 이마트에서 판매촉진 활동을 계획할 수 있다.
B: 좋은 생각이야!

114. 무슨 일 있어? Apa persoalannya?

A: Apa persoalannya dengan Anda. Muka Anda pucat sekali.
B: Tidak apa-apa. Cuma flu.
A: 네게 무슨 일 있어? 네 얼굴이 하얗게 질렸어.
B: 아무것도 아니야. 독감에 걸렸어.

115. 배고프니? Anda lapar?

A: Sudah lapar? Mari kita makan di restoran itu.

부록 477

B: Mari.
A: 배고프니? 우리 그 음식점에서 무엇 좀 먹자.
B: 그러자.

116. 와! 예쁘다. Wah, cantik.

A: Lihat, (permainan) percikan kembang api, wah! alangkah indahnya!
A: 봐라, 불꽃(놀이), 와! 예쁘다!

117. 용기를 잃지 마라! Jangan putus asa!

A: Maaf, saya gagal mendapat medali untuk sekolah.
B: Jangan putus asa! Saya percaya kepada Anda. Mungkin lain kali Anda menang.
A: 미안해, 나는 학교를 위해 메달을 따지 못했어.
B: 용기 잃지 마라! 나는 너를 믿는다. 다음에 우승할 것이야.

118. 이제 네 차례다! Sekarang giliran Anda!

A: Hai, Amir, Sekarang giliran Anda! Bulatkan tekad!
B: Terima kasih.
A: 이봐, 아미르, 이제 네 차례다. 힘내!
B: 고마워.

119. 춥니? Apa Anda kedinginan?

A: Apa Anda kedinginan?
B: Ya, sedikit.
A: (너) 춥니?

B: 응, 조금.

120. 이제 너무 늦었다. Sudah terlambat.

A: Anda jangan datang hari ini, sekarang sudh terlambat.
B: Saya mengerti, kalau begitu saya akan datang besok pagi.
A: 너는 오늘 오지 마라, 이제 너무 늦었다.
B: 알았어, 그럼 내일 오전에 갈게.

121. 역겹다! Merasa muak!

A: Lihat! Apa itu? Saya muak melihatnya!
B: Rupanya menjijikkan.
A: 봐라! 그것이 무엇이니? 너무 역하다!
B: 토할 것 같아.

122. 역하다! Menjijikkan!

A: Apel itu busuk. Menjijikkan!
B: Sekarang segera akan saya buang!
A: 그 사과는 썩었다. 역하다!
B: 내가 이제 당장 버릴 것이야.

123. 필요 없다. Tidak usah.

A: Jangan pergi. Tinggallah di sini dan makan bersama-sama.
B: Terima kasih, repot-repot tidak usah.
A: 가지 마라. 있어라 그리고 함께 밥 먹자.
B: 필요 없다, 고마워.

124. 그거야 바로! Itulah dia!

A: Lubis ingin mengatakan bahwa kita tidak bisa mulai bepergian tanpa perbekalan apa-apa.
B: Itu betul.

A: 루비스가 말하고 싶은 것은 어떤 준비도 없이 우리는 여행을 시작해서는 안 된다는 것이다.
B: 그것은 그래!

125. 불가능해! Tidak bisa.

A: Lubis menang dalam lomba maraton.
B: Tidak mungkin! Dia kan.....

A: 루비스는 마라톤에서 우승했어.
B: 불가능해!

126. 더욱 이해하다. Lebih mengerti!

A: Saya harap Anda lebih pintar. Dan Anda pergi!
B: Kalau Anda tidak memberi uang kepada saya, saya tidak akan pergi.

A: 네가 이해했으면 더 좋겠다. 그리고 가라.
B: 내게 돈을 주지 않는다면, 나는 가지 않는다.

127. 서두르지 마라. Jangan terburu-buru.

A: Cepat, semua orang menunggu Anda!
B: Jangan membuat saya terburu-buru.

A: 서둘러, 모든 사람들이 너를 기다린다.
B: 내게 서두르게 하지 마.

128. 나 지금 간다. Sekarang saya pergi.

A: Cepat, semua orang menunggu Anda!
B: Saya akan pergi sekarang juga.
A: 서둘러, 모든 사람들이 너를 기다린다.
B: 지금 당장 간다.

129. 사실을 말하자면...
Kalau mengatakan terus terang...

A: Terus terang saya tidak suka pada Amir.
B: Kalau begitu kenapa Anda bekerja dengan dia?
A: Karena dia suka pada saya.
A: 사실을 말하자면, 나는 아미르가 좋지 않아.
B: 그럼 너는 왜 그와 일하냐?
A: 왜냐하면 그는 나를 좋아한다.

130. 가운데서 비켜라[나와라].
Mundur / Keluar dari tengah.

A: Kalau Anda tidak mau membeli apa-apa, minggir saja.
B: Maaf.
A: 네가 아무것도 사기 원하지 않으면, 옆으로 비켜라.
B: 미안해요.

131. 지겹군. Saya bosan.

A: Akhir-akhir ini hujan tidak mau berhenti. Saya bosan.
B: Menurut prakiraan cuaca besok tidak akan hujan.
A: 요즘 비가 멈추지 않아. 지겹네.

B: 기상 예보에 따르면 내일 하늘이 개일 것이라 하더라.

132. 그저 그래. Seperti biasa.

A: Ada ujian besok. Bagaimana keadaan perasaan Anda?
B: Biasa saja. Walaupun bagaimana saya sudah baca teksnya.
A: 내일 시험이구나. 컨디션은?[기분은 어때?]
B: 그저 그래. 어쨌든 간에 텍스트[교과서]를 다 봤어.

133. 좋아. Bagus.

A: Profesor mengatakan bahwa besok tidak ada kuliah.
B: Bagus!
A: 교수님이 내일 수업이 없대.
B: 너무 좋다.

134. 영리하다. Pintar.

A: Untuk menyelamatkan anak yang lemas di dalam bak air, Saudara Kim memecahkan bak air.
B: Pintar!
A: 질식해있는 아이를 살리기 위해 김 군이 물통을 깼다.
B: 머리가 좋은데!

135. 아직은 이르다. Masih awal.

A: Mari kita minum teh segelas.
B: Jam berapa?
A: Ah, masih ada waktu. Ayo (mari kita pergi minum teh).
A: 차 한 잔 하자.

B: 몇 시니?
A: 아~, 아직은 이르구나.[시간이 있구나] 가자 (차 마시러)

136. 아직 많이 필요하다. Masih perlu banyak.

A: Apa gelasnya penuh?
B: Tidak, masih perlu banyak.
A: 컵이 차 있나?
B: 아니, 아직 많이 필요해.

137. 정말 대단해. Hebat sekali.

A: Apa Anda ke Tembok Besar kemarin? Bagaimana?
B: Wah, tidak bisa dipercaya. Orang Cina hebat sekali.
A: 어제 만리장성에 갔었니? 어땠어?
B: 와, 믿을 수 없다. 중국인들은 정말 대단해.

138. 해결책이 없다.
Tidak ada jalan keluar untuk memecahkan masalah itu.

A: Apa yang bisa kita buat? Suhadi sudah menghilangkan CD musiknya.
B: Tidak ada jalan keluar. Kita harus menghentikan pertunjukan ini.
A: 우리 무엇을 할까? 수하디는 디스크를 잃어버렸어.
B: 해결책이 없네. 우리는 공연을 포기해야만 한다.

139. 무엇을 해야 하지? Apa yang harus lakukan?

A: Apa yang harus kita lakukan? Sebenarnya kita sudah

terlambat.
B: Mari kita masuk melalui pintu belakang. Kalau begitu siapa pun tidak tahu.

A: 무엇을 해야 하지? 분명히 우리는 늦게 도착했다.
B: 우리 뒷문을 통해 들어가자. 그러면 아무도 모를 것이야.

140. 건들지 마라! Jangan sentuh!

A: Jangan sentuh!
B: Kesalahan saya, Norah. Saya minta maaf.

A: 건들지 마라.
B: 내 잘못이야, 노라. 네게 사과를 구한다.

141. 그래서는 안 된다. Jangan begitu.

A: Saya sungguh-sungguh minta tolong Anda.
B: Jangan begitu. Sebenarnya saya tidak bisa menolong Anda.

A: 네게 간절히 부탁한다.
B: 그래서는 안 된다. 사실은 나는 너를 도와줄 수 없다.

142. 그것을 약속할 것이야. Saya janji yang itu.

A: Saya tidak ada hubungan dengan dia.
B: Apa itu betul?
A: Betul. Sumpah.

A: 나는 그와 아무 관계도 아냐.
B: 사실이야?
A: 사실이야. 네게 맹세한다.

143. 맹세한다. Saya sumpah.

A: Saya tidak tahu mengenai itu. Sumpah!
B: Baik, saya percaya kepada Anda.
A: 나는 그것을 몰라. 네게 맹세한다.
B: 좋아, 너를 믿는다.

144. 이야기해줘. Bicarakanlah.

A: Saya tidak bersalah apa-apa.
B: Tidak? Ceritakan kepada saya. Kenapa tidak bersalah?
A: Sebenarnya hal itu begitu saja.
A: 나는 어떤 잘못도 없다.
B: 아냐? 내게 말해줘. 왜 잘못이 없다는 것이야?
A: 그 일은 (사실은) 그랬었어...

145. 완벽해. Pantas saja!

A: Kartini, Anda juga ada si situ? Pantas saja!
Berikan saya beberapa gelas es krim. Lalu Anda bawa yang itu.
B: Terima kasih.
A: 까르띠니, 너도 거기 있었구나? 완벽해. 내게 몇 개의 아이스크림을 줘. 그리고 네가 그것을 가져가.
B: 고마워.

146. 재미있다[웃기다]. Lucu.

A: Ah, lihat. Dia menjadi merah seperti tomat. Lucu benar!
B: Dia sangat pemalu. Jangan bergurau dengan dia.

A: 아, 봐라. 그녀가 토마토처럼 빨개졌다. 정말 웃긴다.
B: 그녀는 수줍음이 많다. 그녀에게 농담하지마라.

147. 문제없다. Tidak ada masalah.

A: Apa bisa kerjakan yang itu saja?
B: Tidak ada masalah.
A: 그것만을 할 수 있지?
B: 문제없어.

148. 농담이다. Itu bercanda.

A: Apa Anda bicara serius / benar-benar? Apa dia menghadiahkan vila kepada Anda?
B: Itu bercanda. Mana bisa begitu? Walaupun kaya dia tidak akan begitu bermurah hati.
A: 심각[진실로]하게 말하는 것이야? 너한테 별장을 선물했어?
B: 농담이야. 어떻게 가능하겠어? 비록 그가 부자라도 그렇게 관대하진 않아.

149. 허튼소리하다. Omong kosong.

A: Apa dia memukuli mereka?
B: Tidak, tetapi dia hampir memukuli kami.
C: Omong kosong. Tidak ada apa-apa..
A: 그럼 (그가) 그들을 때렸니?
B: 아니야. 하지만 거의 우리를 때리려 했어.
C: 허튼 소리 마. 아무 일도 일어나지 않았어.

150. 별 것 아니다[심각하지 않다]. Tidak serius.

A: Ada luka sedikit. Tidak begitu serius.

B: Terima kasih, Pak Dokter.
A: 조금 상처가 났어. 심각하지 않아.
B: 감사합니다. 의사선생님.

151. 걱정하지 마. Jangan khawatir.

A: Jam 7 (tujuh). Muhajir belum datang.
B: Jangan khawatir. Dia akan datang dengan pamannya.
A: 7시다. 무하지르가 아직 오지 않았다.
B: 걱정하지 마라. 그의 삼촌과 올 것이다.

152. 당신이 나를 기분 좋게 해 준다.
Bapak membuat saya senang.

A: Anda main piano dengan baik.
B: Bapak membuat saya senang.
A: 너는 피아노를 아주 잘 치는구나.
B: 당신이 나를 기분 좋게 해 줍니다.

153. 내게 말하지 마. Jangan katakan kepada saya.

A: Masakan ini saya yang buat.
B: Bukan main. Terlalu enak.
A: 이 요리를 내가 했다.
B: 말도 안 돼. 너무 맛있다.

154. 낯설다. Terasa asing.

A: Rumah ini terasa asing.
B: Anggaplah rumah sendiri. Silakan duduk.

A: 이 집이 낯설다.
B: 너의 집처럼 있어라. 앉아.

155. 안됐다. Kasihan.

A: Kenapa kita tidak piknik besok?
B: Menurut prakiraan cuaca besok akan hujan.
A: Sayang sekali...
A: 내일 우리는 왜 소풍을 가지 않지요?
B: 기상예보에 따르자면 내일 비 온대.
A: 이런...

156. 그에게 신경 쓰지 마라.
Jangan perhatikan omongannya.

A: Warna ini agak...
B: Jangan perhatikan omongannya. Kini kita tidak ada waktu menukarkannya.
A: 이 색은 조금...
B: 개의치 마세요. 이제 우리는 색을 바꿀 시간이 별로 없어.

157. 너는 어떻게 생각하니?
Bagaimana pendapat Anda?

A: Umurnya berapa?
B: Tebak saja.
A: 몇 살이야?
B: 그것을 상상해봐.

158. 유효하지 않다. Tidak berlaku lagi.

A: Rencana ini tidak berlaku lagi.
B: Kalau kita tidak mencoba, bagaimana tahu tidak berlaku lagi?

A: 이 계획은 유효하지 않아.
B: 만약 우리가 시도하지 않는다면, 어떻게 유효하지 않다고 알겠어요?

159. 나를 괴롭히지 마라. Jangan ganggu saya!

A: Tolong, Muhajir. Pinjamkan saya sepuluh ribu dolar. Saya akan kembalikan bulan depan.
B: Jangan ganggu saya lagi. Saya sudah bilang tidak bisa kepada Anda.

A: 부탁이야, 무하지르. 내게 만 불만 빌려줘. 나는 네게 다음 달에 돌려줄 것을 약속할게.
B: 날 더 괴롭히지 마라. 내가 네게 안 된다고 말했지 않아.

160. 다음 날. Hari yang lain.

A: Suhadi, kenapa tidak ke stadion untuk main sepak bola?
B: Hari ini keadaan badan saya kurang baik. Lain kali saja...

A: 수하디, 왜 축구하러 경기장[운동장]에 가지 않니?
B: 오늘 컨디션이 안 좋다. 다음 날...

161. 제기랄. Celaka.

A: Apa selesai pekerjaan rumah Anda? Pak guru mengatakan bahwa beliau menilai itu hari ini.
B: Celaka! Saya lupa.

A: 너 숙제 끝냈니? 선생님이 그것을 오늘 평가하신다고 말씀하시더라.
B: 제기랄! 깜빡했다.

162. 이쪽으로, 부탁합니다. Minta ke sebelah sini.

A: Pak Kim, tolong geser ke kiri.
B: Terima kasih.
A: 김 선생님, 왼쪽으로 부탁합니다.
B: 감사합니다.

163. 재수 없겠다. Nasib buruk Anda.

A: Saya kecurian dompet.
B: Nasib buruk Anda.
A: 내 지갑이 도난당했어.
B: 재수 없겠다.

164. 누가 알겠어! Siapa tahu!

A: Dia akan menikah dalam waktu dekat, bukan?
B: Siapa tahu!
A: (그가) 곧 결혼한다며, 아닌가?
B: 누가 알겠니.

165. 몸이 부서지도록[팔이 부러지도록].
Sampai badannya hancur / lengannya patah.

A: Untuk apa Anda bekerja membanting tulang?
B: Saya mau membeli flat.
A: 무엇을 위해 몸이 부서지도록 일하니?

B: 나는 아파트를 사고 싶다.

166. 눈으로 보기에[겉보기에]. Rupanya.

A: Bagaimana kabar ibu Anda? Baik?
B: Ya, rupanya sudah baik.
A: 너의 어머니 어떠서? 좋아지셨어?
B: 응. 겉보기에는 좋아지셨어.

167. 건성으로 하다. Dengan acuh tak acuh.

A: Coba jawab pertanyaan ini.
B: Apa? Maaf bisa ulangi lagi?
A: Apa? Anda dengar atau tidak?
A: 이 물음에 답 좀 해줘.
B: 뭐라고? 미안한데 반복해 줄 수 있어?
A: 무슨 일이야? 너 건성으로 듣고 있니?

168. 양면성이 있다. Ada dua aspek.

A: Ada dua aspek dalam ekonomi pasar.
B: Satu kemajuan ekonomi, dan satunya lagi kemajuan sosial.
A: 시장경제에는 양면성이 있다[두 날의 무기].
B: 하나는 경제발전이고, 다른 하나는 사회발전에 있다.

169. 파리만 날린다. Dagangannya tidak laku.

A: Tidak, jangan campur tangan. Apa Anda tidak melihat ada pembeli datang?
B: Jangan khawatir, dagangannya tidak laku.

A: 아냐, 개의치 마라. 너는 한 구매자가 오는 것을 못 보았니?
B: 걱정하지마라. 파리만 날린다.

170. 소용없는 일이다. Tidak ada gunanya.

A: Jangan ikut tindakan bodoh itu. Tidak ada gunanya.
B: Bagaimana Anda tahu itu?
A: 그것을 따르지 마라. 소용없는 일이다.
B: 어떻게 그것을 네가 알아?

171. 거스름돈을 찾다. Mengambil uang kembali.

A: Apa itu? Siapa ingin meminta uang kembalian dari saya?
B: Andalah yang meminta uang kembaliannya.
A: 무엇이지? 누가 거스름돈을 내게서 찾기 원하지?
B: 거스름돈을 찾는 것은 바로 너다.

172. 희생양 Kambing hitam.

A: Kata orang, pembunuh tetangga Anda sudah ditangkap.
B: Siapa tahu? Mungkin dia cuma menjadi kambing hitam.
A: 사람들이 그러는데 네 이웃을 살해한 범인을 찾았대.
B: 누가 알겠어? 아마도 (그는) 단지 희생양일 것이야.

173. 다시 한 번 말해 봐! Katakan sekali lagi!

A: Saya tidak suka bepergian dengan Bambang.
B: Katakan sekali lagi. Bagaimana Anda bisa mengatakan begitu?
A: 나는 밤방과 여행하는 것이 싫어.

B: 다시 한 번 (말해봐!) 너는 어떻게 그러한 말을 할 수 있니?

174. 마치 점쟁이 같다. Seperti tukang ramal.

A: Dia sudah pernah meramalkan bahwa dia akan pergi ke...
B: Seperti tukang ramal.
A: 이미 그가[그녀가] 갈 것을 말했다.
B: 마치 점쟁이 같다.

175. 아냐, 내가 말한 것이 아니야.
Bukan, bukan yang saya katakan.

A: Apa Anda yang usul agar mengganti pakaian seragam, bukan?
B: Bukan, bukan saya yang usul.
A: 우리가 유니폼을 갈아입자고 말한 사람이 바로 너였지? 아니니?
B: 아니야, 내가 말한 것이 아니야.

176. 찬물을 끼얹다. Memercikkan air dingin.

A: Manajer penjualan sudah pensiun. Barangkali saya diangkat sebagai manajer.
B: Saya tidak mau memberi angin surga kepada Anda. Tetapi setahu saya, direktur sudah mengirim manajer penjualan yang baru.
A: 판매부장이 퇴임했다. 아마도 나를 부장으로 임명할 것이다.
B: 나는 네게 찬물을 끼얹고 싶지 않다. 그러나 내가 알기로는, 사장은 우리에게 새로운 판매부장을 보냈어.

177. 너는 쓸모없는 놈이다. Anda orang yang tidak berguna.

A: Saya tidak mengerti apa yang Anda katakan.
B: Apa Anda tidak mengerti penjelasan saya. Anda tidak berguna!
A: 나는 네가 무엇을 말하고 있는지 이해가 안 돼.
B: 이것을 이해하지 못한다고. 쓸 모 없는 놈!

178. 나를 믿어. Percayalah kepada saya.

A: Pak Dokter, apa saya sakit payah?
B: Percayalah, Anda akan sehat kembali.
A: 의사선생님, 제가 많이 아픈가요?
B: 저를 믿으세요. 건강해지실 것이에요.

179. 출구 없는 길. Jalan buntu.

A: Jangan sedih. Ini masalah yang tidak bisa dipecahkan.
B: Betul kata Anda.
A: 고민하지 마. 이것은 풀릴 수 없는 문제다.
B: 네 말이 맞다.

180. 거꾸로 넘어지다. Jatuh terpelanting.

A: Bagaimana perkelahian mereka?
B: Salah seorang tidak bisa berdiri karena terpelanting.
A: 싸움의 결과는 어떻게 되었냐?
B: 둘 중에 하나는 다시 일어날 수 없게 거꾸로 너머졌다.

181. 입이 싸다. Bocor mulutnya.

A: Apa Anda sudah memberi tahu kepada Mutia?
B: Ya, mengapa?
A: Anda lebih baik jangan beri tahu dia. Karena dia bocor mulutnya. Sekarang Anda juga tahu. Besok semua orang akan tahu.

A: 너는 이 일을 무띠아에게 말했니?
B: 응, 무슨 일인데?
A: 너는 그것을 말하지 말았어야 했다. 왜냐하면 그녀는 입이 싸. 이제 너도 알 것이다. 내일 모두가 알게 될 것이야.

182. 블랙리스트. Daftar hitam.

A: Apa Anda tahu bahwa dia mempunyai daftar hitam orang-orang yang melanggar peraturan? Saya takut, karena daftar hitam itu akan disampaikan kepada profesor perempuan.
B: Tidak mungkin / Tidak bisa dipercayai.

A: 너는 그가 규칙을 지키지 않았던 사람들의 블랙리스트를 가지고 있는 것을 아니? 나는 그것이 여교수에게 전해질까 두렵다.
B: 그럴 리 없어.[믿고 싶지 않아.]

183. 그가 그립다. Rindu akan dia.

A: Bagaimana Kartini di London? Saya rindu dia.
B: Dia baik-baik saja. Jangan khawatir, kakek.

A: 런던에서 까르띠니는? 나는 그가 매우 그립다.
B: 매우 잘 지내요. 할아버지. 걱정 마세요.

184. 멋지다. Bagus.

A: Anda sekalian masing-masing ingin mengerjakan tugas

yang sangat sukar.
B: Itu hal yang bagus.
A: 당신들 각각은 매우 힘든 일을 하기 원했습니다.
B: 그것은 멋진 일이였습니다.

185. 나는 지겹다. Saya bosan.

A: Saya tidak mau bekerja dengan Suhadi lagi. Saya bosan.
B: Memang ada apa?
A: 나는 수하디와 더 일하고 싶지 않다. 지겹다.
B: 그런데, 무슨 일 있어?

186. 정확하지요? 그렇지요? Itu tepat, bukan?

A: Mula-mula tuangkan minyak sesudah minyak mendidih, kemudian masukkan ikan. Apa betul, Bu?
B: Betul. Tepat sekali. Kau pintar sekali, anak perempuan saya.
A: 처음에 기름을 넣고 끓은 후에 생선을 넣는다. 그렇지요, 엄마?
B: 그래. 정확하다. 딸아. 너는 매우 영리하구나.

187. 다행히도... Untunglah...

A: Lihat, hujannya makin lebat.
B: Untung kita sudah sampai di rumah.
A: 봐요, 비가 점점 굵어져요.
B: 다행히도 우리는 집에 도착했다.

188. 숙녀 먼저. Ibu-ibu duluan.

A: Silakan masuk.

B: Ibu-ibu duluan.
A: 들어가시지요.
B: 숙녀 먼저.

189. 약속하다. Berjanji.

A: Anda janji apa?
B: Saya janji bahwa saya akan mencari pekerjaan yang baik.
A: 너는 무슨 약속을 했니?
B: 나는 좋은 직업을 찾겠다고 약속했어.

190. 네가 말한 대로. Seperti kata Anda.

A: Bambang, ke mana kita berlibur?
B: Terserah Anda.
A: 밤방, 우리 방학을 어디로 가서 보낼까?
B: 네가 말하는 대로 (할게).

191. 촌스럽게 굴지 마. Jangan kampungan.

A: Mari kita ke rumah sakit untuk bertemu dengan Sumantri. Apa kita bawa? Telur 1 (satu) kilo?
B: Jangan kampungan. Lebih baik apel.
A: 오후에 우리 수만뜨리를 문병하러 가자. 무엇을 선물해 주지? 달걀 1 킬로?
B: 너무 촌스럽게 굴지마라. 사과가 더 낫다.

192. 너무 힘들어. Ah, susah sekali!

A: Ada apa, Mutia? Jangan menangis berlebihan.

B: Ah, susah sekali.
A: 무띠아, 무슨 일이니? 너무 슬프게 울지 않아.
B: 너무 힘들어.

193. 힘내라. Buatkan tekad!

A: Saya gagal dalam ujian matematika.
B: Buatkan tekad!
A: 수학시험에 떨어졌어.
B: 힘내라!

194. 허튼소리! Omong kosong.

A: Kalau saya Anda, saya tidak akan begitu…
B: Omong kosong!
A: 내가 너였다면, 이런 식으로 하진 않았을 것이야.
B: 허튼소리.

195. 비교적. Secara perbandingan...

A: Blus merah ini sesuai dengan kulit Anda kalau dibandingkan dengan warna lain. Sebenarnya saya tidak minat terhadap itu.
B: Kalau begitu saya akan beli yang ini.
A: 비교적 이 빨간 블라우스는 네게 잘 어울린다. 비록 실제로는 다 내 마음에 안 들지만.
B: 그럼 이것을 살께.

196. 헷갈리지. Salah / Pusing kepala.

A: Hai, Sugiyanto, lama tidak bertemu. Anda di mana selama

ini.
B: Mungkin Anda menghayal. Saya bukan Sugiyanto tetapi abangnya Muhajir.

A: 이봐 수기얀또, 오랜만이야. 어디에 쳐 박혀 있었어?
B: 착각하고 있구나. 나는 수기얀또가 아니고 그의 형 무하지르란다.

197. 꽤 재미있다. Lucu sekali.

A: Apa sudah membuat kartu tahun baru?
B: Ya, di sini.
A: Menggambar ular di pekarangan. Lucu sekali.
B: Apa lumayan? Seperti Anda sudah tahu tahun ini tahun ular.

A: 신년 인사카드 다 만들었니?
B: 응, 여기 있어.
A: 들에 뱀을 그렸네. 꽤 재미있다.
B: 괜찮니? 이미 너도 알다시피 올해는 뱀의 해지 않아.

198. 폭력을 쓰지 마라. Jangan gunakan kekerasan.

A: Kalau tidak mendengar nasihatnya, dia dipukuli.
B: Jangan gunakan kekerasan.

A: 말 듣지 않으면 맞는다.
B: 폭력을 쓰지 마라.

199. 믿을 수 없다. Tidak bisa dipercaya.

A: Apa Anda selesaikan kerjanya dalam 2 (dua) jam? Tidak bisa dipercaya.
B: Sebenarnya Muhajir membantu saya.

A: 2 시간에 이 일을 끝냈니? 믿을 수 없어.
B: 실은 무하지르가 내게 도움을 줬어.

부록 **499**

200. 너무 고마워. Terima kasih banyak.

A: Jangan khawatir, Kartini. Kalau tidak dapat penginapan bisa tinggal dengan saya.
B: Terima kasih banyak.
A: 걱정하지 마, 까르띠니. 만약 숙소를 못 찾는다면, 나와 함께 지낼 수 있어.
B: 너무 고마워.

201. 하느님 감사합니다! Syukurlah!

A: Mengapa dia? Sekarang tidak demam lagi?
B: Ya. Dokter mengatakan bahwa saat kritis sudah lewat.
A: Syukurlah!
A: 뭐라고? 이제 열이 내려갔다고?
B: 응. 의사선생님이 위험은 지나갔다네.
A: 하느님 감사합니다!

202. 생각할 필요도 없어[물론이야].

Tidak usah pikir lagi / Tentu saja.

A: Muhajir, apa Anda dapat menolong saya bekerja?
B: Tentu saja.
A: 일하는 것을 도와줄 수 있니, 무하지르?
B: 생각할 필요도 없어[물론이야].

203. 엎질러진 물은 주워 담기 힘들어.

Nasi sudah menjadi bubur.

A: Apa Anda percaya bahwa Kartini akan minta maaf kepada

Muhajir?
B: Tidak mungkin. Seperti Anda tahu, nasi sudah menjadi bubur.
A: 너는 까르띠니가 무하지르에게 사과할 것이라 믿니?
B: 아주 힘들어. 너도 알다시피, 엎질러진 물은 모두 주워 담기 힘들어.

204. 무엇을 근거로[기초로] 이 결론을 끌어냈니?
Apa alasannya Anda mengambil kesimpulan ini?

A: Saya percaya bahwa Partai Nasional Indonesia akan menang.
B: Apa alasannya Anda mengambil kesimpulan ini?
A: 나는 인도네시아국민당이 선거에 이길 것으로 믿어.
B: 무엇을 근거로 이 결론을 끌어냈니?

205. 하고 싶은 것을 하기를.
Harap kerjakan apa maunya.

A: Dia ingin menjadi tukang kayu.
B: Biar dia kerjakan apa maunya. Saya tidak suka dia sekarang.
A: 그는 목수가 되고 싶어 해.
B: 하고픈 대로 하라고 해. 나는 이제 그에게 관심이 없어.

206. 무엇을 더 (원하세요)? Apa yang mau lagi?

A: Di dalam tasnya sudah ada pakaian, handuk, sikat gigi, pasta gigi. Mau apa lagi?
B: Tidak perlu. Mari kita berangkat sekarang.
A: 가방에는 이미 옷, 타월, 칫솔, 치약이 있다. 더 무엇이 필요해?
B: 더 필요 없다. 이제 우리 출발하자.

207. 포기하지 마. Jangan putus asa.

A: Saya kira saya tidak bisa menjadi pegawai negeri.
B: Jangan membuang keinginan. Anda bisa saja.
A: 나는 공무원이 될 수 없을 것 같아.
B: 포기하지 마. 할 수 있어.

208. 아무것도 아냐. Tidak ada apa-apa.

A: Suhadi, tahukah Anda, bahwa saya merasa sangat terima kasih atas bantuan Anda.
B: Jangan khawatir, tidak apa-apa.
A: 너는 내가 너의 도움에 대해 얼마나 고마워하는지 알 것이야, 수하디.
B: 걱정하지 마, 아무것도 아냐.

209. 그러면 됐지요? Apa bisa begitu?

A: Bu, saya mengupas kentang. Apa bisa begitu?
B: Bagus. Terima kasih, anak ibu.
A: 엄마, 제가 감자껍질 깠어요. 그러면 됐지요?
B: 잘했다. 고맙다. 내 딸.

210. 혼잣말하기. Bicara sendirian.

A: Anda mengerjakan apa, Muhajir?
B: Tidak kerja apa-apa. Cuma saya bicara sendirian.
A: 무엇해, 무하지르?
B: 아냐. 혼잣말이었어.

211. 모든 일이 잘 되기를 바라!
Mudah-mudahan semuanya dapat diselesaikan dengan baik.

A: Mudah-mudahan semuanya dapat diselesaikan dengan baik!
B: Terima kasih!
A: 모든 일이 잘 되기를 바라!
B: 고마워.

212. 행운이 함께 하기를! Semoga bernasib baik!

A: Hari ini saya mengambil ujian.
B: Oh, begitu? Mudah-mudahan bernasib baik!
A: Terima kasih.
A: 오늘 나 시험이야.
B: 아. 그래? 행운이 있기를!
A: 고마워.

213. 좋은 여행이 되기를!
Semoga senang di perjalanan!

A: Semoga senang di perjalanan, Kartini! Jangan lupa menyurati saya.
B: Terima kasih, sampai bertemu lagi!
A: 좋은 여행이 되기를, 까르띠니! 내게 편지하는 것 잊지 말고.
B: 고마워, 안녕!

214. 의심할 바 없이. Tak perlu disangsikan lagi.

A: Tak perlu disangsikan lagi, Mutia pelajar yang terpandai di

dalam kelompoknya.
B: Tentu saja. Dia sangat pandai dalam mempelajari bahasa.

A: 의심할 바 없이 무띠아는 그 그룹 중 최고의 학생이야.
B: 확실해. 그녀는 언어를 공부하는 데 재능이 있어.

215. 네가 도착할 때까지 거기에 있을게.
Saya akan di sana sampai Anda tiba.

A: Kalau begitu kita bertemu jam 8 (delapan).
B: Ya, saya akan di sana sebelum Anda tiba. Kita bertemu nanti.

A: 그럼 우리 8 시에 보자.
B: 그래! 네가 도착할 때까지 거기에 있을게. 안녕.

216. 맙소사! O, tidak, Tuhan yang Maha Pengampun.

A: Aduh! Banyak gedung ambruk!
B: Banyak korban tewas akibat gempa bumi kali ini.

A: 맙소사! 모든 건물이 무너지다니!
B: 많은 사람들이 이번 지진으로 죽었어.

217. 반드시. Pasti.

A: Anda harus mengemukakan tesisnya kepada saya sebelum akhir November.
B: Ya, saya akan coba.

A: 너 11월 말 전에 반드시 네 논문을 내게 가져와야 한다.
B: 네, 노력하겠습니다.

218. 확실해. Tentu saja.

A: Restoran ini sangat bagus.
B: Restoran ini sudah berdiri lebih 100 (seratus) tahun, dan kata orang Presiden Obama juga pernah makan di sini.
A: 이 식당은 매우 좋다.
B: 100년 이상의 역사를 가졌고, 오바마도 또한 여기서 식사를 했다네.

219. 내가 아는 한… Setahu saya...

A: Kenapa Muhajir tidak datang?
B: Setahu saya, dia ikut forum malam ini.
A: 왜 무하지르가 오지 않았지?
B: 내가 아는 한, 오늘 밤 토론대회가 있어.

220. 생각할 것도 없어. Tidak perlu dipikirkan lagi

A: Muhajir, bolehkah saya meminjam komputer Anda beberapa hari?
B: Tentu saja! / Tidak perlu dipikirkan lagi.
A: 무하지르, 내게 네 컴퓨터 좀 며칠 빌려줄 수 있니?
B: 물론이야[생각할 것도 없어].

221. 약속했어. Sudah janji.

A: Kalau begitu kita bertemu di rumah Suhadi pada jam 9 (sembilan).
B: Sudah janji.
A: 그럼 수하디의 집에서 9 시에 보자.
B: 약속했어.

222. 안됐구나. Kasihan.

A: Suhadi jatuh dari atap, kakinya patah.
B: Kasihan dia.
A: 수하디가 지붕에서 떨어졌어. 그래서 다리가 부러졌어.
B: 안됐구나.

223. 나중에 더 다루어보자.
Mari kita pikirkan lagi nanti.

A: Bapak, saya sudah mengatakan bahwa saya tidak mau belajar ilmu hukum. Yang saya berminat pada sejarah.
B: Terserah, anak bapak.
A: 아빠, 저는 법을 공부하고 싶지 않다고 말씀드렸어요. 제게 관심이 있는 것은 역사예요.
B: 딸아, 네가 알아서 해라.

224. 오래전에 그들은 내게 당신이 나를 잘 안다고 했어요. Sudah lama mereka mengatakan Bapak kenal baik dengan saya.

A: Apa Bapak Pak Yudoyono? Sudah lama mereka mengatakan Bapak kenal baik dengan saya.
B: Saya tidak begitu terkenal.
A: 당신이 유도요노 씨인가요? 오래전에 그들은 내게 당신이 나를 잘 안다고 했어요.
B: 그럴 정도는 아닌데요.

225. 일어난 일이 무엇이지요? Apa yang terjadi?

A: Apa yang terjadi? Kenapa Mutia belum datang?

B: Tidak tahu. Mungkin macet.
A: 일어난 일이 무엇이지요? 왜 무띠아가 아직 오지 않지?
B: 모르겠어. 아마 교통체증이 있는 듯해.

226. 그래, 너 잘났다. Ya, Anda sombong!

A: Siapa yang paling cakap di antara kelompok kalian?
B: Memang saya. Kalau bukan saya siapa lagi?
A: Ya, Anda sombong!
A: 누가 너희 그룹 중에 가장 잘 생겼니?
B: 물론 나야. 나 아니면 누구겠어!
A: 그래, 너 잘났다!

227. 나에게서 떨어져! Pergilah!

A: Jengkel, pergilah!
A: 짜증난다! 나에게서 떨어져!

228. 나가! Keluar!

A: Keluar, berengsek!
A: 나가! 짐승!

229. 본론으로 들어가. Masukkan ke masalah inti.

A: Kalau begitu mari kita masuk ke masalah inti / pokok.
B: Saya setuju walaupun Suhadi lebih gampang daripada Mutia...
A: 그러면 이제 본론으로 들어가자.
B: 나는 동의해. 비록 수하디가 무띠아보다 더 편하다지만...

230. 너는 내게 시간을 낭비하게 하고 있다.
Anda membuat saya membuang waktu.

A: Saya menunggu Anda selama 2 (dua) jam. Tetapi Anda berkata tidak bisa datang. Anda membuat saya membuang waktu.
B: Maaf. Sebenarnya ada hal yang mendesak.
A: 너를 2 시간 기다렸어. 그런데 지금 너는 내게 올 수 없다고 말하는 것이니. 너는 내게 시간을 낭비하게 하고 있다.
B: 미안해. 실은 매우 급한 일이 있어.

231. 그렇게 하면 안 돼! Tidak bisa kalau begitu.

A: Hai, kalau begitu tidak bisa.
B: Jangan pergi jauh-jauh, nanti susah dihubungi!
A: 이봐, 그렇게 하면 안 돼.
B: 너는 내가 연락이 닿지 않는 곳에 쳐 박혀 있지 마라.

232. 여러모로 놀라지 마라.
Jangan kaget dalam berbagai keadaan.

A: Lihat, Mutia. Rambut laki-laki itu lebih panjang dari perempuan.
B: Jangan kaget dalam berbagai keadaan.
A: 봐라, 무띠아. 그 남자는 여자보다도 더 긴 머리를 가졌다.
B: 여러모로 놀라지 마라.

233. 그는 경찰서장의 아들이야.
Dia anak laki-laki komandan polisi.

A: Lihat, dia anak laki-laki kepala polisi. Apa Anda buat?

B: Apa yang Anda percaya?
A: 봐봐, 그는 경찰서장의 아들이야. 뭐하고 있니?
B: 너는 무엇을 믿는 것이야?

234. 여기서 일주일을 지낼 수 있는지?
Apa bisa tinggal di sini selama satu minggu?

A: Suhadi menanyakan saya bahwa apakah saya bisa tinggal di sini selama satu minggu.
B: Anda mempedulikan dia, kalaupun membayar, dia tidak akan menerima uang itu.
A: 수하디는 내게 여기서 일주일을 지낼 수 있는지 묻는다.
B: 너는 그에게 신경을 쓰지만, 네가 그를 위해 돈을 내주더라도 그는 받지 않을 것이야.

235. 그가 소문을 퍼뜨릴 것이야.
Mungkin dia akan menyebarkan rumer.

A: Tuhan, Apa Anda sudah mengatakan itu kepada Kartini?
B: Ya, apa masalahnya?
A: Tentu dia akan menyebarkan berita itu kepada semua orang.
A: 이런! 너 까르띠니에게 그것을 말했구나.
B: 응. 무슨 일이야?
A: 확신컨대 그녀는 모든 사람들에게 그것을 말할 것이야.

236. 장작을 더 넣어라. Masukkan kayu lagi.

A: Cukup, jangan taruh kayu di atas api.
B: Tetapi apa yang saya katakan itu benar.
A: 충분해. 불에 장작을 더 넣지 마!
B: 하지만 내가 말한 것은 사실이야.

237. 보통 일이야. Masalah biasa.

A: Aduh, tabrakan!
B: Itu masalah biasa di Indonesia. Saya sudah biasa.
A: 세상에나, 지진이야!
B: 인도네시아에는 보통 일이야, 나는 익숙해져 있어.

238. 너무 재미있어. Sangat menarik hati.

A: Apa menarik pada permainan saya?
B: Ya, sangat menarik hati. Terima kasih.
A: 내가 어제 선물한 장난감 마음에 드니?
B: 응, 너무 재미있어. 고마워.

239. 생각해 볼게. Saya akan pikirkan.

A: Apa Anda ingin ikut pergi dengan kami pada hari Minggu?
B: Tidak tahu. Saya akan pikirkan dulu.
A: 일요일 우리와 같이 여행 갈래?
B: 모르겠어. 생각해 볼게.

240. 스트레스 받다. Menerima stres.

A: Ada apa? Mukanya pucat.
B: Mungkin saya stres selama beberapa hari ini.
A: 무슨 일이야? 얼굴이 창백해.
B: 아마도 며칠 째 너무 스트레스 받아서 그런가 봐.

241. 너도. Anda juga.

A: Anda merasa besar kepala karena laki-laki.
B: Anda juga.
A: 너는 남성 우월주의자야.
B: 너도.

242. 네가 대학에 입학하기를 바란다.
Mudah-mudahan Anda masuk universitas.

A: Saya ingin lulus dalam ujian masuk Universitas Indonesia.
B: Mudah-mudahan Anda bisa lulus.
A: 나는 인도네시아대학교 입학시험에 합격하고 싶어.
B: 네가 (대학에) 입학하기를 바란다.

243. 무슨 말 했어? Apa yang Anda bicarakan?

A: Apa yang Anda bicara? Wanita muda umur 20 (dua puluh) tahun menikah dengan laki-laki umur 70 (tujuh puluh) tahun?
B: Begitu? saya tidak mengerti apa maunya perempuan seperti itu.
A: 너 무슨 말 했어? 20살 여성이 70살 남자와 결혼했다고?
B: 그래. 그런 여성들이 무슨 생각을 하는지 모르겠어.

244. 너무 우쭐대. Terlalu sombong.

A: Saya tidak berminat pada Muhajir. Dia terlalu sombong.
B: Walaupun begitu, coba pikirkan dulu. Anda juga sombong sekali, bukan?

A: 무하지르는 내 마음에 안 들어. 너무 우쭐대
B: 그래도 이 사람아, 조금 공평해져 봐. 너도 많이 자만하지 않아?

245. 상관없어. Masa bodoh.

A: Apa kita mau makan di restoran Cina ini atau restoran Korea itu?
B: Saya tidak peduli. Terserah Anda.
A: 우리 이 중국식당에서 먹을까 아니면 그 한국식당에서 먹을까?
B: 나는 상관없어. 네가 말하는 곳으로.

246. 아주 좋아. Sangat bagus.

A: Bagaimana komputer ini?
B: Sangat bagus.
A: 이 컴퓨터 어때?
B: 아주 좋아.

247. 나는 바빠. Saya sibuk.

A: Muhajir, kami akan pergi bermain sepak bola, apa Anda mau ikut?
B: Tidak bisa, sekarang saya sibuk.
A: 무하지르, 우리 축구하러 갈 것인데, 같이 갈래?
B: 못가, 지금 바빠.

248. 그런 소리 하지 마. Jangan katakan seperti itu.

A: Semuanya kesalahan saya, saya ini bodoh.
B: Jangan katakan begitu, semua orang membuat kesalahan.

A: 모두 내 잘못이야, 나는 멍청이야.
B: 그런 소리 하지 마, 모든 사람들은 실수를 해.

249. 그저 그래. Sederhana saja.

A: Bagaimana masakan di restoran ini?
B: Lumayan.
A: 이 식당 요리 어때?
B: 그저 그래.

250. 기분이 좋지 않다. Perasaannya tidak baik.

A: Apa Anda bergurau sekarang, bukan?
B: Sekarang saya tidak mau bergurau.
A: 지금 농담하는 것이지, 그렇지?
B: 나 농담할 기분 아니야.

251. 냉담하다. Acuh tak acuh.

A: Anak-anak seperti kalian selalu saja acuh tak acuh.
B: Jangan begitu. Kita kok, sebaya.
A: 너희와 같은 젊은이들은 항상 너무 충동적이야.
B: 그러지 마. 너는 우리보다 그렇게 나이도 많지 않지 않아.

252. 사실이야. Benar.

A: Ayo kita bertemu di toko buku yang sama. Mengerti?
B: Tempat itulah kita bisa mengisi waktu yang baik. Tetapi terlalu banyak orang di sana, jadi sukar bertemunya.
A: Benar, kalau begitu kita bertemu di toko kopi di sebelahnya.

A: 우리 언제나 같은 서점에서 만나자. 알았지?
B: 바로 그곳이야 말로 좋은 시간을 보낼 수 있는 곳이야, 그런데 사람이 너무 많고 서로를 찾는 것이 어려워.
A: 사실이야, 그럼 우리 옆 커피숍에서 만나자.

253. 길 조심해. Hati-hati di jalan.

A: Tolong pinjamkan sepeda Anda. Saya harus ke supermarket / pasar swalayan.
B: Ya, silakan, hati-hati di jalan.
A: 네 자전거 빌려줘. 나 슈퍼마켓에 가야 해.
B: 여기 있어, 길 조심해.

254. 이만 갈게. Mau pulang sekarang.

A: Maaf, tetepi saya harus pulang dulu karena ada urusan yang lain.
B: Ya, hati-hati di jalan.
A: 미안하지만 나 다른 볼일이 있어서 이만 갈게.
B: 그래. 조심해서 가.

255. 다시 한 번 부탁합니다. Tolong sekali lagi.

A: Maaf. Saya tidak bisa dengar. Tolong ulangi sekali lagi.
B: Saya mengatakan bahwa kita harus pergi bersama-sama.
A: 죄송합니다. 제가 잘 못 들었습니다. 다시 한 번 부탁합니다.
B: 우리가 함께 가야 한다고 말했어요.

256. 지금 당장 갈게. Saya akan pergi sekarang juga.

A: Bapak, makan.

B: Saya ikut makan sekarang.
A: 아빠, 식사 하세요.
B: 지금 당장 갈게.

257. 정말 오랜만이야. Sudah lama sekali tidak bertemu.

A: Sudah lama benar kita tidak bertemu. Ke mana saja selama 2 (dua) tahun ini?
B: Di Indonesia.
A: 정말 오랜만이야. 지난 2년 동안 어디에 있었니?
B: 인도네시아에 있었어.

258. (누구를) 두고 가다. Tinggalkan saja.

A: Dia mengatakan bahwa dia akan datang, tetapi sudah jam 12 (dua belas) dia belum datang juga.
B: Ayo, kita pergi, tinggalkan saja dia.
A: 그는 올 것이라고 했어, 그런데 벌써 12시인데 아직 오지 않았어.
B: 그를 두고 가자.

259. 마음에 두다. Ingat dalam hati.

A: Pegawai semacam itu selalu begitu, jangan marah dan jangan masukkan dalam hati.
B: Tetapi kelakuan pegawai perempuan itu jelek. Apa kami tidak boleh melihat-lihat walaupun tidak beli barang itu.
A: 그런 직원들은 원래 그래, 화내지 말고 이런 쓸 데 없는 일을 마음에 두지 마.
B: 하지만 그 여직원의 행동은 너무 나빴어, 우리가 그 물건을 사지 않아도 구경할 권리도 없어?

260. 전망이 어둡다. Prospeknya belum jelas.

A: Apa yang mau Anda kerjakan sesudah tamat sekolah?
B: Belum tahu. Prospeknya belum jelas.
A: 졸업 후에 뭐 할 것이야?
B: 아직 모르겠어. 전망은 너무 멀고 막연해.

261. 네 덕분에.
Terima kasih atas pertolongan Anda.

A: Apa ada gunanya informasi yang saya berikan dulu?
B: Ya, dengan pertolongan Anda saya bisa menyelesaikan tugas.
A: 내가 지난번에 준 정보 유용했어?
B: 응. 네 덕분에 내 과제를 잘 끝냈어.

262. 나는 네가 나무 걱정돼. Saya ragu pada Anda.

A: Saya ragu karena Anda tidak memberi tahu bahwa Anda tidak pulang malam tadi.
B: Maaf, saya lupa.
A: 지난 밤 너는 집에 오지 않는다고 말도 안 해서 너무 걱정되었어.
B: 미안해, 깜빡했어.

263. 전문가 앞에서 아는 척 하다.
Sok tahu di hadapan ahli.

A: Saya merasa malu. Saya sok tahu di depan ahli.
B: Saya juga bukan ahli.
A: 창피해. 내가 전무가 앞에서 아는 척 하네.

B: 나도 전문가가 아니야.

264. 거의 할 뻔하다. Hampir melakukan itu.

A: Dia dipilih sebagai pegawai teladan, dan hampir masuk dalam Partai Demokrasi.
B: Benar dia bernasib baik.
A: 그는 모범 직원으로 선택되었고 거의 민주당에 입당할 뻔 했어.
B: 그가 운이 좋은 것은 사실이야.

265. 피곤하게 만들다. Merepotkan dia.

A: Mungkin dia ada perempuan yang lain.
B: Itu tidak mungkin. Keadaan itu sangat capai.
A: 그는 아마도 다른 여자가 있나 봐.
B: 그것은 불가능해. 그 상황은 그를 매우 피곤하게 만들어.

266. 약속하다. Berjanji.

A: Saya janji dan tidak akan mengubah lagi sama sekali.
B: Saya mengerti. Saya percaya kepada Anda.
A: 나는 약속할게 그리고 절대로 돌이키지 않을게.
B: 알았어. 나는 너를 믿어.

267. 이렇게 하는 것이 맞는다고 생각해?
Apa pikir betul begini?

A: Apa Anda pikir betul apa yang kita melakukan begini?
B: Tentu saja.
A: 우리가 이렇게 하는 것이 맞는다고 생각하니?

부록 517

B: 당연하지.

268. 물 만난 고기처럼.
Seperti ikan yang bertemu dengan air.

A: Apa Anda suka kehidupan di kampung?
B: Bagus sekali, seperti ikan bertemu dengan air.
A: 너는 시골에서의 생활이 좋아?
B: 매우 좋아. 마치 물 만난 고기처럼.

269. 매우 가난하다. Dia melarat.

A: Ketika dia datang dulu, ia tidak punya uang sepeser pun.
B: Apa tidak ada orang yang menolong dia?
A: 그가 왔을 때, 돈이 한 푼도 없었다.
B: 아무도 그를 도와주지 않았어?

270. 어려운 일이 아니다. Tidak masalah.

A: Terima kasih atas pertolongan.
B: Kembali kasih. Tidak apa-apa.
A: 도와줘서 감사합니다.
B: 천만에요. 별 것 아니었습니다.

271. 위험한 일을 자초해서 하다.
Seperti telur di ujung tanduk.

A: Anda melakukan yang berbahaya: seperti telur di ujung tanduk.
B: Saya tidak memikirkan begitu.

A: 너는 매우 위험한 것을 하고 있어: 위험한 일은 자초해서 하고 있어.
B: 나는 그렇게 생각 하지 않아.

272. 꼭 꼬집어 내다. Menunjukkan dengan tepat.

A: Saya akan memilih gambar yang merah.
B: Anda menunjukkan yang tepat.
A: 나는 빨간 그림을 선택할 것이야.
B: 너는 꼭 꼬집어 냈어.

273. 내팽개치다. Meninggalkan.

A: Kemarin Anda meninggalkan saya.
B: Maaf. Ada keperluan yang lebih penting.
A: 어제 너 나를 내팽개쳤어.
B: 미안. 급한 일이 있었거든.

274. 초만원 상태다.
Dalam keadaan penuh sesak.

A: Apa banyak orang pada hari itu?
B: Ya. Bioskopnya penuh sesak.
A: 그날 사람들 많았어?
B: 응. 극장은 초만원 상태였어.

275. 좋은 생각이다. Ide yang baik.

A: Apa kita mau beristirahat sebentar?
B: Ide bagus.
A: 우리 잠시 쉴까?

B: 좋은 생각이야.

276. 깜빡하다. Lupa sebentar lagi.

A: Mana jawabannya?
B: Lupa sebentar lagi.
A: 답변은 어디 있어?
B: 깜빡했어.

277. 언제나 그래 왔다. Selalu saja begitu.

A: Mama, kenapa serigala memakan kelinci?
B: Anakku, hukum alam memang begitu.
A: 엄마, 늑대는 왜 토끼를 잡아먹나요?
B: 아들아, 그것은 언제나 그래 왔어.

278. 머리를 짜다. Berpikir sungguh-sungguh.

A: Semalam saya berpikir sungguh-sungguh tetapi belum mendapat jawabannya.
B: Saya berusaha mencari akal.
A: 지난 밤 나는 머리를 짰지만 아무런 해답을 찾을 수 없었어.
B: 그런데 나는 생각이 떠올랐어.

279. 꼬리가 길면 잡힌다.
Kalau ekornya panjang pasti ditangkap.

A: Tetangga yang mencuri anggrek di penjara karena pencurian di tempat lain.
B: Suatu saat pasti dia tertangkap.

A: 지난 번 난을 훔친 이웃이 다른 절도죄로 감옥에 갔어.
B: 꼬리가 길면 잡히는 법이지.

280. 뿌린 대로 거둔다.
Siapa yang menanam, dia yang menuai.

A: Anda harus berusaha keras, dan hasilnya seperti pepatah, "Siapa yang menanam, dia yang menuai." Percaya kepada saya.
A: 너는 노력을 많이 해야 해, 그리고 그 결과는 뿌린 대로 거두게 되어 있어. 나를 믿어.

281. 변명하기 위해 억지를 쓰다.
Ngotot untuk memberi alasan.

A: Ada kesalahan sebagiannya pada pihak saya, tetapi kesalahan yang paling besar ada pada pihak Anda.
B: Anda ngotot untuk memberi alasannya.
A: 나는 일부 잘못이 있지만, 네가 제일 큰 잘못을 했어,
B: 너는 지금 변명하려고 억지를 쓰고 있어.

282. 잘 가[잘 자](밤 인사).
Selamat malam.

A: Sudah larut malam. Kita tunda sampai besok.
B: Kalau begitu, kita bertemu besok. Selamat malam.
A: 벌써 늦었어. 내일로 미루자.
B: 그러면 내일 보자. 잘 가.

283. 너무 늦었어, 내일 보자.
Sudah larut malam, kita bertemu besok.

A: Sudah larut malam. Saya harus pulang.
B: Selamat jalan.
A: Terima kasih. Sampai besok.
A: 너무 늦었어. 이만 가봐야 해.
B: 조심해서 가.
A: 고마워. 내일 보자.

284. 어떠한 정도까지 못가다.
Dia tidak dapat menahan kemarahannya tidak meledak.

A: Dia marah sekali.
B: Saya tahu, tetapi dia tidak bisa berpura-pura tidak tahu.
A: 그는 매우 화났어.
B: 알아, 그런데 나를 모른 체 하지는 못할 것이야.

285. 마지막 순간에 생각을 바꾸다.
Berbalik pikiran.

A: Kenapa dia tidak datang sampai sekarang?
B: Barangkali ia berubah pikiran pada saat yang terakhir.
A: 왜 아직 안 왔어?
B: 아마도 마지막 순간에 생각을 바꾸었나 봐.

286. 제 버릇 개 못 준다.
Tidak seorang pun mampu mengubah kelakuannya.

A: Bagaimana kelakuannya sekarang?

B: Setiap hari ia bermain 'game' saja.
A: Tidak seorang pun mampu mengubah kelakuannya.
A: 그는 최근에 어떻게 행동해?
B: 메일 게임만 해.
A: 제 버릇 개 못 주는구나.

287. 그저 그렇다. Biasa saja.

A: Saya dengar Anda berhubungan baik dengan orang-orang yang hebat.
B: Begitulah.
A: Jangan merendah.
A: 네가 사람들과 좋은 관계를 가지고 있다고 들었어.
B: 그저 그래.
A: 겸손해 하지마.

288. 관계를 이성적으로 정리하다.
Memutuskan hubungan baik-baik.

A: Selesaikan hubungan secara baik-baik kalau tidak sesuai perasaannya bersama selama masa bertunangan.
B: Saya setuju dengan Anda.
A: 약혼 기간 동안 서로 잘 안 맞으면 관계를 이성적으로 정리해야 한다.
B: 나는 너와 동의해.

289. 처음부터 다시 시작하다. Mulai dari nol.

A: Mulai dari permulaan lagi dan lupakan masalah yang lalu.
B: Saya akan usahakan.
A: 처음부터 다시 시작하고 좋지 않은 과거는 잊어버려.
B: 노력해볼게.

290. 의미가 없다. Tidak ada artinya.

A: Bersekolah tidak ada artinya bagi saya. Maka saya mau berhenti sekolah dan ingin belajar bekerja.
B: Anda gila.
A: 학교에 가는 것은 나에게 의미가 없어. 그래서 학교를 그만 두고 사업을 시작하는 것을 배우고 싶어.
B: 너는 미쳤어.

291. 시간이 모자라다. Tidak cukup waktunya.

A: Sekarang saya segera menjemput dia.
B: Tidak cukup waktu. Kereta api sudah berangkat.
A: 나는 그를 지금 당장 데리러 갈 것이야.
B: 시간이 안 돼. 기차가 이미 떠났어.

292. 한 푼도 없다. Tidak ada sepeser pun.

A: Sebenarnya saya tidak ada uang sama sekali.
B: Kalau begitu kenapa datang tanpa uang?
A: 사실은 나 한 푼도 없어.
B: 그러면 돈 없이 왜 왔어?

293. 진정해! Sabarlah.

A: Saya mau memukul Anda.
B: Sabarlah. Jangan turutkan emosi.
A: 나 너에게 주먹 한 번 날리고 싶어.
B: 진정해. 너무 충동적으로 행동하지 마.

294. 즉각 본론으로 들어가다.
Memasukkan segera ke masalah inti.

A: Kalau memasukkan ke masalah inti, saya tidak merasa puas atas tingkah laku Anda.
B: Apa saya tidak bisa diberi kesempatan sekali lagi?
A: 즉각 본론으로 들어가자면, 나는 너의 행동에 대해 만족하지 않아.
B: 나에게 다시 한 번 기회를 줄 수 없어?

295. 상상이 되다. 당연하다. Bisa diduga. Wajarlah.

A: Teman saya bermain selalu.
B: Sewajarnya nilai sekolahnya tidak baik.
A: 내 동료는 매일 놀기만 해.
B: 당연히 성적이 나쁘겠네.

296. 다행이다. 제발 ~ 하기를!
Syukurlah. Mudah-mudahan .....!

A: Saya lupa membawa buku bahasa asing.
B: Jangan khawatir, hari ini tidak akan dipakai.
A: Syukurlah!
A: 외국어 책 가져오는 것은 잊어버렸어.
B: 걱정 마, 오늘은 쓰지 않을 것이야.
A: 다행이다.

297. 벽에도 귀가 있어.
Ingat, dinding ini ada telinganya.

A: Diam, bicaralah perlahan. Ingat, dinding ini punya telinga.

B: Kalau begitu kita bicarakan yang lain.
A: 쉿. 목소리 낮춰. 벽에도 귀가 있다는 것을 명심해.
B: 그러면 다른 이야기 하자.

298. 여전히. Seperti biasa.

A: Walaupun kita selama 10 (sepuluh) tahun tidak bertemu Anda masih cantik.
B: Dan Anda kelihatan awet muda.
A: 너를 못 본지 10 년이 지났지만 너는 여전히 예뻐.
B: 그리고 너는 항상 너무 젊어.

299. 만지지 마세요. Jangan pegang.

A: Apa boleh pegang barang ini?
B: Jangan pegang, barang mudah pecah.
A: 이 물건 만져도 되나요?
B: 만지지 마세요. 깨지기 쉽습니다.

300. 완전히 좌절이다. Putus asa berat.

A: Bagaimana hasil ujiannya?
B: Jangan bicara. Saya putus asa berat.
A: 너 시험 잘 봤어?
B: 말도 마. 완전히 좌절이야.

301. 생각대로 말하지 않는다. Tidak terus terang.

A: Bagaimana orang itu?
B: Dia orang yang tidak mau terus terang.

A: 그 사람 어떤 사람이야?
B: 본인의 생각을 절대로 드러내는 사람이 아니야.

302. 다른 선택권이 없다. Tidak ada pilihan lain.

A: Kenapa Anda harus pulang ke tanah air lagi?
B: Tidak ada pilihan lagi.
A: 너는 왜 다시 조국으로 돌아가야 해?
B: 나는 다른 선택권이 없어.

303. 솔직하게 말하다. Bicara terus terang.

A: Terus terang, ia terlalu baik hati kepada saya.
B: Kalau begitu, kenapa Anda mau putus dengan dia?
A: 솔직히 말해서, 그녀는 나를 너무 잘 대해줘.
B: 그러면, 왜 그녀와 해어지려고 해?

304. 이상한 일이 아니다. Wajar saja.

A: Telepon rumah saya mati.
B: Kalau begitu, wajar saja saya tidak bisa menghubungi Anda.
A: 내 집 전화기가 고장이 났어.
B: 그러면 내가 너와 통화를 못 한 것이 이상한 일이 아니구나.

305. 너무 비극적이라서 누구든 슬퍼한다.
Siapa pun sedih karena banyak tragis.

A: Apa Anda sudah membaca berita mengenai teror pada tanggal 11 (sebelas) September?

B: Ya, itu peristiwa tragis yang siapa pun sedih karena sangat tragis.
A: 너 9월 11일 테러에 대한 보도 봤어?
B: 응. 너무 비극적이라서 누구든 슬퍼할 일이야.

306. 놀리다 Mengolok-olok.

A: Apa dia mengatakan itu?
B: Dia merasa bahwa mengolok-oloknya.
A: 그는 그것에 대해 뭐라 말했니?
B: 그는 놀리고 있었다고 봐.

307. 원하는 대로. Terserah Anda.

A: Apa kita mau ke Taman Mini atau Museum?
B: Terserah Anda.
A: 우리 따만 미니로 갈까 아니면 박물관에 갈까?
B: 네가 원하는 대로.

308. 남의 호의를 무시하다.
Tidak mau berterima kasih.

A: Hadiah ini untuk Anda.
B: Terima kasih, tetapi saya tidak bisa menerima.
A: Anda tidak mau berterima kasih.
A: 이 선물 네 것이야.
B: 고마워, 그런데 나는 받을 수 없어.
A: 너는 남의 호의를 무시해!

309. 생각지도 못한 행운이 오다. Bernasib baik.

A: Saya pergi hanya untuk mencoba saja, tetapi lulus tidak disangka-sangka.
B: Mendapat keuntungan yang tidak disangka.
A: 나는 그냥 시도하려고 갔지만, 생각지도 못하게 합격했어.
B: 생각지도 못한 행운이 온 것이야.

310. 네가 시키는 대로 할게. Saya akan ikut Anda.

A: Bagaimana caranya kita pergi? Dengan taksi atau bus?
B: Anda tentukan. Saya akan ikut Anda.
A: 우리 어떻게 갈까? 택시로 아니면 버스로?
B: 네가 결정해. 네가 시키는 대로 할게.

311. 잘못을 인정하지 않다.
Tidak mau mengaku kesalahannya.

A: Saya tidak bersalah.
B: Kalau kamu tidak mengaku bersalah ayah kamu akan memukul kamu.
A: 나는 잘못이 없어.
B: 계속 잘못을 강렬히 인정하지 않는다면 네 아빠가 너를 때릴 것이야.

312. 동정심이 전혀 없다.
Tidak punya perasaan sama sekali.

A: Dia menyalahkan saya tanpa perasaan simpatik sama sekali.
B: Wajarlah.

A: 전혀 동정심 없이 나를 비난했어.
B: 그럴만해!

313. 아주 조금 남았다. Tinggal sedikit lagi.

A: Apa sudah baca buku itu?
B: Tinggal sedikit lagi.
A: 이 책 다 읽었어?
B: 아주 조금만 남았어.

314. 완전히 다른 두 주제.
Itu dua hal yang berbeda.

A: Orang yang merokok banyak, minum anggur juga banyak.
B: Itu dua hal yang berbeda.
A: 담배를 많이 피우는 사람들은 술도 많이 마셔.
B: 그것은 완전히 다른 주제야.

315. 완벽한 사람은 없다.
Tidak ada orang yang sempurna.

A: Tidak ada orang yang sempurna. Semua orang mempunyai kesalahan.
B: Saya setuju perkataan Anda sepenuhnya.
A: 완벽한 사람은 없어. 모든 사람들은 실수해.
B: 나는 너의 말에 전적으로 동의해.

316. 다시 하다. Bekerja lagi.

A: Anda benar-benar berani.

B: Bukan yang istimewa. Saya akan coba sekali lagi.
A: 너는 정말 용감했어.
B: 별일 아니야. 다시 한 번 해볼게.

317. 어쩌다가 이곳으로 온 것이야?
Bagaimana sampai ke sini?

A: Bagaimana Anda sampai ke sini?
B: Saya hanya mau bertemu Anda.
A: 어쩌다가 이곳으로 온 것이야?
B: 그냥 네가 보고 싶어서.

318. 내가 기억히기로는 ~ Kalau saya ingat ...

A: Kalau saya tidak salah Anda datang pada tanggal 10 (sepuluh) November tahun yang lalu.
B: Betul. Itu waktu mulai makin dingin.
A: 내가 제대로 기억하는 것이라면 너는 작년 11월 10일에 왔어.
B: 맞아. 점점 쌀쌀해 지는 때였지.

319. 먹는 것 빼고 다른 할 일 없을까?
Apa tidak ada pekerjaan lain, kecuali makan?

A: Kita makan apa hari ini?
B: Sepanjang hari Anda memikirkan makan saja? Apa tidak ada pekerjaan lain kecuali makan?
A: 우리 오늘 뭐 먹을까?
B: 하루 종일 먹을 것만 생각해? 먹는 것 빼고 다른 할 일 없을까?

320. 다람쥐도 나무에서 떨어질 때가 있다.

Sepandai-pandainya tupai melompat, sekali akan jatuh juga.

A: Anda mengatakan bahwa Anda adalah pengarang yang terkenal, tetapi kali ini ...
B: Ya, sepandai-pandainya tupai melompat, sekali akan jatuh juga.

A: 너는 항상 자신이 잘나가는 작가라면서 이번에는 ~
B: 다람쥐도 나무에서 떨어질 때가 있는 법이야.

321. 일찍 일어나는 새가 벌레를 잡는다.

Yang datang lebih awal mendapat lebih banyak.

A: Kenapa Anda bangun pagi-pagi begini?
B: Apa Anda tidak tahu bahwa ulat pun sudah dipatuk ayam?

A: 왜 이렇게 일찍 일어난 것이니?
B: 일찍 일어나는 새가 벌레를 잡는다는 것 몰라?

322. 아무도 도와주려 하지 않다.

Tidak seorang pun mau menolongnya.

A: Lihat, walaupun keadaannya begitu tidak ada seorang pun mau menolong.
B: Ya, benar.

A: 봐라, 이렇게 많은 구경꾼이 있는데도 누구도 도와주려 하지 않아.
B: 그러게 말이야.

323. 반짝이는 것이라고 다 금은 아니다.
Yang berkilau tidak semuanya emas.

A: Anda bukan hanya punya uang, tetapi juga nama yang baik.
B: Ingat yang berkilau tidak semuanya emas.
A: 당신은 많은 돈을 가지고 있는 것뿐만 아니라 명성도 소유하고 있다.
B: 반짝이는 것이라고 다 금은 아니라는 것을 명심해라.

324. 침묵은 긍정의 의미이다. Diam berarti setuju.

A: Apa semuanya setuju? Diam berarti setuju.
A: 모두 다 동의한 것이지? 침묵은 긍정의 의미야.

325. 무(無)로는 아무것도 창조할 수 없다.
Tidak bisa membuat apa-apa dari keadaan kosong sama sekali.

A: Kakek, maka bagaimana yang terakhir? Apa wanita itu memasak makanan yang enak sekali tanpa bahan apa-apa?
B: Tidak, tidak bisa membuat apa-apa, tanpa bahan.
A: 할아버지, 그래서 마지막은요? 그녀는 아무것도 없이 아주 맛있는 음식을 만든 것이에요?
B: 아니, 무(無)로는 아무것도 창조할 수 없단다.

326. 빵은 빵이고 와인은 와인이다. [이것과 저것은 전혀 다른 문제다.]
Roti adalah roti, anggur adalah anggur. / Yang ini dan yang itu masalah lain sama sekali.

A: Apa tidak bisa memberi sedikit pun? Kalau begitu buku ini tidak penting sama sekali.
B: Lain halnya di antara yang ini dan yang itu. Buku itu milik saya. Kenapa harus saya berikan kepada dia?

A: 조금이라도 줄 수 없어? 그러면 이 책도 전혀 중요하지 않아.
B: 이것과 저것은 전혀 다른 문제야. 그 책은 내 것이야. 왜 그에게 주어야 하지?

327. 소수는 다수의 의견을 따라야해.
Yang sedikit harus mengikuti yang banyak.

A: Kami ingin pergi makan di Rotteria. Kalian bagaimana?
B: Kami lebih suka Mac Donald.
A: Kalau begitu, yang sedikit harus mengikuti yang banyak.

A: 우리는 롯데리아에 먹으러 가고 싶어. 너희는?
B: 우리는 맥도날드가 더 좋아.
A: 그러면, 소수는 다수의 의견을 따라야해.

328. 사람들은 다 취향이 다른 법이다.
Kegemaran orang berbeda satu sama lain.

A: Semua orang mengatakan bahwa dia kurang baik, tetapi saya sudah jatuh cinta kepadanya.
B: Ya, selera orang berbeda masing-masing.

A: 모든 사람들이 그가 나쁘다고 이야기 하지만 나는 그와 사랑에 빠졌어.
B: 그래, 사람들은 다 취향이 다른 법이지.

329. 내가 아무 말도 하지 않은 것처럼.
Anggap saja pembicaraan tadi tidak ada.

A: Lupakan hal itu, anggap saja pembicaraan tadi tidak ada.

B: Jangan khawatir.
A: 그것을 잊어버려, 마치 내가 아무 말도 하지 않은 것처럼.
B: 걱정하지 마.

330. 나는 정의를 실현하는 너를 도와줄 것이야.
Saya akan menolong Anda yang bertindak adil.

A: Saya akan menolong Anda yang mewujutkan keadilan.
B: Tidak apa-apa.
A: 나는 정의를 실현하는 너를 도와줄 것이야.
B: 괜찮아.

331. 어쩌면 그렇게 바보 같을 수 있니?
Mana bisa bertindak bodoh seperti itu?

A: Muhajir, Anda sampai awal benar!
B: Mana bisa bertindak bodoh seperti itu! Kita harus tunggu lama.
A: 무하지르, 너 정말 빨리 도착했구나!
B: 어쩌면 그렇게 바보 같을 수 있니! 우리는 오래 기다려야 했어.

332. 눈에는 눈, 이에는 이.
Mata dibalas mata, gigi pendendam gigi.

A: Perempuan itu ingin membalas dendam. Motonya 'Utang darah dibayar darah, utang nyawa dibayar nyawa'.
B: Kalau begitu, siapa pun tidak bisa hidup bahagia.
A: 그녀는 정말 보복적이야. 그녀에게 삶의 모토는 눈에는 눈, 이에는 이라니까.
B: 그래서는 누구도 행복하게 살 수는 없어.

333. 내가 너에게 이야기 하지 않았나?
Apa saya tidak memberi tahu Anda?

A: Apa saya tidak memberi tahu berapa orang tamu akan datang?
B: Maaf, tetapi saya tidak pernah mengdengar perkataan seperti itu.
A: 몇 명의 손님들이 온다고 내가 너에게 이야기 하지 않았니?
B: 죄송하지만 그런 말 들은 적이 없어요.

334. 예전의 잘못을 저지르다.
Melakukan kesalahan (pada masa) lagi.

A: Sudah lama saya tidak merokok.
B: Anda melakukan kesalahan yang lagi.
A: 담배피고 싶어.
B: 너는 예전의 잘못을 저지르는 것이야.

335. 새것을 구하다.
Mendapat yang baru.

A: Kenapa tidak bicara kepada saya dulu.
B: Saya mau memberikan Anda yang baru.
A: 왜 나한테 전에 얘기하지 않은 것이야?
B: 너에게 새것을 구해주고 싶었어.

336. 아무 일도 없었다는 듯이.
Seperti tidak ada masalah.

A: Sus, sabarlah. Lupakan semua.
B: Tidak boleh kembalikan ke kehidupan saya yang dulu,

seperti tidak ada masalah.
A: 아가씨, 진정하세요. 모두 다 잊어요.
B: 마치 아무 일도 없었다는 듯이 나의 예전 삶으로 돌아가는 것은 불가능해요.

337. 그렇게 작은 일은 언급하지 않아도 된다.
Tidak usah mengatakan masalah sekecil itu.

A: Saya mengucapkan terima kasih yang sungguh kepada Bapak.
B: Tidak usah mengatakan masalah sekecil itu.
A: 당신께 정말로 감사드립니다.
B: 그렇게 작은 일은 언급하지 않으셔도 됩니다.

338. 무능력하고 모든 일을 망칠 수 있다.
Tidak punya kemampuan apa-apa malah mungkin akan mengganggu pekerjaan lainnya.

A: Kenapa tidak mengajak saya bekerja?
B: Karena Anda tidak punya kemampuan apa-apa malah mungkin akan mengganggu pekerjaan lainnya.
A: 왜 저를 고용하지 않는 것입니까?
B: 왜냐하면 너는 무능력하고 모든 일을 망칠 수 있기 때문이야.

339. 어느 방면에서 나보다 나은 것입니까?
Hal apakah yang baik dari saya?

A: Hal apakah yang baik dari saya?
B: Dalam semua halnya.
A: 어느 방면에서 나보다 나은 것입니까?
B: 모든 방면에서.

340. 곤란을 무릅쓰고 싸우다.
Berjuang melawan penderitaan.

A: Mungkin Anda harus berjuang melawan penderitaan.
B: Terima kasih atas dukungan Anda.
A: 너는 곤란을 무릅쓰고 싸워야 할 것이야.
B: 응원해줘서 고마워.

341. 기대를 전혀 하지 않을 때 기대하는 것이 생긴다.
Pucuk dicinta ulam tiba.

A: Pucuk dicinta ulam tiba.
B: Oleh sebab itu kita harus disiapkan kesempatan baik.
A: 기대를 전혀 하지 않을 때 그것이 일어나.
B: 그래서 우리는 항상 준비되어 있어야 돼.

342. 예의상으로. Sekadar tata krama.

A: Kenapa kita pergi bertemu dengan Kartini?
B: Tidak berlebihan. Cuma tata krama saja.
A: 왜 우리가 까르띠니를 보러가는 것이니?
B: 별거 아니야. 그냥 예의상으로.

343. 이것은 수만뜨리의 자필 이력서이다.
Ini surat riwayat hidup Sumantri yang ditulisnya sendiri.

A: Lihat, ini surat riwayat hidup Sumantri yang ditulisnya sendiri.

B: Wah, di mana dapat ini?
A: 봐봐, 여기에 수만뜨리의 자필 이력서가 있어.
B: 야, 이것 어디서 난 것이야?

344. 시간이 되면 알게 될 것이야.

Akan diketahui kalau tiba waktunya.

A: Apa itu?
B: Anda akan mengetahui kalau tiba waktunya.
A: 무슨 일이야?
B: 시간이 되면 알게 될 것이야.

345. 아직 다듬어지지 않은 금.

Emas yang belum digosok.

A: Dia adalah intan yang belum digosok.
B: Saya setuju dengan Anda. Kalau dia dilatih dengan sempurna dia akan menjadi orang pandai.
A: 그는 아직 다듬어지지 않은 다이아몬드야.
B: 나는 너와 동의해. 만약에 제대로 훈련을 받는다면 그는 정말 멋있어질 것이야.

346. 둘이 먹을 수 있다면 셋도 먹을 수 있다.

Kalau dua orang bisa makan, kenapa tiga orang tidak bisa.

A: Silakan duduk di sini dan makan bersama kami. Kalau dua orang bisa makan, kenapa tiga orang tidak bisa.
B: Bapak / Ibu orang baik.
A: 여기 앉아 우리와 같이 먹어요. 둘이 먹을 수 있다면 셋도 먹을 수 있

지 않아요.
B: 당신은 정말 착하시군요.

347. 당신이 말하는 것. Yang Bapak / Ibu usulkan.

A: Apa yang kita lakukan sekarang, berbelanja atau beristirahat?
B: Yang Bapak / Ibu usulkan.
A: 우리 지금 뭐할까, 쇼핑갈까 아니면 조금 쉴까?
B: 당신이 말하는 것.

348. 권력에 의존하면 안 된다.
Tidak bisa bergantung kepada kekuasaan.

A: Orang yang berjaya tidak bisa bergantung kepada kekuasaan, dan oang yang baru mulai bekerja harus berikhtiar untuk mendapat itu.
A: 성공한 사람들은 권력에 의존하면 안 돼. 그리고 시작한지 얼마 되지 않은 사람들은 열심히 노력해서 그것을 얻어야 돼.

349. 모든 가족은 그들만의 사정이 있다.
Setiap keluarga mempunyai masalahnya masing-masing.

A: Saya tidak tahu bahwa dia hidup begitu susah.
B: Setiap keluarga mempunyai masalahnya masing-masing.
A: 그도 그렇게 힘든 삶을 살았는지 정말 몰랐어.
B: 모든 가족은 그들만의 사정이 있는 법이야.

350. 나는 네가 무엇인가를 알고 있다고 생각해.
Saya kira Anda tahu banyak.

A: Saya kira Anda tahu banyak.
B: O, ya?
A: 나는 네가 무언가를 알고 있다고 생각해.
B: 응?

351. 해는 항상 (동쪽에서) 뜬다.
Matahari selalu terbit (dari timur).

A: Janga sedih. Matahari selalu terbit dari timur.
A: 너무 슬퍼하지 마. 해는 항상 떠있어.

352. 시간이 모든 것을 해결해 준다.
Pada saatnya akan selesai juga.

A: Apa yang harus saya lakukan? Saya benar-benar mau mati.
B: Jangan memaksakan diri. Pada saatnya akan selesai juga.
A: 나 이제 뭐하지? 나 정말 죽고 싶어.
B: 너무 무리하지 마. 시간이 모든 것을 해결해 줄 것이야.

353. 인생을 살다보면 항상 좋은 일만 일어나지는 않아.
Dalam kehidupan, selalu ada suka dukanya.

A: Anakku, dalam kehidupan, selalu ada suka dukanya.
A: 내 딸아, 인생을 살다보면 항상 좋은 일만 일어나지는 않아.

354. 이상하게 생각하지 마. 좋은 의도로 한 것이야.
Jangan berpikir buruk. Saya bermaksud baik saja.

A: Kenapa Anda pegang sepeda saya?
B: Sepeda ini jatuh. Jadi saya pegang. Jangan berpikir buruk. Saya bermaksud baik.
A: 내 자전거 왜 만진 것이야?
B: 자전거가 쓰러져서 내가 세운 것이야. 이상하게 생각하지 마. 좋은 의도로 한 것이야.

355. 그것은 당신의 상상에 지나치지 않습니다.
Itu cuma anggapan Bapak.

A: Dokter, keadaan badan saya tidak enak. Apa mungkin saya ada kanker.
B: Itu cuma anggapan Bapak. Sebenarnya Bapak sehat sekali.
A: 의사선생님, 저 정말 상태가 좋지 않아요. 제 생각에 저 암인 것 같아요.
B: 그것은 당신의 상상에 지나치지 않습니다. 실제로는 당신은 정말 건강합니다.

356. 마지막까지 내 말을 들을 수 있지?
Apa Anda bisa mendengar semua perkataan saya?

A: Sekarang artinya masalah ini tidak bisa, kan?
B: Apa Anda bisa mendengar semua perkataan saya?
A: 이제 이 일이 불가능하다는 것을 의미하는 것이지, 그렇지?
B: 마지막까지 내 말을 들을 수 있지?

357. 내가 그렇게 말하지 않았다면, 더 좋았을 텐데.
Alangkah baiknya kalau saya tidak mengatakannya.

A: Rupanya Anda lebih marah kepada saya.
B: Betul, Anda menyalahkan dia, kan?
A: Alangkah baiknya kalau saya tidak mengatakannya.
A: 내게 더 화난 것처럼 보인다.
B: 맞아, 네가 그에게 실수를 질책했다면서?
A: 내가 그렇게 말하지 않았다면 더 좋았을 텐데.

358. 너를 만족시킬 수 없다.
Saya tidak bisa memuaskan kamu.

A: Bapak, saya mau berwisata ke Indonesia dalam liburan musim panas dengan bapa.
B: Maaf, anak perempuan. Saya tidak bisa membahagiakan.
A: 아빠, 나 아빠와 여름방학에 인도네시아로 여행가고 싶어.
B: 미안하다, 딸아. 나는 너를 기쁘게 해 주지 못한단다.

359. 마침내 조금 쉴 수 있다.
Akhirnya bisa beristirahat sebentar.

A: Ujiannya sudah selesai. Sekarang bisa beristirahat sebentar.
B: Saya harap kita semuanya mendapat nilai yang baik.
A: 시험이 끝났다. 이제 조금 쉴 수 있다.
B: 나는 우리 모두가 좋은 성적을 받기를 바라.

360. 그는 매우 답답한 사람이다.
Dia orang picik.

A: Apa Anda tidak mau berteman dengan dia?
B: Tidak mau. Dia orang yang berpandangan picik.

A: 너는 그와 상대하고 싶지 않니?
B: 싫어. 그는 매우 답답한 사람이야.

361. 어제 밤 어머니와 논쟁을 했다.
Saya bertengkar dengan ibu semalam.

A: Saya bertengkar dengan ibu semalam.
B: Kenapa?
A: Dia marah karena saya terlambat pulang.
A: 어제 밤, 어머니와 논쟁을 했다.
B: 왜?
A: 왜냐하면 그녀는 내가 너무 늦게 온 것에 대해 화를 내셨다.

362. 나를 오해하지 마라.
Jangan salah paham.

A: Kenapa tidak mengganti 'hand phone'?
B: Apa artinya itu?
A: 왜 핸드폰을 바꾸지 않니?
B: 그것이 무엇을 의미하니?

363. 누구에게도 그것을 말하지 마라!
Jangan katakan kepada orang lain.

A: Kenapa Anda mengganti nomor 'hand phone'?
B: Jangan katakan kepada orang lain.
A: Rupanya Anda punya masalah.
A: 왜 핸드폰 번호를 바꿨니?
B: 누구에게도 그것을 말하지 마라.
A: 너 무슨 문제가 있는 것 같다.

364. 거짓말은 꼬리가 잡힌다.
Sepandai-pandainya menyembunyikan bangkai, baunya akan tercium juga.

A: Jangan dusta lagi, karena kebohongan pasti akan ketahuan.
B: Tetapi saya tidak bohong.
A: 너 더 이상 거짓말하지 마, 왜냐하면 거짓말은 꼬리가 잡혀.
B: 하지만, 나는 거짓말을 하지 않는다.

365. 이것은 너무도 어려운 일이었다.
Itu masalah yang sulit sekali.

A: Memperbaiki mesin ini, memakan waktu berapa lama?
B: 3 (tiga) hari. Itu masalah sulit sekali.
A: 이 기계를 고치기 위해 일하는 시간이 얼마나 걸렸지요?
B: 3 일이요. 이것은 너무도 어려운 일입니다.

366. 내 친구의 친구들은 네 친구들이다.
Teman-teman saya teman-teman Anda juga.

A: Bicarakan apa yang perlu, mengerti? Seperti Anda tahu, teman-teman saya teman-teman Anda juga.
B: Terima kasih banyak. Anda sangat bijaksana.
A: 나에게 필요한 것은 어떤 것이라도 말해라. 알았지? 왜냐하면 너도 알다시피, 내 친구의 친구들도 네 친구이다.
B: 매우 고맙다. 너는 매우 친절하구나.

367. 마지막에 웃는 사람이 더 웃는다.
Pemenang terakhir bisa tertawa.

A: Jangan iri kepadanya. Pemenang terakhir bisa tertawa.

B: Anda betul. Tetapi dia agresif.
A: (너는) 그를 시기하지마라. 마지막에 웃는 사람이 더 웃는 것이야.
B: 당신이 옳아요. 하지만 그는 너무 공격적입니다.

368. 정말 아름다운 마음을 가졌습니다.
Benar-benar baik hati.

A: Orangnya baik hati.
B: Ya, Benar-benar ia orang yang baik.
A: 정말 좋은 사람이야.
B: 네, 정말 아름다운 마음을 가졌습니다.

369. 로마는 하루에 만들어지지 않았다.
Roma tidak didirikan dalam satu hari.

A: Sabarlah! Roma tidak didirikan dalam satu hari.
A: 좀 참아 봐! 로마는 하루에 만들어지지 않았다.

370. 내가 너에게 무엇을 잘못했니?
Apa yang saya salah kepada Anda?

A: Saya salah apa pada Anda, Anda bersikap begitu?
B: Bagaimana saya harus menyambut Anda?
A: 내가 너에게 무엇을 잘못했기에 나를 이렇게 대하는 것이야?
B: 내가 너를 어떻게 대해야 하는데?

371. 곤두박질하다. Saya jatuh terpelanting.

A: Ada apa? Pakaian Anda kotor.
B: Ya, saya jatuh terpelanting.

A: 무슨 일이야? 네 옷이 다 더렵혀졌어.
B: 그래. 방심하는 사이에 곤두박질했어.

372. 왜 이렇게 고집스러운 것이니!
Kenapa keras kepala begini?

A: Kenapa Anda keras kepala begini?
B: Saya cuma menegaskan keadaan saya.
A: 너는 왜 이렇게 고집스러운 것이니!
B: 나는 그저 나의 입장을 주장하는 것뿐이야.

373. 참을성 없이 목표를 달성할 수는 없다.
Tidak bisa mencapai tujuannya tanpa kesabaran.

A: Minggu depan liburan panjang. Oleh sebab itu saya akan menyelesaikan semuanya.
B: Tidak bisa mencapai tujuannya tanpa kesabaran. Jadi lebih baik kerjakanlah pelan-pelan.
A: 다음 주부터 휴가야. 그래서 나는 오늘 모든 일을 끝내도록 하겠어.
B: 참을성 없이 목표를 달성할 수는 없어. 그러니까 천천히 하는 것이 낫겠어.

374. 일이 이렇게 될 줄 알았더라면 다른 방법을 택했을 텐데.
Kalau saya tahu masalahnya akan begini barangkali saya mengambil cara lain.

A: Kalau saja tahu masalahnya akan begini barangkali saya mengambil cara lain.
B: Mungkin nanti menyesal.

A: 일이 이렇게 될 줄 알았더라면 다른 방법을 택했을 텐데.
B: 후회할 수 있어.

375. 나에게 돈을 주면 너에게 물건들을 건네줄게.
Barang akan diberikan kalau Anda memberi uang.

A: Kapan kita bertemu?
B: Seperti biasanya. Saya akan serahkan barang kepada Anda kalau Anda memberi uang dulu.
A: 우리 언제 만나?
B: 항상 그랬던 것처럼. 나에게 돈을 주면 너에게 물건들을 건네줄게.

376. 어느 방면에서 그를 따라잡을 수 없는 것입니까?
Dalam bidang apakah saya tidak bisa mengatasinya?

A: Anda selalu mengatakan bahwa Anda suka dia. Di bidang apakah saya tidak bisa menyusulnya?
B: Anda tidak bisa menyusul dalam bidang apa saja.
A: 너는 항상 그녀가 정말 좋다고 말해. 어느 방면에서 내가 그녀를 따라잡을 수 없는 것이지?
B: 너는 그녀를 어떠한 방면에서도 따라잡을 수 없어.

377. 끼리끼리 어울리다.
Bergaul dengan kelompok yang sama.

A: Kenapa Muhajir selalu bergaul dengan Sumantri saja?
B: Mereka bergaul dengan kelompok yang sama, kan?
A: 왜 항상 무하지르과 수만뜨리는 같이 다니는 것일까?
B: 끼리끼리 어울린다고 하지 않아, 안 그래?

378. 감행하지 않으면 얻는 것은 없다.
Kalau tidak berbuat apa-apa tidak mungkin mendapatkannya.

A: Harus menanggung risiko kalau menjalankan bisnis besar.
B: Kalau tidak berbuat apa-apa tidak mungkin mendapatkannya.
A: 사업을 하려면 큰 위험을 무릅써야 돼.
B: 감행하지 않으면 얻는 것은 없어.

379. 실은 여러 가닥으로 나누어진다.
Benang dibentuk oleh serat-serat kecil.

A: Tidak bisa menimpakan semua kesalahan kepada dia. Anda juga bersalah. Benang dibentuk oleh serat-serat kecil, kan?
B: Ya, perkataan Anda betul.
A: 그에게 모든 잘못을 돌릴 수는 없어. 너 또한 잘못이 있어. 실은 여러 가닥으로 나누어진다고 하지 않아.
B: 네 말이 옳아.

380. 어찌할 도리가 없다.
Tidak bisa berbuat apa-apa.

A: Ada apa?
B: Saya serius. Tidak tahu bagaimana bisa saya lakukan.
A: 우리 어떻게 하지?
B: 나는 심각해. 어떻게 해야 할지 모르겠어.

381. 이것이 진실이야. 나는 너를 속이지 않아.
Ini benar. Saya tidak menipu Anda.

A: Ini benar. Saya tidak menipu Anda.
B: Saya percaya kepada Anda kali ini.
A: 이것이 진실이야. 나는 너를 속이지 않아.
B: 이번은 너를 믿겠어.

382. 나는 어린애가 아니야.
Saya bukan anak kecil.

A: Hati-hati!
B: Ya, saya tahu. Saya bukan anak kecil.
A: 조심해!
B: 알았어. 나는 어린애가 아니야.

383. 어디 가니? Mau ke mana?

A: Halo, Kartini!
B: Mau ke mana?
A: 까르띠니, 안녕!
B: 어디 가니?

384. 너무 섣불리 말하지 마.
Jangan berkata tanpa dipikir dulu.

A: Saya kira Anda akan menang.
B: Jangan berkata tanpa dipikir dulu. Sebelum hasilnya diumumkan siapa pun bisa mendapat hadiah.

A: 나는 네가 이길 것이라고 생각해.
B: 너무 섣불리 말하지 마. 결과가 발표되기 전까지는 누구나 상을 탈 수 있어.

385. 눈에서 멀어지면 마음도 멀어진다.
Jauh di mata, jauh di hati.

A: Saya merasa lebih tenang karena saya tidak tinggal bersama mereka. Jauh di mata jauh di hati.
A: 지금 그들과 함께 살지 않으니 나는 더 편안해 졌어. 눈에서 멀어지면 마음도 멀어지나 봐.

386. 항상 자신만 생각하다.
Selalu memikirkan diri sendiri saja.

A: Suhadi orang egois. Ia hanya memikirkan diri sendiri.
B: Betul. Saya juga tidak berapa suka bertemu dia.
A: 수하디은 이기적이야. 항상 자신만 생각해.
B: 맞아. 나도 그를 대하는 것을 좋아하지 않아.

387. 집처럼 편하게 생각해.
Anggaplah seperti di rumah sendiri.

A: Ibu-ibu dan Bapak-bapak yang terhormat, nikmatilah seperti di rumah sendiri.
B: Bagus.
A: 신사숙녀 여러분, 집처럼 편하게 생각하고 즐기세요!
B: 브라보!

398. 뭉치면 산다. Bersatu kita teguh.

A: Kita harus persatukan! Bersatu kita teguh, bercerai kita runtuh.
A: 우리는 통합해야 해! 뭉치면 살고, 헤치면 죽는 것이야.

389. 시간이 알려줄 것이다.
Tempo akan memberi tahu.

A: Bagaimana saya tahu bahwa Anda mencintai saya?
B: Waktulah yang akan memberi tahu.
A: 네가 정말 나를 사랑한다는 것을 어떻게 알지?
B: 시간이 알려줄 것이야.

390. 상황이 바뀌었다.
Keadaan sudah berubah.

A: Muhajir, pulang cepat, karena keadaan sudah berubah.
B: Ya, saya mengerti. Saya pulang sekarang.
A: 무하지르, 빨리 돌아와, 왜냐하면 상황이 바뀌었어.
B: 알았어. 지금 돌아갈게.

391. 너 좋은 것이 무엇인지 알지 않아!
Kamu tahu apa yang baik, bukan?

A: Kamu mengganggu lagi, kamu tahu apa yang baik, bukan?
B: Maaf, mama.
A: 또 말썽부리지, 너 좋은 것이 무엇인지 알지 않아!
B: 죄송해요, 엄마!

392. 계속 그 말을 한다면, 나는 너를 때릴 것이야!
Kalau Anda bicara itu terus, saya akan pukul Anda.

A: Itu kesalahan Anda!
B: Kalau Anda bicara itu terus, saya akan pukul Anda.
A: 네 잘못이야!
B: 계속 그 말을 한다면 나는 너를 때릴 것이야!

393. 왜 나에게 잔소리를 하는 것이니?
Mengapa Anda menggerutu kepada saya?

A: Anda tidak bisa begitu.
B: Mengapa Anda menggerutu?
A: 나에게 그런 방식으로 대하면 안 돼.
B: 너 왜 잔소리를 하는 것이니?

394. 마음은 있는데 몸이 따르지 않는다.
Keinginannya ada tetapi semangatnya sudah tidak ada.

A: Akhirnya Anda menolong?
B: Saya rela tolong, tetapi keinginannya ada tetapi semangatnya sudah tidak ada.
A: 드디어 도와주는 것이니?
B: 나는 그럴 마음은 있는데 몸이 따르지 않아.

395. 실패는 성공의 어머니이다.
Kegagalan adalah pelajaran menuju sukses.

A: Jangan putus asa. Kegagalan adalah pelajaran menuju

부록 **553**

sukses.
A: 실망하지 마. 실패는 성공의 어머니이다.

396. 심각하게 말하는 것 아니지?
Anda bicara tidak serius, kan?

A: Saya tidak bisa membayar uang Anda.
B: Anda bicara tidak serius, kan?
A: 나는 너의 돈을 돌려줄 수 없어.
B: 심각하게 말하는 것 아니지?

397. 나는 너를 완전히 이해해.
Saya sangat memahami Anda.

A: Saya kelewatan, ya?
B: Jangan khawatir. Saya mengerti Anda.
A: 내가 너무 심했어.
B: 너무 걱정하지 마. 나는 너를 이해해.

398. 왜 이렇게 늦었니?
Kenapa terlambat begini?

A: Kenapa Anda terlambat begini?
B: Saya terlambat karena ada sesuatu.
A: 너 왜 이렇게 늦었니?
B: 어떤 문제 때문에 늦었어.

399. 무슨 상관이야? Apa hubungannya?

A: Lampu di korido rusak, tetapi tidak ada orang yang

memperbaiki.
B: Apa hubungannya dengan Anda? Bukan rumah Anda, kan!
A: 복도의 램프가 고장 났는데 고치는 사람이 없어.
B: 무슨 상관이야, 너의 집도 아니지 않아!

400. 나중에 얘기하자. Kita bicarakan nanti.

A: Maaf, saya harus pulang.
B: Ya, kalau begitu kita bicarakan nanti.
A: 미안해, 나는 가야 돼.
B: 그래, 그럼 나중에 이야기하자.

401. 왜 여기에 있어? Kenapa Anda di sini?

A: Mutia, kenapa di sini?
B: Saya menunggu bus sekolah.
A: 무띠아? 너 왜 여기에 있니?
B: 학교 버스를 기다리고 있어요.

402. 곧 이해하게 될 것이야.
Anda segera bisa mengerti.

A: Semua orang mengatakan bahwa pernikahan adalah akhir cinta.
B: Anda juga segera bisa mengerti.
A: 모든 사람들이 결혼은 사랑의 끝이라고 말해.
B: 너도 곧 이해하게 될 것이야.

403. 벌써 너무 늦었어. Sudah sangat terlambat.

A: Sudah sangat terlambat. Tidak ada pilihan lagi buat kita.

B: Benar-benar tidak ada yang kita bisa lakukan?
A: 벌써 너무 늦었어. 우리에겐 선택할 여지가 없어.
B: 정말 우리가 할 수 있는 것은 없는 것이야?

404. 배부른 사람은 다른 이의 굶주림에 대해 비웃는다.

Orang yang kenyang tidak bisa mengerti lapar.

A: Anda sudah menikah, tetapi saya belum punya teman wanita. Orang yang kenyang tidak bisa mengerti lapar.
A: 너는 벌써 결혼 했지만 나는 여자 친구도 없어. 배부른 사람은 다른 이의 굶주림에 대해 비웃는 법이야.

405. 너무 낙심하지 마, 별 일 아니야.

Jangan putus asa. Itu bukan masalah penting.

A: Saya gagal lagi.
B: Jangan putus asa. Itu bukan perkara penting.
A: 나 또 실패했어.
B: 너무 낙심하지 마, 별 일 아니야.

406. 그냥 이야기 해 본 것이야.

Ah, itu cuma omong saja.

A: Apa Anda berwisata ke Indonesia?
B: Ah, itu cuma omong saja.
A: 너 정말 인도네시아로 여행가?
B: 그냥 얘기 해 본 것이야.

407. 별로 중요하지 않아. Tidak serius.

A: Kata orang Anda akan dioperasi?
B: Tidak serius, cuma operasi kecil saja.
A: 사람들이 너 수술할 것이라고 하던데?
B: 별로 중요한 것 아니야, 그냥 작은 수술이야.

408. 마치 너는 할 수 있는 것처럼.
Ah, seperti Anda bisa melakukannya saja.

A: Kenapa tidak bisa mengerjakan ini dengan baik?
B: Ah, seperti Anda bisa melakukannya saja.
A: 이것을 어째서 제대로 하지 못하는 것이지?
B: 마치 너는 할 수 있는 것처럼.

409. 그렇게 말하고 싶지 않다.
Tidak mau bicara begitu.

A: Apa Anda mau bicara bahwa saya bodoh?
B: Saya tidak mau bicara begitu.
A: 내가 조금 바보라고 말하고 싶니?
B: 나는 그렇게 말하고 싶지 않아.

410. 그것이 공짜임에도 불구하고 나는 그것을 원하지 않아.
Walaupun gratis saya tidak mau itu.

A: Walaupun gratis saya tidak mau itu.
B: Walaupun Anda mau, saya tidak akan memberikannya.

A: 그것이 공짜임에도 불구하고 나는 그것을 원하지 않아.
B: 네가 그것을 원해도 나는 너에게 주지 않을 것이야.

411. 무슨 이야기 하고 있었지?
Apa yang kita bicarakan tadi?

A: Apa yang kita bicarakan tadi?
B: Kita tadi membicarakan anak laki-laki itu.
A: 무슨 이야기 하고 있었지?
B: 우리 그 남자 아이에 대해 이야기 하고 있었어.

412. 부탁을 하고 싶습니다.
Ada sesuatu yang perlu dari Bapak.

A: Saya mau minta kepada Bapak.
B: O, ya, katakan saja.
A: 나 당신에게 부탁을 하고 싶어요.
B: 그래요, 말해보세요.

413. 그 말은 아무도 믿을 수 없다.
Siapa pun tidak akan percaya.

A: Apa benar laki-laki itu berhenti bekerja?
B: Siapa pun tidak akan percaya.
A: 그 남자가 그만 둘 것이라던데, 사실이에요?
B: 그 말은 아무도 믿을 수 없어.

414. 아는 척 하지 마. Jangan pura-pura tahu.

A: Apa Anda tahu, kalau kita sampai terlambat kita harus

bayar denda!
B: Jangan pura-pura tahu. Datanglah cepat!
A: 만약 우리가 늦게 도착하면 벌금 내야하는 것이지?
B: 아는 척 하지 마. 빨리 와!

415. 너는 의도적으로 규칙을 깨고 있어!
Anda sengaja melanggar peraturan.

A: Maaf karena terlambat sampai.
B: Anda sengaja melanggar peraturan.
A: 지각해서 죄송합니다.
B: 너는 의도적으로 규칙을 깨고 있어!

416. 왜 그와 같은 질문을 하는 것이니?
Kenapa Anda bertanya seperti itu.

A: Apa saudara laki-laki Anda suka makan?
B: Kenapa Anda bertanya seperti itu.
A: 네 남자 형제는 먹는 것을 좋아하니?
B: 왜 그와 같은 질문을 하는 것이니?

417. 네가 말하는 것이 사실이야.
Benar kata Anda.

A: Kata orang, Anda ke Surabaya.
B: Benar kata Anda.
A: 사람들이 너 수라바야에 간다던데.
B: 네가 말하는 것이 사실이야.

418. 그렇게 과장해서 말하지 마.
Jangan bicara berlebihan.

A: Kata orang hantu keluar pada malam hari di dalam gedung ini.
B: Jangan bicara berlebihan.
A: 이 빌딩은 밤이 되면 유령이 출몰한대.
B: 그렇게 끔찍한 말 하지 마.

419. 말하지 않아도 나는 알아.
Saya tahu, meskipun tidak dikabari.

A: Saya tahu, meskipun tidak dikabari. Kalian akan segera menikah, kan?
A: 네가 말하지 않아도 나는 알아. 너희들 빨리 결혼할 것이지?

420. 놀라게 하다. Mengejutkan.

A: Benar mengejutkan. Saya tidak sangka ada serigala di situ.
B: Jadi bagaimana Anda lari?
A: 내가 많이 놀란 것은 사실이야. 나는 거기에 늑대가 있을지 몰랐어.
B: 그래서 어떻게 도망친 것이야?

421. 일을 미루다. Kambing hitam.

A: Akhirnya perkara itu diselesaikan, bukan?
B: Ya, karena ada kambing hitam.
A: 결국 문제를 해결한 것이지?
B: 서로 일을 미루었어.

422. 불난 집에 부채질 그만해.
Jangan ngomporin.

A: Saya setuju dengan Muhajir. Itu kesalahan mereka. Kita tidak bersalah apa-apa.
B: Jangan ngomporin.
A: 나는 무하지르와 동의해. 잘못은 그들의 것이야. 우리는 아무런 잘못도 하지 않았어.
B: 불난 집에 부채질 그만해.

423. 돈으로 모든 일은 다 해결된다.
Semua perkara bisa diselesaikan dengan uang.

A: Saya tidak bisa mengerti bagaimana dia masuk universitas dengan nilai yang begitu rendah.
B: Kasih uang habis perkara(KUHP), kan?
A: 나는 그가 그렇게 낮은 성적으로 어떻게 그 대학에 입학했는지 이해가 안 돼.
B: 돈으로 모든 일은 다 해결된다.

424. 쉽게 온 것은 쉽게 간다.
Uang yang diperoleh dengan mudah habis juga dengan cepat.

A: Kata orang Anda mencari uang banyak, kenapa Anda tidak ditabung?
B: Uang yang diperoleh dengan mudah habis juga dengan cepat.
A: 사람들이 너 돈 많이 번다는데, 너는 왜 저축하지 않니?
B: 쉽게 온 것은 쉽게 간다고 하지 않아.

425. 모든 일은 시간에 따라 해결된다.
Semua perkara diselesaikan menurut tempo.

A: Bagaimana tinggal di Indonesia tanpa mengetahui bahasa Indonesia?
B: Jangan khawatir. Semua perkara diselesaikan menurut tempo.
A: 인도네시아어도 모르면서 인도네시아에서 어떻게 살게?
B: 너무 걱정 마. 모든 일은 시간에 따라 해결되지 않아.

426. 돌다리도 두드려보고 건너라.
Periksa sebelum membeli.

A: Perusahaan Anda tidak ada masalah akhir-akhir ini?
B: Tidak ada masalah, itu sebagai batu loncatan.
A: 너의 직장 요즘 괜찮니?
B: 그저 그래, 그래서 돌다리도 두드려보고 건너고 있어.

427. 모르는 채 판단을 하지 마라.
Jangan menilai kalau tidak tahu.

A: Anak laki-laki itu teman laki-laki Anda, bukan?
B: Bukan. Jangan menilai kalau tidak tahu.
A: 저 남자 아이가 네 남자 친구지, 아니야?
B: 아니. 모르는 채 판단하지 마.

428. 모든 가족은 그들만의 이야기가 있다.
Semua keluarga mempunyai masalahnya sendiri.

A: Saya benar-benar tidak tahu apakah mereka hidup begitu

susah.
B: Semua keluarga mempunyai masalahnya sendiri.
A: 그도 그렇게 힘든 삶을 살았는지 정말 몰랐어.
B: 모든 가족은 그들만의 이야기가 있는 법이야.

429. 너 밖에서 담배 피워야 해.
Anda harus merokok di luar.

A: Saya mau merokok. Apa Anda merokok?
B: Tidak, Anda harus merokok di luar.
A: 담배 피우고 싶어. 너 피우니?
B: 아니. 너 밖에서 담배 피워야 해.

430. 잘못 듣다. Salah dengar.

A: Apa Anda memanggil saya?
B: Tidak, saya tidak memanggil Anda. Mungkin Anda salah dengar.
A: 나를 불렀니?
B: 아니, 너를 부르지 않았어. 아마도 네가 잘못들은 것 같아.

431. 개와 고양이처럼. Seperti anjing dengan kucing.

A: Bagaimana hubungan dengan Sumantri baru-baru ini?
B: Sangat tidak baik, seperti anjing dengan kucing.
A: 수만뜨리와 어떻게 지내니?
B: 많이 좋지 않아, 항상 개와 고양이 같아.

432. 하늘의 선물이다. Jatuh dari langit.

A: Bantuan Bapak adalah hadiah dari langit.
B: Terima kasih atas bantuan itu.
A: 당신의 도움은 하늘의 선물이야.
B: 나는 그 도움을 고맙게 생각해.

433. 높이 날수록 더 멀리 떨어진다.
Makin tinggi naik, makin tinggi jauhnya.

A: Janganlah tergantung kepada kejayaan. Makin tinggi naik, makin tinggi jauhnya.
B: Terima kasih atas nasihat (Anda).
A: 성공에 너무 이끌리지 마라. 높이 날수록 더 멀리 떨어진다고 하지 않아.
B: 조언해주어서 고마워.

434. 오열하다. Menangis tersedu-sedu.

A: Saya sedih sekali kalau mendengar perkataan seperti itu.
B: Ya, dia menangis tersedu-sedu.
A: 그런 말을 들으면 정말 슬플 것 같아.
B: 응, 그는 오열했어.

435. 나는 네가 무엇인가를 알고 있다고 생각해.
Saya kira Anda banyak tahu.

A: Saya kira Anda banyak tahu.
B: Ya?

A: 나는 네가 무언가를 알고 있다고 생각해.
B: 응?

436. 말부터 행동까지의 거리는 멀다.
Mudah mengatakan sulit melakukan.

A: Membuat bordir ini kelihatannya mudah.
B: Mudah mengatakan sulit melakukan.
A: 이 자수는 정말 쉬워 보여.
B: 말부터 행동까지의 거리는 멀어.

437. 왜 이렇게 고집스러운 것이니?
Kenapa Anda keras kepala begini?

A: Kenapa Anda keras kepala begini?
B: Saya cuma menuntut hak saya saja.
A: 너는 왜 이렇게 고집스러운 거니!
B: 나는 그저 나의 입장을 주장하는 것뿐이야.

438. 참을성 없이 목표를 달성할 수는 없다.
Tidak akan berhasil tanpa kesabaran.

A: Saya libur dari minggu depan. Jadi saya akan selesaikan semua pekerjaannya.
B: Tidak akan berhasil tanpa kesabaran. Karena itu Anda lebih baik menyelesaikan pekerjananya perlahan-lahan.
A: 다음 주부터 휴가야. 그래서 나는 오늘 모든 일을 끝내도록 하겠어.
B: 참을성 없이 목표를 달성할 수는 없어. 그러니 천천히 하는 것이 낫겠어.

439. 일이 이렇게 될 줄 알았더라면 다른 방법을 택했을 텐데.

Saya seharusnya memilih cara lain kalau masalahnya jadi begini.

A: Saya seharusnya memilih cara lain kalau masalahnya jadi begini.
B: Tidak perlu menyesal.
A: 일이 이렇게 될 줄 알았더라면 다른 방법을 택했을 텐데.
B: 후회할 필요 없어.

440. 무능력하기 때문이야. Karena tidak mampu.

A: Kenapa saya tidak diangkat sebagai pegawai?
B: Karena Anda tidak mampu.
A: 왜 저를 고용하지 않는 것입니까?
B: 왜냐하면 너는 무능력하기 때문이야.

441. 말할 필요도 없어! Tidak usah bicara lagi.

A: Sesudah selesai pekerjaan seperti itu, tidak usah bicara lagi.
B: Sabarlah, jangan terlalu tegang.
A: 그런 일을 다 하고 나서, 말할 필요도 없어!
B: 진정해, 너무 긴장하지 마.

442. 그것은 무슨 의미가 있니? Yang itu artinya apa?

A: Kakek sering menceritakan kisah "kulit yang diwarnai" waktu saya kecil.

B: "Kulit yang diwarnai?" Itu artinya apa?
A: 내가 어렸을 때, 할아버지가 내게 자주 "색칠된 가죽"에 대한 이야기를 해주었었어.
B: "색칠된 가죽" 그것이 무슨 의미야?

443. 이것은 당신과 상관없어.
Yang ini tidak ada hubungan dengan Anda.

A: Yang ini tidak berhubungan dengan Anda. Jadi jangan ganggu.
B: Yang berhubungan dengan Kartini semuanya juga berhubungan dengan saya.
A: 이것은 너와 상관없어. 그러니 망치지 마
B: 까르띠니와 관련 있는 모든 것은 나와 상관있어.

444. 이 문제는 나와 상관없어.
Masalah ini tidak berhubungan dengan saya.

A: Jangan bertanya kepada saya, masalah ini tidak berhubungan dengan saya.
A: 나한테 물어보지 마, 이 문제는 나와 상관없어.

445. 최소한의 노력 없이.
Tanpa usaha sedikit-dikitnya.

A: Selamat! Anda sudah mempunyai pekerjaan yang baik tanpa usaha sedikit-dikitnya.
B: Terima kasih.
A: 축하해요! 당신은 이미 최소한의 노력 없이 좋은 직업을 가지게 되었어요.
B: 감사합니다.

446. 잘못 아신 것 아닙니까?

Barangkali salah paham.

A: Ini sate Tuan.
B: Saya tidak pesan sate. Mungkin salah paham.
A: 당신의 사떼입니다.
B: 저는 사떼를 주문하지 않았어요. 잘못아신 것 아닙니까?

447. 그것은 근거 없는 의견입니다.

Itu kata-kata yang tidak beralasan.

A: Mereka mengatakan bahwa dunia kita akan kiamat 100 (seratus) tahun lagi.
B: Itu kata-kata yang tidak beralasan.
A: 그들이 말하기를, 지구는 100 년 안에 폭파한답니다.
B: 그것은 근거 없는 의견입니다.

448. 무슨 일이야? Ada apa?

A: Ada apa? Kenapa Anda menangis?
B: Hasil ujian matematika jelek.
A: 무슨 일이야? 너는 왜 우는 것이니?
B: 수학시험을 잘못 봤어요.

449. 재미있게 놀아.

Harap perjalanan yang menyenangkan.

A: Saya akan bertamasya ke Indonesia.
B: Harap perjalanan yang menyenagkan!

A: 내일 나는 인도네시아로 여행을 갈 것이야
B: 재미있게 놀아.

450. 그에게 교훈을 주어야 한다.
Dia harus diberi nasihat.

A: Dia sangat kesombongan.
B: Betul. Dia harus diberi nasihat.
A: 그는 지금 오만으로 가득 차 있어.
B: 맞아. 그에게 교훈을 주어야 해.

451. 더 이상 참을 수 없다. Tidak tahan lagi.

A: Saya tidak bisa tahan lagi. Dia dengkur keras.
B: Kalau begitu Anda tidur di kamar saya.
A: 나는 더 이상 참을 수 없어. 그는 꽤 심하게 코를 골아.
B: 그러면 내 방에서 자.

452. 시간을 낭비하지 마세요. Jangan buang waktu.

A: Kenapa malas begini? Cepat. Jangan buang waktu.
A: 왜 이렇게 게으르니? 빨리. 시간을 낭비하지 마.

453. 그러한 의도가 아니다. Tidak berniat begitu.

A: Apa mau pulang tanpa permisi?
B: Maaf. maksudnya bukan begitu.
A: 말도 없이 가려고?
B: 죄송합니다. 그러한 의도가 아니었어요.

454. 정말 고집이 세다! Kepala kerbau.

A: Saya berolah raga selama dua hari, tetapi tidak ada reaksinya.
B: Anda benar-benar kepala kerbau! Kalau tidak tahu caranya, lebih baik bertanya.
A: 나는 이틀 동안 이 운동을 했지만 반응이 전혀 없어.
B: 정말 고집이 세구나! 만약 할 줄을 모르면 도움을 청해?

455. 그것은 옳지 않아. Itu tidak benar.

A: Saya tidak jadi pergi.
B: Itu tidak benar, kita sudah janji, kan?
A: 나는 안가.
B: 그것은 옳지 않아, 우린 벌써 약속 했지 않아.

456. 말도 안 돼! Tidak mungkin.

A: Saya tidak tahu nomor telepon Muhajir.
B: Ah, saya kira Anda tahu.
A: Tidak mungkin! Saya bukan ayahnya.
A: 나는 무하지르의 전화번호를 알지 못해.
B: 아, 나는 네가 그것을 알 것이라고 생각했어.
A: 말도 안 돼! 나는 그의 아빠가 아니야.

457. 한 번 보는 것이 백 번 듣는 것보다 낫다. Melihat sekali lebih baik daripada seratus kali mendengar.

A: Lihat, kita sudah sampai Candi Borobudur.

B: Melihat sekali lebih baik daripada seratus kali mendengar. Ini pemandangan yang hebat sekali.
A: 봐봐, 우리는 보로부두르사원에 도착했어.
B: 한번 보는 것이 백 번 듣는 것보다 나아. 이것은 정말 장관이야.

458. 인내심은 모든 질병의 치료제이다.
Kesabaran adalah obat segala penyakit.

A: Kenapa kita datang ke tempat begini?
B: Jangan marah. Kesabaran adalah obat segala penyakit.
A: 왜 우린 이런 장소에 온 것이지?
B: 화내지마. 인내심은 모든 질병의 치료제이야.

459. 별일 아니에요. Tidak ada apa-apa.

A: Maaf mengganggu.
B: Jangan khawatir. Tidak apa-apa.
A: 불편을 끼쳐 죄송합니다.
B: 걱정하지 마세요. 별일 아닙니다.

460. 그것은 정확히 내가 하고 싶은 말이야.
Betul. Itu yang mau saya katakan.

A: Apa mau bicara bahwa Anda tidak mau pergi bekerja lagi?
B: Betul. Itu yang mau saya katakan.
A: 더 이상 일하러 갈 필요 없다고 말하고 싶은 것이니?
B: 그래. 그것이 정확히 내가 하고 싶은 말이야.

461. 넘어지지 않는 사람은 스스로 일어서지 못한다. Orang yang tidak pernah jatuh, tidak bisa berdiri sendiri.

A: Apa Anda tidak melakukan dengan terlalu bulat-bulat tadi?
B: Tidak. Orang tidak pernah jatuh, tidak bisa berdiri sendiri.
A: 방금 너무 무모하게 행동하지 않았어?
B: 아니. 넘어지지 않는 사람은 스스로 일어서지 못해.

462. 걱정하지 마. Jangan ragu.

A: Sudah terlambat. Saya harus pulang dengan mobil.
B: Jangan ragu, Anda bisa naik taksi.
A: 이미 너무 늦었어. 집에 차타고 가야겠다.
B: 걱정하지 마, 택시타고 가면 돼.

463. 사람을 잘 못 보셨어요. Bapak salah.

A: Mutia!
B: Bapak salah. Saya bukan Mutia.
A: 무띠아!
B: 사람을 잘 못 보셨네요. 저는 무띠아가 아닙니다.

464. 잘 안 들려. Tidak kedengaran jelas.

A: Ayo, kita pergi.
B: Apa? Tidak kedengaran dengan jelas. Di sini terlalu bising.
A: 가자.
B: 응? 잘 안 들려. 여기는 너무 시끄러워.

465. 옷을 너무 얇게 입었어.
Anda memakai pakaian yang terlalu tipis.

A: Terlalu dingin.
B: Anda memakai pakaian yang terlalu tipis. Karena itu Anda kedinginan.
A: 너무 춥다!
B: 네가 옷을 너무 얇게 입었어. 그러니까 춥지.

466. 됐어! 이제 그런 말 그만 해.
Sudah! Jangan bicara seperti itu lagi.

A: Saya sudah bicara tentang Anda dengan baik.
B: Sudah! Jangan bicara seperti itu lagi.
A: 나는 너를 정말 좋게 이야기 해놓았어.
B: 됐어! 이제 그런 말 그만 해.

467. 내 생각에 아마도 그것이 이유인 듯해요.
Menurut saya mungkin itu sebabnya.

A: USB ini tidak dapat dipakai lagi. Mungkin karena lembab.
B: Menurut saya, mungkin itu sebabnya.
A: 이 USB는 더 이상 작동하지 않아요. 아마도 습기 때문인 것 같아요.
B: 내 생각에 아마도 그것이 이유인 듯해요.

468. 왜 진작 말하지 않았니?
Kenapa tidak bicara lebih dulu?

A: Hari ini saya tidak bekerja.
B: Kenapa tidak bicara lebih dulu?

A: 나 오늘 일하러 안가.
B: 왜 진작 말하지 않았니?

469. 너희는 많이 닮았어.
Kalian sangat mirip wajah.

A: Ini kakak saya.
B: Kalian sangat mirip wajah.
A: 이 사람은 제 형[오빠]입니다.
B: 너희는 많이 닮았어.

470. 사소한 일에 의해 놀라지 마세요.
Jangan kaget dengan masalah kecil.

A: Ada apa? Kenapa muka Anda merah?
B: Jangan kaget dengan masalah kecil. Cuma flu saja.
A: 무슨 일이야? 왜 얼굴이 빨개?
B: 사소한 일에 의해 놀라지 마. 그냥 독감일 뿐이야.

471. 대략 몇 시쯤에? Kira-kira jam berapa?

A: Saya akan pulang besok.
B: Kira-kira jam berapa?
A: 내일 돌아올게.
B: 대략 몇 시쯤에?

472. 좀 더 자게 나를 내버려 둬.
Biar saya tidur lagi.

A: Jam berapa?

B: Jam lima.
A: Terlalu awal. Biar saya tidur lagi.
A: 몇 시야?
B: 다섯 시야.
A: 너무 이르다. 좀 더 자게 나를 내버려 둬.

473. 결론을 너무 빨리 짓지 마.
Jangan cepat berkesimpulan.

A: Kita bernasib buruk.
B: Jangan cepat berkesimpulan. Mari kita coba sekali lagi.
A: 우리는 실패할 운명이야.
B: 결론을 너무 빨리 짓지 마. 다시 한 번 해보자.

474. 메뉴를 이해하지 못하겠습니다.
Saya tidak mengerti menu.

A: Mau pesan apa?
B: Maaf. Saya tidak mengerti menu.
A: 어떻게 도와드릴까요?
B: 죄송합니다, 메뉴를 이해하지 못하겠어요.

475. 중간에 그만두지 마.
Jangan berhenti di tengah jalan.

A: Saya tidak tahu yang ini begini susah.
B: Pikirkan lagi! Jangan berhenti di tengah jalan.
A: 이렇게 어려울지 몰랐어.
B: 힘내! 중간에 그만두지 마.

476. 어떻게 생각해?
Bagaimana pendapat Anda?

A: Bagaimana pendapat Anda mengenai usul itu?
B: Bagus sekali.
A: 이전 제안에 대하여 어떻게 생각해?
B: 아주 좋아.

477. 그것을 보지 못했니?
Apa Anda tidak melihat?

A: Sedang apa?
B: Saya mencari kaca mata. Apa Anda tidak melihatnya?
A: 지금 뭐해?
B: 안경을 찾고 있어. 그것을 보지 못했니?

478. 그러면 내가 말 할게요.
Kalau begitu saya akan bicara.

A: Katakanlah yang Anda mau makan.
B: Kalau begitu saya mau sate.
A: 무엇을 먹고 싶은지 이야기 해 봐.
B: 그러면 나는 사떼가 먹고 싶어요.

479. 3 시에 만나자.
Mari kita bertemu pukul 3 (tiga).

A: Kalau begitu, mari kita bertemu di bioskop pukul 3 (tiga) besok.

B: Ya, kita bertemu pukul 3 (tiga).
A: 그러면, 내일 세 시에 영화관에서 만나자.
B: 그래. 3 시에 만나자.

480. 아무한테도 말하지 마.
Jangan katakan kepada siapa-siapa.

A: Ingat, jangan katakan kepada siapa-siapa.
B: Kepada orang tua juga?
A: Ya.
A: 기억해. 이 문제에 대해서 아무한테도 말하지 마.
B: 부모님한테도?
A: 응.

481. 생각이 통했어!
Pendapatnya disetujui.

A: Saya kira cara itu bisa saja.
B: Saya juga setuju. Pendapat kita disetujui.
A: 나는 그 방법이 가능하다고 생각해.
B: 나도 동의해. 우리 생각이 통했어!

482. 나는 밤을 새울 필요가 없다.
Saya tidak perlu bekerja semalam suntuk.

A: Apa Anda bisa mengerjakan semuanya sendiri?
B: Saya tidak perlu bekerja semalaman.
A: 혼자서 그 일을 다 할 수 있겠어?
B: 나는 밤을 샐 필요가 없어!

483. 나머지는 내일 하자.
Kita kerjakan sisanya besok.

A: Dan masalah ini....
B: Mari kita selesaikan sisanya besok. Apa bisa, kan?
A: 그리고 이 문제는...
B: 나머지는 내일 하자. 괜찮지?

484. 심각하게 받아들이지 마.
Jangan anggap serius.

A: Jangan anggap serius gurauan saya.
B: Jangan khawatir.
A: 내가 한 농담을 심각하게 받아드리지 마.
B: 걱정하지 마.

485. 나는 부끄러워. Saya malu.

A: Saya malu atas minuman yang begitu banyak semalam.
B: Ah, jangan khawatir. Saya tidak peduli masalah itu.
A: 나는 내가 어젯밤 너무 많이 마신 것에 대해 부끄러워...
B: 아, 너무 걱정 마. 나는 마음에 두지 않고 있어.

486. 나는 너를 이해해. Saya mengerti Anda.

A: Jangan beri tahu orang tua saya bahwa saya sakit.
B: Sabarlah, saya mengerti keadaan Anda. Anda takut menyusahkan orang tua, bukan?
A: 내 부모님한테 내가 아프다고 말하면 안 돼.

B: 진정해, 나는 너를 이해해. 부모님이 너 때문에 걱정하는 것이 두려워서 그러는 것이지 않아.

487. 좋아, 그러면 너에게 맡길게.
Bagus, kalau begitu saya serahkan kepada Anda.

A: Sisanya akan saya kerjakan.
B: Bagus, kalau begitu saya serahkan kepada Anda.
A: 나머지는 제가 할게요.
B: 좋아, 그럼 너에게 맡길게.

488. 가슴에 새겨 두지 않았어요.
Saya tidak dendam.

A: Saya minta maaf apa yang terjadi dulu.
B: Jangan khawatir, saya sudah lupa.
A: 전에 일어났던 일에 대해 사과드립니다.
B: 걱정하지 마세요, 저는 그 일을 가슴에 새겨두지 않았어요.

489. 두고 봐. Lihat dulu.

A: Saya kira Anda tidak akan menang.
B: Lihat dulu.
A: 나는 네가 이길 것이라고 생각하지 않아
B: 두고 봐.

490. 나를 바보 취급 하지 마.
Jangan bodohi saya.

A: Jangan bodohi saya. Saya sudah tahu semuanya.

B: Apa yang Anda tahu?
A: 나를 바보 취급하지 마. 나는 벌써 다 알고 있어.
B: 무엇을 알고 있다는 것이니?

491. 그런 생각 잊어버려! Lupakan saja.

A: Saya tahu dengan baik bahwa yang mengajukan beasiswa sangat susah.
B: Jadi, lupakan saja.
A: 장학금 신청 하는 것이 정말 어렵다는 것을 나는 잘 알고 있어.
B: 그러니까 잊어라!

492. 시대가 이미 바뀌었다. Zaman telah berubah.

A: Anda tidak pernah mengatakan seperti itu dulu.
B: Zaman telah berubah.
A: 전에는 너 그런 말 한 적이 없어.
B: 시대가 이미 바뀌었다.

493. 인정했으니 더 이상 할 말이 없다.
Karena sudah mengakui tidak ada yang mau bicara lagi.

A: Apa Anda mengerti Anda salah? Kalau begitu katakan saya kenapa Anda salah.
B: Karena saya sudah mengaku, tidak ada yang ungkit-ungkit lagi.
A: 그래서 너는 네가 틀렸다는 것을 아니? 그러면, 왜 틀렸는지 나에게 이야기 해봐
B: 인정했으니 나는 더 이상 할 말이 없어요.

494. 아, 그게 근본적인 이유야!
Ah, itulah alasan yang penting.

A: Menurut saya, alasan mengapa tidak bisa mengerjakan proyek ini adalah kita tidak menjelaskan dengan tepat.
B: Ah, itulah alasan yang penting.
A: 내 생각에 우리가 이 프로젝트를 담당하지 못한 이유는 우리가 제대로 표현하지 못해서 인 것 같아.
B: 아, 그게 근본적인 이유야!

495. 말만하고 행동으로 옮기지는 않는다.
Dia tidak melakukan apa yang dia katakan.

A: Profesor Kim mengatakan bahwa beliau menyusahkan beberapa mahasiswa dalam ujian ini.
B: Jangan terlalu khawatir. Pak profesor cuma omong saja. Dia tidak begitu.
A: 김 교수님께서 이번 시험으로 몇몇 학생들을 힘들게 한다고 하셨어.
B: 너무 걱정하지 마. 교수님은 항상 같은 말하셔. 그는 항상 말만하고 행동으로 옮기지 않아.

496. 애태우지 마! Jangan risau.

A: Jadi? Akhirnya Kartini mencintai Anda?
B: Jangan risau saya.
A: 그래서? 결국엔 까르띠니는 너를 사랑하는 것이야?
B: 나를 애태우게 하지 마!

497. 드디어 알아챘구나!
Akhirnya Anda ketahuan!

A: Saya sudah tahu bahwa Sumantri mungkin akan mencuri uang saja.
B: Akhirnya Anda ketahuan!
A: 나는 수만뜨리가 내 돈에만 관심이 있다는 것을 드디어 알았어.
B: 드디어 네가 알아챘구나!

498. 난제이다. Itu masalah yang sulit.

A: Bagaimana prosesnya proyek itu?
B: Jangan bicara lagi. Itu masalah yang sulit.
A: 프로젝트 어떻게 되가?
B: 말도 하지 마. 난제야.

499. 당신이 말하기를...
Bapak mengatakan bahwa.....

A: Bapak mengatakan bahwa kita harus memperbaiki jaringan listrik di kampung kita. Apa betul?
B: Tidak, saya tidak mengatakan apa-apa.
A: 당신이 말하기를... 우리는 동네의 전력망을 수리해야 한다고 했지요. 맞습니까?
B: 아니, 나는 아무 말도 하지 않았어요.

500. 세상은 좁다. Dunia sempit.

A: Apa Anda juga mendengar cerita itu?
B: Anda juga? Dunia kita benar-benar sempit.

A: 너도 그 말을 들었어?
B: 너도? 세상 정말 좁다.

501. 이것은 너와 아무 관계가 없다.
Ini tidak ada hubungan dengan Anda.

A: Ini tidak ada hubungan dengan Anda. Jangan ikut campur tangan.
B: Yang ada hubungan dengan Subagio semuanya ada pula hubungan dengan saya.
A: 이것은 너와 아무 관계가 없다. 너는 개입하지 마라.
B: 수바기오와 관련 있는 모든 것은 나와 관련 있는 것이다.

502. 이 일은 나와 아무 관계가 없다.
Masalah ini tidak ada hubungan dengan saya.

A: Jangan tanya kepada saya, karena masalah ini tidak ada hubungan dengan saya.
A: 내게 물어보지 마라. 왜냐면, 이것은 나와 아무 관계가 없다.

503. 어려움 없이. Tanpa kesulitan.

A: Selamat! Anda mendapat pekerjaan yang cukup baik tanpa kesulitan apa-apa.
B: Teima kasih.
A: 축하해! 너는 아무 어려움 없이 좋은 직장을 구했구나.
B: 고마워.

504. 혼동하셨나요? Apa ada yang salah?

A: Pak, ini sate untuk Bapak.

B: Saya tidak pesan sate itu. Mungkin salah?
A: 고객님, 고객님의 사떼입니다.
B: 그런데 저는 사떼를 주문하지 않았는데요. 혼동하신 것 아닙니까?

505. 완전 근거 없는 의견들이야.

Pendapat-pendapat yang tidak ada alasannya sama sekali.

A: Kata orang, bumi kita akan kiamat dalam 100 (seratus) tahun.
B: Itu tidak masuk akal sama sekali.
A: 사람들이 그러는데, 지구가 100년 안에 폭발할 것이래.
B: 전혀 근거 없는 이야기야.

506. 그렇게 빨리 그것을 말하지 마라.

Jangan katakan terlalu cepat.

A: Mungkin tidak ada masalah apa-apa kali ini.
B: Jangan katakan terlalu cepat.
A: 이번에 확실히 아무 문제도 없을 것이다.
B: 너무 빨리 그것을 말하지 마라.

507. 무슨 일이야?

Ada apa?

A: Ada apa? Kenapa bersedih?
B: Karena saya dapat F dalam ujian matematika.
A: 무슨 일이야? 왜 울어?
B: 수학시험에서 F 받았어.

508. 재미있게 보내. Selamat berlibur.

A: Saya akan berwisata ke Indonesia besok.
B: Selamat berlibur.
A: 내일 나는 인도네시아으로 여행을 간다.
B: 재미있게 보내.

509. 그에게 본때를 보여줘야 한다.
Harus tunjukkan contohnya kepada dia.

A: Sekarang dia sombong sekali.
B: Betul. Harus tunjukkan contohnya kepada dia.
A: 지금 그는 거만함으로 꽉 차있는데.
B: 맞아. 그에게 본때를 보여주어야 해.

510. 이제는 더 참을 수 없다.
Sekarang tidak bisa sabar lagi.

A: Sekarang tidak bisa sabar lagi. Sebenarnya dia mendengkur terlalu keras.
B: Kalau begitu Anda pindah ke kamar saya.
A: 이제는 더 참을 수 없다. 사실 너무 코를 곤다고.
B: 그럼 내방으로 네가 옮겨라.

511. 제가 어떻게 알아요?
Bagaimana saya tahu?

A: Ada peristiwa apa pada tahun 1942 (seribu sembilan ratus empat puluh dua)?
B: Bagaimana saya tahu, Profesor. Saya masih belum lahir.

A: 1942 년에 무슨 일이 일어났지요?
B: 제가 어떻게 알아요? 선생님. 저는 태어나지도 않았는데요.

512. 신은 부지런한 사람을 돕는다.
Tuhan menolong orang yang rajin.

A: Mutia, betul kata orang, "Tuhan menolong orang yang rajin", karena saya menemukan 500 (lima ratus) dolar di kereta api bawah tanah pagi ini.
B: Ya, yang kehilangan uang itu turun lebih awal.
A: 무띠아, "신은 부지런한 사람을 돕는다"라는 말이 확실해. 왜냐면, 오늘 아침 지하철에서 500 달러를 주웠거든.
B: 그래, 그런데 그것을 잃어버린 사람은 더 일찍 하차했네.

513. 시간을 낭비하지 마라.
Jangan buang waktu.

A: Kenapa ragu? Cepat, jangan buang waktu.
A: 왜 어물쩍 거리냐? 서둘러, 시간을 낭비하지 마라.

514. 고의로 그런 것이 아니었다. Tidak sengaja.

A: Kenapa injak kaki saya?
B: Maaf, saya tidak sengaja.
A: 왜 내(발)을 밟냐?
B: 미안해, 내가 고의로 그런 것은 아니다.

515. 얼토당토않다. Tidak mungkin!

A: Saya tidak punya nomor telepon Suhadi.

B: Saya kira Anda sudah punya.
A: Tidak mungkin. Saya bukan orang tuanya.
A: 나는 수하디의 전화번호가 없다.
B: 나는 네가 가지고 있었던 것으로 생각했는데.
A: 얼토당토않다. 나는 그의 부모도 아닌데.

516. 백 번 듣는 것보다 한 번 보는 것이 더 낫다.
Melihat sekali lebih baik daripada mendengar seratus kali.

A: Lihat, kita sudah sampai di Borobudur.
B: Melihat sekali lebih baik daripada mendengar seratus kali. Benar-benar megah.
A: 봐라, 우리가 보로부두르사원에 도착했다.
B: 백 번 듣는 것보다 한 번 보는 것이 낫군. 정말 웅장한데.

517. 고통에는 인내가 명약이다.
Kesabaran adalah obat kesukaran.

A: Kenapa menyuruh kami datang ke tempat seperti ini?
B: Jangan marah, kesabaran adalah obat kesukaran. Mari kita lihat saja apa yang terjadi.
A: 왜 우리를 이러한 장소로 오라고 한 것이지?
B: 화내지 마라. 어떤 고통에도 인내가 명약이다. 우리에게 무슨 일이 벌어지는지 지켜보자.

518. 조금의 존중은 해라, 부탁이다.
Hormatilah sedikit, ini permohonan saya.

A: Hei, Anda bukan wanita suci.
B: Hormatilah sedikit, tolonglah.

A: 야! 너는 성녀(마리아)가 아니야.
B: 조금의 존중은 해라. 제발.

519. 이제 그녀는 어린아이가 아니다.
Dia bukan anak kecil lagi.

A: Anda harus menyenangkan adik Anda.
B: Kenapa saya harus begitu? Dia bukan anak kecil lagi.
A: 너는 네 동생을 조금 즐겁게 해줘야 한다.
B: 왜 제가 그 아이를 즐겁게 해주어야 하지요. 이제 그 아이는 어린 아이가 아니라고요.

520. 천만에요. Terima kasih kembali.

A: Terima kasih banyak atas bantuan itu.
B: Terima kasih kembali.
A: 그 도움에 대해 네게 너무 고마움을 전한다.
B: 천만에요.

521. 조금도 귀찮지 않다.
Sedikit pun tidak merepotkan.

A: Maaf merepotkan.
B: Jangan khawatir, sedikit pun tidak merepotkan.
A: 귀찮게 해드려 죄송합니다.
B: 걱정하지 마세요. 조금도 귀찮지 않습니다.

522. 그것이 정확히 내가 말하고 싶었던 것이다.
Itulah yang saya ingin bicarakan.

A: Maksudnya dari sekarang Anda tidak usah bekerja?

B: Itulah yang saya ingin bicarakan.
A: 너는 이제 일을 하러 갈 필요가 없다는 것을 의미하는 것이니?
B: 그것이 정확히 내가 말하고 싶었던 것이야.

523. 넘어지지 않는 사람은 일어설 줄 모른다.
Orang yang tidak pernah jatuh tidak bisa berdiri.

A: Jangan berbuat begitu kasar, mengerti?
B: Saya tidak mau begitu, karena orang yang tidak pernah jatuh tidak bisa berdiri.
A: 이제 그렇게 무례하게 행동하지마라. 알았니?
B: 이제 안 그럽니다, 왜냐하면 넘어지지 않는 사람은 일어설 줄 모르거든요.

524. 작은 일에 수선 떨다.
Heboh dengan masalah kecil.

A: Aduh, berdarah. Cepat ke rumah sakit.
B: Jangan heboh dengan masalah kecil. Cuma luka sedikit.
A: 아, 너 피가 나잖아. 병원에 가라, 빨리.
B: 작은 일에 수선 떨지 마라. 단지 아주 살짝 상처 난 것이야.

525. 너를 귀찮게 하고 싶지 않다.
Tidak mau mengganggu Anda.

A: Sudah larut malam. Saya antar Anda dengan mobil saya.
B: Saya tidak mau mengganggu Anda. Saya pulang dengan taksi.
A: 벌써 이렇게 늦었네. 너의 집까지 차로 데려다 줄게.
B: 너를 귀찮게 하고 싶지 않아. 택시로 돌아갈 수 있어.

526. 사람을 헷갈리게 하다.
Membuat orang mengganggu.

A: Mutia!
B: Anda mengganggu orang, saya bukan Mutia.
A: 무띠아!
B: 너는 사람이 헷갈리는구나, 나는 무띠아가 아니라고.

527. 뭐라고! 다시 한 번 말해 봐, 제발.
Mengapa dia? Coba katakan lagi.

A: Puradopo mendapat kecelakaan.
B: Apa dia? Coba katakan lagi.
A: 뿌라도뽀가 사고 났다는데.
B: 뭐! 다시 한 번 말해 봐.

528. 뭐? 네 말이 들리지 않아.
Apa? Perkataan Anda tidak terdengar.

A: Mari kita pergi.
B: Apa? Perkataan Anda tidak terdengar. Di sini terlalu bising.
A: 가자.
B: 뭐!? 네 말이 들리지 않아. 여기는 소음이 심하다고.

529. 이판사판이다. Terserah saja.

A: Ada dua jalan di sini. Jalan yang mana kita ambil?
B: Kita ikut jalan itu. Terserah saja.

A: 여기 두 개의 길이 있다. 우리 어떤 쪽으로 갈까?
B: 그 길로 하자, 이판사판이다.

530. 너는 매우 조금[얇게] 옷을 입었네.
Anda pakai sedikit / tipis saja.

A: Dingin sekali.
B: Anda pakai sedikit / tipis saja, karena itu dingin.
A: 너무 춥다!
B: 너는 너무 조금[얇게] 옷을 입었네. 그러니 춥지.

531. 그는 그고, 너는 너다.
Dia dia, dan Anda Anda.

A: Dia mahasiswa Korea, saya bukan apa-apa kecuali pelajar sekolah menengah atas.
B: Dia dia, dan Anda Anda. Kenapa Anda membandingkan dengan dia?
A: 그는 한국대학 학생이고, 나는 고등학생 이상 아무것도 아니다.
B: 그는 그고, 너는 너다. 왜 너는 그와 너를 비교하니?

532. 됐어! 그것을 다시 말하지 마!
Sudahlah! Jangan bicarakan itu lagi.

A: Saya percaya itu yang betul.
B: Sudahlah! Anda jangan bicarakan itu lagi.
A: 나는 그것이 옳다고 믿는다.
B: 됐어! 너 다시 그것을 말 하지 마.

533. 나는 아마도 그것 때문일 것이라 생각한다.
Saya kira mungkin karena itu.

A: USB ini tidak laku lagi. Mungkin lembab udaranya.
B: Ya, saya kira mungkin karena itu.
A: 이 USB는 이제 작동하지 않을 것이야. 아마도 습했던 것 같아.
B: 나도 아마도 그럴 것이라 생각한다.

534. 하늘이 무너져도 솟아날 구멍은 있다.
Walaupun langit runtuh pasti ada jalan keluarnya.

A: Kalau kita gagal kali ini, tidak ada jalan lain lagi.
B: Jangan khawatir, walaupun langit runtuh pasti ada jalan keluarnya.
A: 이번에 우리가 실패한다면, 이제 다른 방법이 없을 것이야.
B: 걱정하지마, 하늘이 무너져도 솟아날 구멍은 있다고.

535. 왜 전에 그것을 말하지 않았니?
Kenapa tidak mengatakan dulu?

A: Hari ini saya tidak bekerja.
B: Kenapa sebelumnya tidak dikatakan kepada saya?
A: 오늘 나는 일하러 가지 않아.
B: 왜 너는 내게 그것을 전에[미리] 말하지 않았니?

536. 당신이 말하고는 했지 않아요.
Anda sering mengatakan bahwa...

A: Anda sering mengatakan bahwa kita harus memperbaiki jaringan listrik di kampung kita.

B: Tidak, saya tidak mengatakan apa-apa.
A: 당신이 말하곤 했잖아요. 우리가 동네 전선 망을 고쳐야 한다고, 아닌가요?
B: 아니요. 나는 아무 말 하지 않았어요.

537. 행동하기 전에 생각하라 나중에 후회해야 소용없다.

Pikir dahulu pendapatan sesal kemudian tidak berguna.

A: Saya lebih baik belajar lebih rajin lagi.
B: Ya, betul. Belajar dengan rajin. Pikir dahulu pendapatan sesal kemudian tidak berguna.
A: 나는 더욱 열심히 공부하는 편이 나을 텐데.
B: 그래, 열심히 공부해라. 나중에 후회해야 소용없다.

538. 이제 그 소리 듣는 것이 지겹다.

Saya bosan mendengarnya.

A: Anda selalu berkata yang sama. Saya bosan mendengarnya.
B: Tetapi Anda harus memahami keadaan saya.
A: 항상 너는 똑같이 말하는 구나. 이제 그 것을 듣는 것이 지겹다.
B: 그러나 너는 내 상황을 이해해야한다.

539. 새로운 것이 아무 것도 없어.

Tidak ada yang baru.

A: Bagaimana pendapat Anda tentang pesta untuk Tahun Baru?
B: Itu tidak ada yang baru.

A: 신년 파티 어떻게 생각해?
B: 그것은 새로울 것이 아무것도 없지 않아.

540. 마치 이런 일이 절대 일어난 적이 없는 것처럼
Seperti tidak pernah terjadi.

A: Ingin memutuskan hubungan kita begini? Seperti tidak pernah terjadi.
B: Lebih baik begitu, bukan?
A: 우리의 관계를 그렇게 깨자고? 이런 일이 절대 일어난 적이 없는 것처럼?
B: 그렇게 하는 것이 더 좋지, 안 그래?

541. 내가 하나님께 맹세하지.
Saya bersumpah atas nama Tuhan.

A: Muhajir sudah mabuk. Dia menjual Taman Mini Indonesia Indah dengan seribu dolar.
B: Jangan bohong. Mana bisa jadi?
A: Saya bersumpah atas nama Tuhan. Saya sudah beli itu.
A: 무하지르는 취했다. 그는 천 달라에 따만 미니를 팔았거든.
B: 바보 같은 소리 마라, 그럴 수가 있나?
A: 내 하나님께 맹세하지. 내가 그것을 샀거든.

542. 누가 내게 전화하겠어?
Siapa mau menelepon saya?

A: Yono, ada bel untuk Anda.
B: Siapa mau menelepon saya?
A: 요노, 네게 전화 왔는데.
B: 누가 내게 전화 하겠어?

543. 그를 방해하지 마라

Jangan ganggu dia.

A: Muhajir, jangan ganggu dia.
B: Tetapi saya tidak berbuat apa-apa.
A: 무하지르, 그를 방해하지 마라.
B: 하지만, 저는 아무것도 하지 않았는데요.

544. 없는 것보다 낫다.

Lebih baik daripada yang tidak ada sama sekali.

A: Ada apa di dalam kulkas?
B: Cuma ada roti saja.
A: Baik. Lebih baik daripada yang tidak ada sama sekali. Tolong berikan saya.
A: 냉장고에 뭐 없어? 배고파 죽겠어.
B: 빵 밖에 없는데.
A: 좋아. 없는 것보다는 낫지. 내게 줘!

545. 돌다리도 두들겨 보고 건너라.

Biar lambat asal selamat.

A: Nah, pilih cepat.
B: Jangan terburu-buru. Kata orang "Biar lambat asal selamat".
A: 자, 빨리 골라라.
B: 서두르지 마라. 돌다리도 두들겨 보고 건너라 했다.

546. 너 감기 걸린 게로구나.
Mungkin Anda flu.

A: Nana, mukamu pucat sekali. Kamu kenapa?
B: Kepala saya pusing. Telinga dan hidung rasanya tidak enak.
A: Oh, mungkin Anda flu.
A: 나나, 너 얼굴이 창백한데. 너 왜 그래?
B: 머리가 어지러워. 귀와 코가 상쾌하지 않아.
A: 아, 너 감기 걸린 게로구나.

547. 우리 발리로 가는 것이 어때?
Bagaimana kalau kita ke Bali?

A: Liburan akhir minggu depan agak panjang karena hari Jumat hari raya.
B: Oh, ya. Bagaimana kalau kita ke Bali?
A: 다음 주는 금요일이 공휴일이라 좀 길어.
B: 아, 그래. 그러면 우리 발리로 가는 게 어때?

548. 아마도 손님 남편에게 잘 어울리는 것이 있을 것입니다.
Mungkin ada yang cocok untuk suami Ibu.

A: Cari apa, Bu?
B: Saya mau beli kemeja untuk suami saya.
A: Silakan masuk. Mungkin ada yang cocok untuk suami Ibu.
A: 무엇을 찾으십니까?
B: 제 남편 셔츠를 사려고요.
A: 들어오십시오. 아마도 손님 남편에게 잘 어울리는 것이 있을 것입니다.